华中农业大学公共管理学院学科建设经费资助

蔬菜价格波动、传导及预测预警研究

李优柱 著

科学出版社

北京

内 容 简 介

本书是一本深入研究蔬菜价格波动、传导及预测预警的著作。选取人们日常食用的大白菜、黄瓜、菜椒、四季豆和西红柿五种主要蔬菜，分析蔬菜价格波动的周期性、季节性、随机性，以及蔬菜价格波动的原因，探讨蔬菜价格波动对生产者和消费者福利的影响。采用网络爬虫软件采集蔬菜生产、批发与零售价格数据，研究三个市场之间的内在联系及传导机制。从供给、需求、经济政策和自然环境四个方面构建蔬菜价格预警的指标体系，分别采用 BP 神经网络和支持向量机两种模型对蔬菜价格指数进行预测预警，并对蔬菜价格指数预测预警系统进行设计与开发。另外，还采用神经网络和 HP 滤波混合模型，对蔬菜时间序列价格进行预测预警。

本书可为从事蔬菜价格波动、传导及预测预警研究的专家、学者提供理论借鉴，为蔬菜产业链上的相关工作者提供实践参考，也可以供政府相关部门工作人员阅读参考。

图书在版编目(CIP)数据

蔬菜价格波动、传导及预测预警研究/李优柱著. —北京：科学出版社，2020.9

ISBN 978-7-03-066045-9

Ⅰ. ①蔬⋯　Ⅱ. ①李⋯　Ⅲ. ①蔬菜－物价波动－研究－中国　Ⅳ. ①F326.13

中国版本图书馆 CIP 数据核字（2020）第 170279 号

责任编辑：邓　娴/责任校对：贾娜娜
责任印制：张　伟/封面设计：无极书装

科学出版社 出版
北京东黄城根北街 16 号
邮政编码：100717
http://www.sciencep.com

北京虎彩文化传播有限公司 印刷
科学出版社发行　各地新华书店经销

*

2020 年 9 月第 一 版　开本：720×1000 B5
2021 年 1 月第二次印刷　印张：14 1/4
字数：285 000

定价：128.00 元

（如有印装质量问题，我社负责调换）

前　言

"民以食为天，蔬菜占半边"，蔬菜占食物消费的比重不断增加，同时蔬菜也是农民收入的重要来源。近年来，我国蔬菜播种面积和产量增长迅速，2016 年国内蔬菜播种面积达到了 3.3 亿亩（1 亩≈666.7 平方米），总产量约 7.9 亿吨。蔬菜播种面积和产量均居世界第一。随着城市化、工业化的进程加快，我国蔬菜生产布局逐步由"城郊为主、农区为辅"向"农区为主"的格局转变，并初步确定八大蔬菜重点区域，以"南菜北运""北菜南运""西菜东运"为代表的全国性蔬菜大生产、大市场、大流通的格局基本形成。目前，蔬菜产业已成为我国农业和农村经济发展的支柱产业，在保障市场供应、增加农民收入、扩大劳动就业、拓展出口贸易及加快现代农业和社会主义新农村建设等方面发挥着越来越重要的作用。

我国蔬菜产业近年来虽然取得了辉煌的成就，但是在其发展中还存在较多问题。通货膨胀环境下的蔬菜生产与流通成本快速上涨、异常的气候状况等共同造成蔬菜价格波动异常。近年来，大中城市郊区蔬菜种植面积持续下降，蔬菜自给能力下降导致蔬菜价格波动加剧。2010 年，大蒜、生姜、马铃薯等大宗蔬菜价格达到高峰，出现"菜贵伤民"的现象。2011 年却出现滞销和价格下跌的现象，部分蔬菜价格甚至跌破成本，造成"菜贱伤农"。

蔬菜价格的频繁波动会扰乱正常的经济秩序，影响蔬菜产业链的健康发展，最终损害农民和消费者的利益。蔬菜从田间到餐桌经历了生产、收购、运输、批发、零售、消费等各个环节，影响蔬菜价格的因素很多，单纯从生产和销售的某一视角来寻找蔬菜价格波动的原因已行不通。因此，有必要从蔬菜产业链视角分析我国蔬菜价格波动、传导与预测预警问题，只有这样才能为稳定蔬菜价格波动提供更具针对性的政策建议。

本书运用经济周期理论、市场价格波动理论、预测预警理论，从网络爬虫、年鉴和文献获取数据信息，采用多种分析方法和手段研究蔬菜价格波动机制，以及收购价格、批发价格和零售价格之间的内在联系及传导机制，构建蔬菜价格指数与蔬菜时间序列价格预测预警模型，对科学、合理地调控我国蔬菜市场价格，促进蔬菜产业健康、有序发展具有积极的现实意义。本书的创新之处主要在于：①同时对蔬菜价格波动、传导及预测预警问题进行研究，并将波动、传导及预测预警有机结合起来，这有别于以往对类似问题进行的逐一研究。②综合运用 HP（Hodrick Prescott）滤波、门限自回归、均方差分析、相关性分析、主成分分析、差分自回归移动平均模型（autoregressive integrated moving average model，ARIMA）、反向传播（back propagation，BP）神经网络和支持向量机等多种分析方法研究蔬菜价格波动、传导和预测预警问题。③研究内容的创新。主要表现在三个方面：一是全方位构建蔬菜价格预警特征指标，并对指标进行波动性和独立性分析；二是用多种指标提取方法，采用多种预警模型进行研究，提高预警精度；三是借助神经网络和 HP 滤波混合模型及 ARIMA 对各种蔬菜的时间序列价格进行预测预警，同时展开对比研究。

本书的研究成果主要在于：①运用 HP 滤波方法来研究不同蔬菜的价格情况，得出大部分蔬菜的价格变化情况表现出极强的周期性特征，计算不同蔬菜的价格变化周期，获得相应的结果。②从消费者的角度进行研究，其长、短期福利的变化情况都与蔬菜价格变化情况呈现反比例的关系。③蔬菜的生产价格与批发价格及批发价格与零售价格间会相互产生非对称传导效应，同时表现出双向特征。其中，批发价格给零售价格所造成的正向冲击要大于负向冲击，而零售价格对批发价格所造成的负向冲击要大于正向冲击。④运用综合选取法及指标贡献度法所挑选出来的影响指标，并结合 BP 神经网络及支持向量机等来完成预测过程，得出的结论显示运用指标贡献度法所得到的预测结果具备更高的准确性。使用指标贡献度法获得的指标为物质费用投入（X_1）、蔬菜年产量（X_8）、蔬菜种植的面积（X_9）、原油价格（X_{11}）、农村居民蔬菜需求量（X_{22}）、货币供应量（X_{26}）、消费价格指数（consumer price index，CPI）（X_{27}）。⑤运用神经网络及 HP 滤波时间序列混合模型等预警方法来对蔬菜时间序列价格进行预测。选取蔬菜价格波动率作为蔬菜价格风险预警的警情指标，采用蔬菜价格波动率（涵盖了正向及负向波动）均值与蔬菜价格波动率标准差相对应的倍数，从而完成蔬菜价格预警警限的有效划分，主要包括正向的重警、中警、轻警、无警，以及负向的轻警、中警、重警。将该预警结果与运用 ARIMA 所得出的结果进行对比，结果显示，使用神经网络及 HP 滤波的混合模型在预测的过程中展现出更高的精度。

本书是国家社会科学基金项目"我国蔬菜价格波动、传导机制及预警研究"（13CJY104）和华中农业大学公共管理学院学科建设经费资助的成果。衷心感谢课题组主要成员章胜勇、包玉泽、程妮、肖小勇、宋长鸣、戎宇霆、唐勇、杨腾飞、刘瑾、高向辉等的辛勤努力和付出，感谢全国哲学社会科学规划办公室和评审专家提出的修改意见和建议，感谢华中农业大学公共管理学院领导、同事的大力支持与指导，感谢科学出版社编校老师高质量的编辑与校对，感谢家人对我的理解与付出。

由于时间仓促，笔者水平及其他条件有限，书中难免存在不足之处，恳请专家、学者和读者提出宝贵意见。

李优柱

2020 年 9 月于武汉南湖·狮子山

目　　录

第1章　引言 ·· 1
  1.1　研究背景 ·· 1
  1.2　研究意义 ·· 2
  1.3　研究目的 ·· 3
  1.4　研究内容 ·· 3
  1.5　研究方法与技术路线 ··· 6
  1.6　可能的创新点 ··· 7

第2章　文献综述 ·· 10
  2.1　农产品价格波动的有关研究 ·································· 10
  2.2　农产品价格传导的有关研究 ·································· 15
  2.3　预测预警的有关研究 ··· 17
  2.4　非农产品价格的有关研究 ····································· 21
  2.5　与本书有关的其他问题分析 ·································· 22
  2.6　相关文献评述 ··· 23
  2.7　本章小结 ·· 24

第3章　理论基础 ·· 25
  3.1　经济周期理论 ··· 25
  3.2　市场价格波动理论 ··· 27
  3.3　预测与预警理论 ·· 29
  3.4　本章小结 ·· 32

第4章　蔬菜价格波动机制研究 ·· 33
  4.1　蔬菜市场价格波动分析 ·· 33
  4.2　蔬菜价格周期性分析 ··· 37
  4.3　蔬菜价格波动原因 ··· 45
  4.4　蔬菜价格波动的福利效应分析 ······························ 48
  4.5　本章小结 ·· 62

第5章　蔬菜价格传导机制研究 ·· 63
  5.1　蔬菜价格数据自动化抓取 ····································· 63
  5.2　蔬菜价格非对称传导机制研究 ······························ 65

5.3 本章小结 ··· 91
第 6 章 蔬菜价格预警的特征指标构建 ································· 92
6.1 蔬菜价格预警的特征指标选取过程 ·································· 92
6.2 预警系统特征指标体系选取的原则 ·································· 95
6.3 特征指标描述与特征分析 ··· 96
6.4 本章小结 ·· 132
第 7 章 基于支持向量机的蔬菜价格指数预测预警 ···················· 133
7.1 蔬菜价格指数预警特征指标提取 ··································· 133
7.2 基于 BP 神经网络的蔬菜价格指数预警 ··························· 134
7.3 基于支持向量机的蔬菜价格指数预警 ····························· 142
7.4 BP 神经网络与支持向量机方法的比较 ····························· 150
7.5 本章小结 ·· 151
第 8 章 基于神经网络和 HP 滤波混合模型的蔬菜时间序列价格预警 152
8.1 神经网络和 HP 滤波混合模型 ······································· 152
8.2 基于神经网络和 HP 滤波混合模型的蔬菜价格预警 ············ 154
8.3 蔬菜价格的 ARIMA 预测预警 ······································ 160
8.4 本章小结 ·· 175
第 9 章 蔬菜价格指数预测预警系统的设计 ······························ 176
9.1 系统设计目标 ··· 176
9.2 系统架构与系统功能设计 ·· 176
9.3 系统界面设计 ··· 181
9.4 本章小结 ·· 182
第 10 章 蔬菜价格稳定机制与调控政策研究 ··························· 183
10.1 稳定蔬菜价格波动的政策建议 ····································· 183
10.2 加强蔬菜价格监测预警的保障措施 ······························· 184
第 11 章 总结与展望 ·· 186
11.1 研究结论 ··· 186
11.2 研究的不足与展望 ··· 188
参考文献 ··· 189
附录 ··· 200

# 第1章 引　　言

　　本章主要讨论本书的研究背景、研究目的及主要研究内容。蔬菜在人们生活中是不可或缺的。随着时代发展，我国的蔬菜产业规模在不断扩大，其作用也越来越重要。但受经济及气候等多种因素的影响，蔬菜价格波动较大，价格极不稳定，对社会经济发展造成了极为不利的影响，同时整个产业链也不能稳定、有序地发展，使蔬菜生产者及消费者的基本权益受到损害。因此，站在整个蔬菜产业链上研究蔬菜价格波动、传导与预测预警问题，然后根据实际情况采取解决问题的相关措施，意义重大。

　　本书从蔬菜产业链的角度对导致蔬菜价格不稳定的作用要素进行研究和分析，并研究其波动机制。通过自动化抓取软件获取蔬菜收购价、批发价和零售价数据，并研究它们之间的内在联系及传导机制。建立预测预警模型，为科学、合理地调控我国蔬菜市场价格提供政策建议，从而促进我国蔬菜产业的健康发展。本书涉及蔬菜价格的波动与传导机制研究、蔬菜价格波动的预警管理，以及蔬菜价格稳定机制与调控政策研究等内容。

　　本书的创新点主要体现在研究视角、研究方法及研究内容上，旨在更全面地对该领域研究进行完善，以更好地为政府机构、蔬菜生产者、批发商、零售商和消费者提供建议。

1.1　研究背景

　　在人们的日常生活当中蔬菜不可或缺，蔬菜是人们生活质量的重要保证。随着时代不断发展，国内蔬菜种植面积进一步扩大。近年来，我国蔬菜播种面积和产量处于稳步增长阶段，2015年播种面积为3.29亿亩，2016年国内蔬菜播种面积达到了3.3亿亩；2015年总产量为7.85亿吨，2016年总产量约7.9亿吨。目前，我国城镇居民常年食用的蔬菜品种有150多个，从供应量、品种、周年供应等方面均能满足市场需求。2011年，蔬菜已超过粮食，成为我国第一大农产品。

　　近年来，大中城市郊区蔬菜种植面积持续下降，蔬菜自给能力下降导致蔬菜价格波动加剧。例如，2010年大蒜、马铃薯等蔬菜的价格大幅上涨，后来又逐步回落，到2016年初时，"蒜你狠"（形容大蒜价格过高）的物价高涨现象又重现。这种大起大落的价格走势给社会经济发展带来极为不利的影响。当前影响我国蔬菜价格不稳定的因素有很多，主要表现在以下几个方面。第一，蔬菜供应量。蔬菜价格与供应量成反比。据资料统计，供应量上涨20%，蔬菜价格就会下降50%。第二，人为炒作。社会中的游资为了逐利，进入蔬菜市场，利用冷库储藏蔬菜，造成蔬菜供应紧张，从而影响蔬菜价格。第三，蔬菜种植者与消费者的信息不对称。蔬菜销售中由于中间商人为操纵蔬菜价格，在蔬菜丰收年，投机者发布做空蔬菜价格的报告，等价格降低后大量入货，从而控制蔬菜价格。第四，层层流通环节造成成本过高。世界蔬菜流通环节平均成本仅为我国蔬菜流通环节成本的1/3～1/2。

蔬菜价格不稳定对社会发展造成了极为不利的影响，整个产业链也不能稳定、有序地发展，致使蔬菜生产者及消费者的基本权益受到损害。对于蔬菜的供给和消费来说，涉及不同方面的问题，简单地从生产者或者消费者等方面解决问题是远远不够的。所以，要想保证蔬菜产业实现健康、稳定的发展，就需要站在整个蔬菜产业链的角度研究蔬菜价格波动、传导与预测预警问题，然后根据实际情况采取解决问题的相关措施。

1.2 研究意义

（1）理论意义。对该类问题进行研究和分析时引入波动、传导及预测预警等相关理论，从网络爬虫、年鉴和文献获取数据信息，从而获得更加准确、科学的研究分析结果。研究蔬菜价格波动机制和传导机制，采用神经网络与HP滤波混合模型，以及ARIMA对时间序列蔬菜价格进行预测预警。同时，借助指标均方差分析、主成分分析等相关研究分析手段，对相关指标进行提取和分析，探究和分析各种要素与价格之间的作用机制，根据实际情况建立蔬菜价格预警模型，并对预警系统进行设计。通过对该类问题进行研究和分析，使得蔬菜价格的预测预警获得更加丰富、实用的技术手段，同时对其他农产品的价格预测预警也能提供一定的参考和指导。

（2）现实意义。针对蔬菜价格不稳定的情况，相关政府部门根据实际情况进行相关政策、制度的制定和实施。蔬菜价格和各个参与者的利益密切相关。本书在对该问题进行研究和分析的过程中，致力于借助各种方法和手段对蔬菜价格波动机制做出科学、合理的分析和判定。研究蔬菜价格波动机制，以及收购价格、批发价格和零售价格之间的内在联系及传导机制，并对各种作用要素进行归纳。借助蔬菜价格预警的属性参数提取手段对预警指标进行界定，在BP神经网络等人工智能模型的基础上进行预警模型的建立和运用，比较后选出更加科学、合理的预警模型。通过采用神经网络与HP滤波混合模型，对组成蔬菜价格指数的主要品种时间序列价格数据进行预测预警。最后，对蔬菜价格指数预警系统进行设计与实现。本书对于当前蔬菜大生产、大市场、大流通的背景下，构建蔬菜价格预测预警体系，科学、合理地调控我国蔬菜市场价格，使得国内蔬菜产业能够切实实现稳定、有序的发展具有重大意义。

1.3 研究目的

蔬菜在居民生产和生活中扮演着重要角色，也是国家农业经济的重要组成部分，蔬菜价格波动不得不引起人们的关注。本书对蔬菜价格波动、传导及预测预警展开研究，为制定旨在稳定蔬菜市场价格的政策提供参考和支持，研究目的主要为：从蔬菜产业链的角度对导致蔬菜价格不稳定的作用要素进行研究和分析，研究其波动机制。通过自动化抓取软件获取蔬菜收购价、批发价和零售价数据，研究它们之间的内在联系及传导机制。建立预测预警模型，为科学、合理地调控我国蔬菜市场价格提供政策建议，促进我国蔬菜产业的健康发展。

1.4 研究内容

1.4.1 蔬菜价格波动机制研究

本小节从四个方面研究蔬菜价格波动机制。首先，选取典型品种蔬菜，研究其历史价格波动规律，总结波动现状和特征；其次，采用HP滤波法，研究蔬菜价格波动的随机、趋势、季节和周期等规律；再次，应用价格波动形成理论，着重从供需、国家经济、政府政策、自然条件等角度了解蔬菜价格干扰因素；最后，探讨蔬菜价格波动对生产者和消费者福利的影响。

对于蔬菜价格波动规律的研究，本小节从以下两方面展开：一是蔬菜价格指数；二是选取典型蔬菜品种价格的历史轨迹和波动特征。对于第二个方面的问题，由于蔬菜价格指数受到不同蔬菜价格的影响，要想科学、合理地把握蔬菜价格波动的基本情况，需要对各种蔬菜的价格进行具体研究和探讨。本书借助于HP滤波调整工具，对于常见的蔬菜价格变动情况展开分析，包括对大白菜、黄瓜及西红柿等在2002年1月至2015年2月共158个月的价格数据序列进行研究。研究结果表明，我国蔬菜价格不断发生变动的同时，整体价格不断上涨，菜椒、四季豆等的价格变动情况比较一致，相比之下，大白菜有着自身的价格波动特点。同时，黄瓜与西红柿的价格波动情况比较一致。另外，我们还得出，价格波动情况比较一致的蔬菜在价格的峰值上也比较类似，在时间区间上也比较吻合。不同的是大白菜价格变动情况十分特殊，有着自身的基本属性，需要单独进行分析和把握。

在对第一个方面问题进行研究和分析时，基本上围绕蔬菜零售价格指数展开，它是人们主要消费蔬菜品种价格的加权平均值。对于蔬菜零售价格来说，其变动情况在很大程度上受到市场的供给与需求情况，以及管理部门所制定和实施的政策与制度等的影响。因此，通过进行这项研究，能够从宏观上对蔬菜价格波动情况进行了解和把握。对于国内的蔬菜价格体系来说，所涉及内容十分广泛，因此，蔬菜价格指数受到一系列因素的影响。通过对这些因素进行归纳总结和比较分析，得出预警所需要的警源，其中所涉及的警源来源于不同的层面，其基本内容可以概括为：供给警源、经济与政策环境警源、需求警源及自然环境警源等。所以，在对预警警兆指标进行界定时可以对其进行参考，样本相关信息从《中国统计年鉴》《中国海关统计年鉴》《中国农村统计年鉴》《全国农产品成本收益资料汇编》等相关资料中进行获取。预警警兆指标数据所涉及的时间区间为1995~2014年，对于这个时间段的数据信息分别进行描述分析。

蔬菜价格波动的福利效应分析。由于蔬菜产业链中的"两头跳，中间笑"现象，生产者的卖菜难和消费者的买菜难现象时有发生。因此，福利效应的研究重点是探讨蔬菜价格波动对生产者和消费者福利的影响。运用福利测算的理论与模型，量化分析在1998~2013年蔬菜价格变动导致人们收益的变动情况。分析结果表明：消费者的福利效应变动方向与蔬菜价格波动方向相反，价格上涨消费者福利恶化，价格下降消费者福利改善；消费者的长期福利优于其短期福利，但由于蔬菜的价格弹性较小，长期福利优于短期福利的效果不是很明显；农村居民对于蔬菜的一部分购买量可以通过自给来满足，因此城镇居民福利受到价格波动的影响大于农村居民。采用Minot福利效应模型，主要通过补偿变量的方法，选择经济福利对蔬菜价格波动下的农户生产福利效应进行测算与研究。研究表明，蔬菜生产价格波动与农户的生产福利呈现正向作用关系。蔬菜生产价格上涨，生产福利波动大于零，这意味着在生产价格上升的情况下，人们能够获得更多的经营收益。长期生产福利效应大于短期生产福利效应。这说明：当农户发现蔬菜生产价格上涨之后，其可以马上调整自己的生产策略，扩大种植面积，加大种植力度，从而提高蔬菜产量，提升自身的福利效应。但总体来说，长期福利效应的提升幅度不大，可能的原因是：蔬菜生产价格的上涨同时带动了其他物品价格的上涨。另外，蔬菜生产价格的上涨影响了居民消费者购买蔬菜的欲望，进而可能导致蔬菜销售量的减少。

1.4.2 蔬菜价格传导机制研究

以大白菜、西红柿、菜椒为例，通过八爪鱼网络爬虫采集软件爬取这几种蔬菜的生产价格、批发价格、零售价格，从传导方向、幅度、时滞等方面分析大白菜、西红柿、菜椒收购价格、批发价格和零售价格之间的内在联系及传导机制。首先对生产价格与批发价格及零售价格与批发价格进行长期均衡关系的检验。对价格数据进行 ADF（augmented Dickey-Fuller）单位根检验，构造其长期均衡关系式，利用门限自回归（threshold autoregressive，TAR）模型[①]、一致门槛自回归（consistent threshold autoregressive，C-TAR）模型、动量门槛自回归（momentum threshold autoregressive，MTAR）模型和一致动量门槛自回归（consistent momentum threshold autoregressive，C-MTAR）模型进行协整检验，根据赤池信息量准则（Akaike information criterion，AIC）和施瓦茨信息准则选择最合适的一个 TAR 模型作为基础构建非对称误差修正模型。利用得到的调整反应系数进行分析。

研究结果表明，蔬菜市场生产价格和批发价格及批发价格和零售价格之间均存在非对称传导效应，从蔬菜产业链上游对下游的影响和下游对上游的影响来看，这种非对称传导效应具有双向特征。批发价格对零售价格的影响，在产生正向冲击时幅度更大；零售价格对批发价格的影响中负向冲击产生的调整幅度更大；而在生产价格对批发价格的影响中，负向冲击产生的调整幅度更大；批发价格对生产价格的影响中，正向冲击的调整幅度更大。由此可以看出，批发价格和零售价格对彼此的影响都在"利好"时较敏感，而生产价格和批发价格对彼此的影响都在"利空"时较敏感。从模型的滞后期来看，生产价格和批发价格相互影响的滞后期短于批发价格和零售价格相互影响的滞后期。垄断力量、卖方市场及农产品特性都是造成这一现象的原因。研究非对称传导原因时，首先对学者们研究的成果进行总结归纳，其次着重从产品特性的角度出发，论证不同品种蔬菜的易腐性和同种蔬菜不同季节的腐烂时间对非对称传导的影响。

1.4.3 蔬菜价格波动的预警管理

分别采用基于警兆指标法的蔬菜价格指数预测预警模型，以及神经网络和 HP 滤波混合模型来预测具体品种蔬菜的时间序列价格。警兆指标法是指从供给警源、需求警源、经济与政策环境警源和自然环境警源四个方面来分析，共选取 29 个警兆指标，并运用综合均方差法、相关系数法、主成分分析法、指标贡献度分析等方法对指标进行遴选，选出最终的预警指标，采用 BP 神经网络和支持向量机同时进行预警，并对这两种方法进行比较分析。

神经网络和 HP 滤波混合模型只分析和研究警情指标所具有的时间序列的变动情况，并不对警兆数据进行分析和研究。在这种情况下，即便没有足够的警兆数据信息，同样能够对市场运作基本情况及风险水平进行全面的分析和把握。选

[①] 门限自回归模型又名门槛自回归模型。

取大白菜、菜椒、黄瓜、四季豆和西红柿从 2002 年 1 月至 2015 年 2 月的月度价格数据，每个品种有 158 个数据。分别采用 ARIMA 和神经网络与 HP 滤波混合模型进行预测，选取蔬菜价格波动率作为蔬菜价格风险预警的警情指标。通过蔬菜价格波动率（包含正向和负向波动）均值与蔬菜价格波动率标准差的倍数来划分蔬菜价格预警的警限。共划分为七种警限，即正向重警、正向中警、正向轻警、无警、负向轻警、负向中警、负向重警，从而得出预警结果。

1.4.4 蔬菜价格稳定机制与调控政策研究

通过对蔬菜价格波动、传导和预警的研究，提出稳定蔬菜价格波动的政策建议，主要包括确保蔬菜供需平衡、建立价格补贴机制、提高消费者家庭收入、使消费结构趋于多元化。加强蔬菜价格管理和控制的基本举措主要有：建立科学与合理的蔬菜价格信息获取系统；加强对蔬菜价格预警理论和相关分析方法的研究；在开展预警时有效使用预测预警结果；完善预警信息发布通道。

1.5 研究方法与技术路线

1.5.1 研究方法

（1）文献综述研究法。主要是对相关领域的最新研究成果进行回顾性研究，通过对已有成果的深入分析来确定原有分析方法的优势与不足，从而为后续的模型拓展打下坚实的基础。文献综述研究法的主要工作流程是提出假设、研究设计、搜集与整理文献、文献综述。它的特点在于：第一，超越时空限制，搜集各类文献；第二，它是一种书面调查方法，比口头调查更准确；第三，它不需要与被调查者进行接触，避免了被调查者互动中产生的各种误差；第四，文献综述研究法约束较少，只要找到相关合适文献，就可以进行研究；第五，该方法效率高、成本低。相比实地调研，它不需要大量设备、人员，因此可以节约大量人力、物力、时间等资源。本书提出的研究思路、研究方法都是建立在对大量文献综述的基础上，运用文献中采集的数据进行仿真实验，对本书的科学、合理研究有借鉴作用。

（2）计量研究。采用神经网络与 HP 滤波混合模型，以及 ARIMA 对主要蔬菜品种时间序列价格数据展开预测预警。借助 HP 滤波法对不同时期、不同阶段蔬菜价格的波动规律进行实证研究。采用 Minot 福利效应模型重点探讨蔬菜价格波动对生产者和消费者福利的影响。利用 TAR 模型对大白菜、西红柿、菜椒三种蔬菜的生产、批发、零售价格数据，从传导方向、幅度、时滞等方面进行分析，研究它们之间的内在联系及传导机制。

(3) 实证研究。搜集 1995~2014 年的《中国统计年鉴》等各类年鉴数据，以及采用专业爬虫软件爬取网络数据等进行实证研究。对于其中的蔬菜价格月度数据进行研究和分析，运用神经网络与 HP 滤波混合模型，以及 ARIMA 对国内市场的蔬菜价格实施科学、合理的时间序列预测。借助傅里叶变换法等对蔬菜价格的周期性进行实证研究。借助均方差法、综合选取法、指标贡献度法等相关手段和方法对预警有关的基本属性信息进行获取，得到蔬菜价格风险预警的警兆指标，然后在这个基础上依次进行 BP 神经网络和支持向量机的蔬菜价格预警模型的建立与运用。

1.5.2 技术路线

本书的技术路线见图 1-1。

1.6 可能的创新点

（1）研究视角的创新。本书对蔬菜价格波动、传导及预测预警问题同时进行研究，并将波动、传导及预测预警有机结合起来，这有别于以往对类似问题进行的逐一研究。研究蔬菜价格波动、传导机制能够促进厘清蔬菜价格变动要素，蔬菜产业链传导方向、幅度和时滞，对研究蔬菜价格预测预警问题也有积极的指导意义。根据蔬菜价格指数是由多种蔬菜价格影响的基本作用机制，借助于神经网络及 HP 滤波等混合模型对主要蔬菜的时间序列价格展开研究和分析，做出科学、合理的预测，从而全面把握蔬菜价格指数的基本波动状况，在这个基础上借助 BP 神经网络及支持向量机对价格指数实施相应的预测预警。这项研究可以为其他相关研究工作提供参考和指导。

（2）研究方法的创新。借助于 HP 滤波手段对蔬菜价格所具有的序列展开分析研究，进一步得出各种蔬菜价格的变动存在着周期性的基本属性；采用八爪鱼爬虫软件采集大白菜、西红柿和菜椒的生产价格、批发价格与零售价格数据，然后采用 TAR 模型从传导方向、幅度和时滞等三方面研究三个市场之间的内在联系及传导机制；使用离散傅里叶变换对 29 个影响蔬菜价格指数的指标进行周期性研究；借助时差相关研究手段对样本属性展开趋势要素研究；采用均方差分析法、相关性分析法和主成分分析法对样本特征指标进行独立性分析；采用分组随机试验，提出一种基于指标贡献度分析的蔬菜价格指数预警参数遴选手段；依次借助于 BP 神经网络和支持向量机对蔬菜价格指数实施预测预警；分别采用基于神经网络和 HP 滤波的时间序列混合模型预警方法及 ARIMA 方法对具体蔬菜品种价格的预测预警，并对预测预警效果进行比较分析，获得更加科学、合理的研究分析结果。

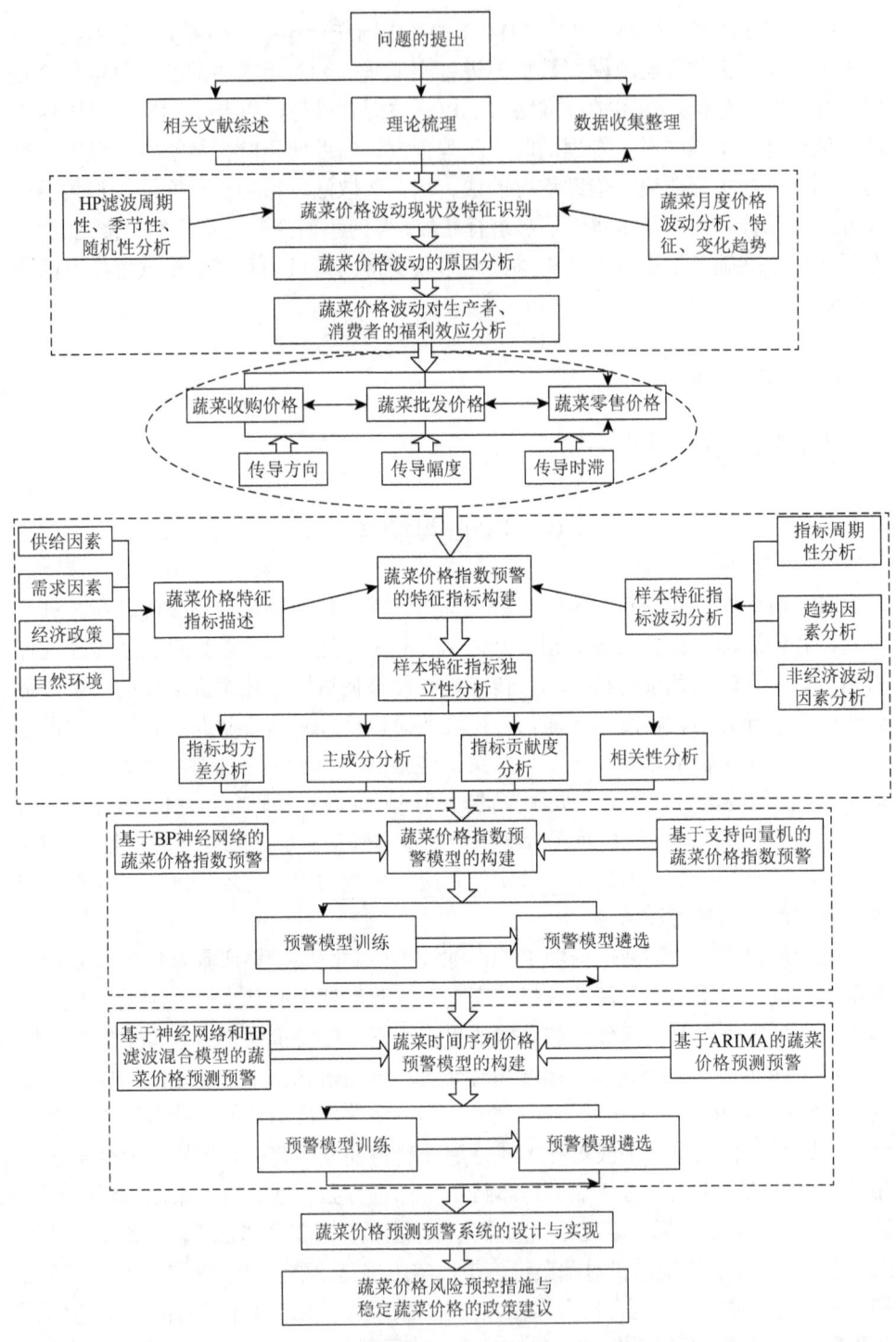

图 1-1 技术路线图

(3) 研究内容的创新。本书研究内容涉及不同的层面。首先，根据实际情况进行蔬菜价格预警属性参数的构建，同时，对其独立性及变动情况展开研究。从现有文献来看，当前对预警参数运行机制的建立还存在很多的缺陷和不足。本书从供给、经济、需求等不同层面对蔬菜价格预警参数进行建立和分析，同时对参数所具有的基本规律和变动机制展开研究与探讨。借助均方差分析法、相关系数法和主成分分析法的综合选取法，以及样本属性贡献度研究手段对样本属性参数展开独立性研究。其次，借助一系列的数据提取手段，运用多种预警模型对比分析，能获得更加准确的预警结果。以前对该问题进行研究和分析时更多地采取单一指标，而本书同时对多个指标展开研究和分析。再次，由于各个蔬菜品种的价格根据权重组成蔬菜价格指数，通过对蔬菜时间序列价格信息进行研究和分析，从而对蔬菜价格指数做出科学、合理的预测。本书借助神经网络和 HP 滤波混合模型及 ARIMA 对各品种蔬菜时间序列价格进行预测预警，同时展开对比研究。最后，在前面研究基础上对蔬菜价格指数预测预警的仿真系统展开设计和运用，这在国内外同类研究中很少见。

第 2 章 文 献 综 述

本章对农产品价格波动、农产品价格传导、预测与预警及非农产品等相关研究从国内外不同视角对各学者的研究理论和应用进行了阐述和说明,并在这个基础上对其进行了进一步的述评,得出我国在农产品价格变化及预警问题分析等层面存在一些不足,需要及时、全面地进行改进和完善,进一步丰富研究分析手段和办法,明确对蔬菜价格波动、传导和预警问题的研究。

(1) 尽管研究和分析的内容比较丰富,但是完整地研究蔬菜价格波动、传导及预测预警的较少。

(2) 没有形成科学、合理的预警指标体系,消除指标冗余的分析存在不足。

(3) 目前的研究理论成果缺乏对蔬菜价格指数、蔬菜时间序列价格进行详细、深入的预测预警研究,也缺乏对各个模型的预警情况实施对比分析。

(4) 少有文献对蔬菜价格波动特征与趋势、周期性、季节性、随机性,以及福利效应进行较为全面的实证研究。

2.1 农产品价格波动的有关研究

实际上对农产品价格波动情况进行分析时,主要围绕不同层面展开,其基本内容概括如下:对农产品价格波动机制进行分析、对农产品价格产生影响的要素进行分析、对农产品所面临的风险实施分析和评定。

不同国家和地区的研究人员均对农产品价格产生影响的要素进行了一定的研究和分析。Lapp 和 Smith(1992)在对该问题进行研究和分析时,对于 47 种不同的农产品在特定时间段的信息展开分析,借助计量经济模型对农产品价格波动所带来的经济发展效应展开研究。通过进行研究和分析得出,在宏观环境发生改变的情况下,农产品的价格也会发生改变。Fafchamps(1992)对农产品价格的变化和农村市场的发展问题展开了研究和分析,并且在这个基础上建立起自身的基本理论。通过进行研究和分析得出,农村地区食品的不断整合,使得粮食自给自足的重要性逐渐降低,而且其市场发展在很大程度上受到宏观环境的影响。Byerlee 等(2006)在对该问题进行研究和分析时从不同的角度进行展开。首先,对于不同国家和地区粮食价格的影响要素进行归纳和总结;其次,价格的波动使得社会及经济发展受到不同程度的影响;再次,对于食品市场改革基本情况进行归纳和总结；最后，通过进行科学、合理的政策及制度的制定和实施，使市场获得健康、有序的发展。Headey 和 Fan（2008）通过对该问题进行研究和分析得出，美元的贬值、气候的改变、其他产品价格的波动等都会使得农产品的价格受到不同程度的影响。Alexandratos（2008）同样对于食品价格变动的影响要素进行了归纳和总结，包括人口、耕地面积等。Meyer 和 Thompson（2010）在对该类问题进行研究和分析时围绕着政策的制定和实施展开。通过进行研究和分析得出，生物燃料会对粮食的价格波动产生一定的影响。Anderson 和 Nelgen（2012）对于不同国家与地区的农产品价格变动情况进行了深入、细致的研究和分析。通过进行研究和分析得出，要想使农产品的价格保持稳定，就需要借助于贸易壁垒，包括贸易政策等。

潘凤杰和穆月英（2011）对北京地区的蔬菜价格变动情况进行了深入的研究和分析，在这个过程当中通过对其基本属性进行归纳和总结，得出季节、市场上蔬菜的供给情况等都会对蔬菜价格产生不同程度的影响。李崇光和包玉泽（2012）通过研究和分析得出，管理部门所制定和实施的政策、气候条件及基础设施的建设情况等都会对蔬菜价格产生不同程度的影响；周振亚等（2012）对于国内蔬菜价格变动的根源展开研究和探讨。通过进行研究和分析得出，蔬菜产能过剩及跨区域流通运行机制存在缺陷和不足，使得价格发生波动。徐雪高（2008a）在对问题进行研究和分析时借助于 HP 滤波研究手段，对 1978～2006 年的农产品生产价格指数展开研究，分时期对其进行分析，得出政府干预、运营成本和费用等都会对价格产生影响。赵仕红（2012）对于特定时期国内蔬菜价格变动情况展开对比分析，得出导致蔬菜价格上涨的根源所在。罗超平和王钊（2012）对于价格的形成原理及价格波动的基本规律和属性等进行了深入、细致的研究和分析。通过进行研究和分析得出，蔬菜的运营成本费用、管理部门的补贴等对于价格的影响比较小；相比之下，成灾面积、不同地区人们的收入情况等有着明显的相互作用关系。

程国强（2010）在对农产品价格波动出现的原因进行研究和分析时，主要围绕干旱、地震等自然灾害展开。战金艳等（2011）在对其作用机制进行研究和分析时还借助于可计算的一般均衡模型，进行不同方案和情景的建立与运用。通过进行研究和分析得出，尽管地震会对区域粮食价格产生一定的影响，但是国内农产品的整体价格始终保持稳定。李桂芹等（2012）通过对农户农产品出售量进行分析，探究其和产品价格之间所具有的作用机制。借助于 2002～2010 年的信息，并借助于时间序列研究手段，对于二者的作用机制进行总结。通过进行研究分析得出，二者之间的作用机制不显著，而且会受到季节的影响。张利庠等（2010）在研究和分析该问题时围绕着大蒜价格变动的实际案例展开，借助于 2002～2009 年的数据信息进行分析，通过研究和分析得出，大蒜的价格很少会受到游资的影响，二者之间的作用机制并不显著。李敬辉和范志勇（2005）对于国内粮食价格和 CPI 所具有的作用机制进行了具体的分析和探讨，得出粮食价格的变动幅度大于 CPI 的变动幅度，CPI 变化及利率的变动会使存货需求受到影响。徐雪高（2008b）在对该问题进行研究和分析时借助于 2002~2007 年的猪肉价格指数及消费价格参数信息，并且借助于误差修正模型展开研究，得出二者并不存在显著的作用关系。胡冰川等（2009）是借助于时间序列模型，对于 1980~2009 年的数据信息进行研究和分析的，并发现，农产品的价格在很大程度上受到生物质能源运营情况的影响，而对于美国来说，农产品的价格很少受到经济发展情况的影响。罗超平等（2013a）采用面板向量自回归（panel vector auto-regression，PVAR）模型分析蔬菜价格面板数据，对蔬菜价格波动内生因素进行实证分析，研究表明蔬菜内部传导具有滞后性。赵晓飞（2015）通过数据分析，总结出蔬菜价格波动具有周期性、随机性和季节性等特征。土地、流通成本、气候、通货膨胀等因素会推动蔬菜价格上涨。李崇光和宋长鸣（2016）研究了蔬菜的不规则性、季节性和周期性波动规律，总结出蔬菜价格波动最重要的原因是气候和季节及货币超发。

研究人员对农产品价格变动情况进行了较多的研究和分析。Dawe（2001）对于亚洲地区宏观环境对大米价格稳定的关键影响地位进行了实证分析，同时在这个基础上制定稳定价格的相关办法。Gopikrishnan 等（2001）对于市场和农产品价格变动之间的作用机制进行了分析。Colman（2010）重点研究了能源价格改变、人们的收益情况、农业服务组织形式对农产品价格变动的影响方式与范围。国外学者 Gordon（2010）对原有的研究分析理论进行了进一步的改进和升级，站在销售者和购买者所具有的作用机制的层面来分析问题，对于玻利维亚商场中的蔬菜价格波动情况进行了深入、细致的说明。Mitra 和 Boussard（2012）根据研究的实际情况及实际需要进行价格波动模型的建立和运用。Nazlioglu 和 Soytas（2012）对油价进行了深入、具体的分析，最终得出，油价和农产品价格之间存在着特定的作用机制。Smed（2012）在对家庭农产品消费量和媒体信息量进行研究时围绕着丹麦地区 3200 个家庭展开分析。通过研究和探讨得出，直接阅读或者获取的农产品负面信息，对农产品消费具有显著的削弱作用，间接获取的农产品负面信息与农产品消费没有显著关联性。

武拉平（2000）在对该问题进行研究和分析时围绕着小麦、猪及玉米的实际案例进行展开。通过进行研究和分析得出，需求的改变会对农产品的价格产生显著的影响，与此同时，管理部门所制定和实施的政策及制度会对需求产生极为显著的影响。程瑞芳（2007）在对该问题进行研究和分析时借助于 1985~2004 年的国内粮食价格信息。王怡等（2008）围绕着红富士苹果的实际案例进行展开，借助于格兰杰因果验证展开分析，最终得出，不同地区的苹果价格会受到流通情况的影响。张雯丽和李秉龙（2009）在对该问题进行研究和分析时借助于1999～2008年的国内棉花月度价格信息，研究和分析得出，市场政策的制定和实施不利于价格的稳定，而棉花流通体制改革有利于实现价格稳定。李桂芹和王丽丽（2012）对2005～2011年局部地区的蔬菜价格进行了深入调研。通过实证研究发现，要实现蔬菜全产业链价格的合理分配及有序传递，要实现菜农组织化的高水平，就要对现有的市场运营模式进行改进和升级。李干琼等（2013）在对该问题进行研究和分析时对于已有的数据信息进行了归纳和总结，在这个过程当中借助于HP滤波研究手段对研究对象的价格波动情况展开探究。通过进行研究和分析得出，对于不同的农产品来说，所具有的价格变化规律也表现出很大的差异性。廖楚晖和温燕（2012）在对该问题进行研究和分析时围绕着农产品保险的层面进行展开。通过进行研究和分析得出，上海地区农产品价格保险能够促进农产品价格保持稳定的状态。赵翠萍（2012）在对该问题进行研究和分析时围绕着城乡蔬菜价格变动机制进行展开。通过进行研究和分析得出，不同地区的蔬菜价格变动情况保持一致。与此同时，农村地区的蔬菜价格更容易出现波动，而且农村地区蔬菜价格所具有的单向传递特性并不明显。

研究人员对于农产品市场所面临的风险分析评定进行了探究。对于其他国家和地区来说，在对该问题进行研究和分析时基本上围绕着金融市场运作情况来展开，很少会对农产品所面临的市场风险进行分析和判定。Giot（2003）在对该问题进行研究和分析时围绕着其隐含波动率基本情况进行展开。在整个过程当中根据实际情况及实际需要借助于广义自回归条件异方差（generalized autoregressive conditional heteroskedasticity，GARCH）模型，对咖啡等产品在市场中运营所面临的风险进行了全面的研究和分析。Taylor（2008）在对该问题进行研究和分析时借助于非对称最小二乘法，更加科学、合理地对风险价格进行分析和判定，并进行有条件的自回归风险价值模型的建立和运用。Jeong和Kang（2009）借助于完全非参数方法对风险进行分析和评定，围绕着韩国的实际案例进行展开，并获得了更加理想的效果。Wang等（2010）在对风险进行分析和评定时围绕着我国的水果市场基本案例进行展开。通过研究和分析得出，对于水果市场来说，其最佳的分布并非正态分布。对于水果市场来说，要想对其所面临的风险进行全面的管理和控制，就需要加强监督和加大管理力度，通过进行这项工作，能够更加科学、合理地对各种成本和费用进行管理和控制。

从我国的基本情况来看，不少研究人员也对农产品市场所面临的风险和判定进行了一系列的研究和分析，其基本内容概括如下：张峭等（2010）借助于已有的数据信息对鸡蛋、猪肉等在进行运营的过程当中所面临的风险进行了全面的分析和评定。何启志（2010）借助于已有的数据信息，围绕着国际农产品价格指数进行展开，对于粮食等农产品的价格进行了全面的研究和分析。在整个过程当中根据实际情况及实际需要对向量自回归（vector auto regression，VAR）模型等进行建立和运用，对其所面临的风险基本属性进行深入、细致的研究和分析，得出对于国际农产品来说，在进行运营的过程当中价格更加容易出现不稳定的情况。李干琼等（2011）借助于已有的运营数据对油菜、豆角、尖椒、黄瓜、大白菜等蔬菜价格变动基本情况进行了全面的探究，得出蔬菜价格的变动情况受到蔬菜种类的影响，不同种类的蔬菜其价格变动规律也有所不同。王川和赵友森（2011）在对该问题进行研究和分析时围绕着北京地区的蔬菜批发市场基本案例进行展开，对于各种蔬菜的价格进行了具体分析，同样借助于已有的蔬菜运营信息对其市场风险进行了分析和评定，最终得出市场的风险水平受到蔬菜种类的影响，其中叶菜类所面临的风险更大一些。进行蔬菜实际运营时，需要对其价格的上涨情况及下跌情况进行及时、全面的关注和应对，从而保证对风险进行及时、全面的管理和控制。

农产品价格波动对福利效应影响的研究主要有：苗珊珊（2014）根据1978~2011年我国粮食生产与消费的相关数据，估计了我国粮食的供需弹性，用Minot福利效应测算模型分解与测算了粮食价格的波动对农户福利效应的影响，得出农户自身只作为净消费者的福利效应变动和农户自身只作为净生产者的福利效应变动共同决定了农户的福利效应，其中农户的净消费福利变动与粮食的零售价格波动具有相反作用关系。最终决定农户总福利变动的是农户自身的收入与其粮食消费支出的变化相对值。姜雅莉等（2012）利用1995~2010年我国不同收入等级的城镇居民的收入及其所消费的蔬菜支出的相关数据，应用Minot福利模型，测算和分析了蔬菜价格波动所导致的我国不同收入等级的居民福利效应的变动，得出了不同收入等级的城镇居民福利效应与蔬菜价格变动具有相反作用关系，但它们之间的短期福利变动趋势是一致的；从总体来看，随着城镇居民收入水平的不断提高，其流动比率（current ratio，CR）（蔬菜消费支出与居民收入的比值）呈现逐年递减的现象，但是不同的收入组其CR下降的幅度不尽相同，CR下降的幅度与居民收入等级呈现反比关系。同海梅和陆迁（2014）利用1995~2010年我国粮食价格和居民收入的相关数据，首先根据近乎理想的需求系统（almost ideal demand system，AIDS）模型计算出我国城镇居民粮食消费的各种价格弹性，其次采用Minot福利效应计算模型计算出粮食价格波动所引起的不同收入等级的城镇居民各自的福利效应变动情况，进而得出，粮食价格上升将会减少城镇居民的福利；相反，粮食价格下跌将会增加城镇居民的福利。但是，粮食价格波动对低收入组城镇居民的福利效应影响最大，所以国家非常关注低收入居民福利效应所受到的影响，并制定相关的价格补贴机制政策来保障低收入居民的福利。Minot（2014）发现，越南在采取大米市场自由化后引起了大米价格的波动，他以大米价格提高10%为测算例子，通过福利效应测算模型计算得出大米价格上涨必然会损害其国家非农业居民、城镇居民和大米生产量小于其销售量地区居民的福利，但是大米价格的上涨会增加大米主要生产地区农民的福利。Levinsohn 等（1999）根据印度尼西亚在爆发经济危机前 1996 年的国家社会经济调查数据，通过计算居民消费支出函数的相关价格弹性来分析经济危机发生以后导致的消费品价格上升会给印度尼西亚国内居民福利造成怎样的影响，同时推出了金融危机所带来的家庭福利效应影响程度的快速计算方案。通过分析计算，发现应用不同方案计算出的结果相似，价格上涨带来的是国内居民福利受损，其中低收入的城镇居民福利效应受到的影响最大。综上所述，在对蔬菜价格波动引起居民生活福利效应变化这方面的研究上，许多国内外学者只是定性分析价格波动引起的居民福利效应改变。但也有一部分学者量化研究了蔬菜价格给民众福利带来的影响，对比研究了蔬菜价格变化对不同收入等级居民所造成的福利影响。在研究方法上，福利效应变化的测量一般使用等价变量（equivalent variable，EV）和补偿变量（compensation variable，CV）两种方法，从国内外文献来看，补偿变量测量方法比较成熟。本书借鉴国内外对蔬菜价格波动和价格波动引起的消费福利变化的文献，将蔬菜价格所存在的波动作为研究背景，量化分析蔬菜价格波动所引起的消费者（城镇居民和农村居民）的福利变化。

2.2 农产品价格传导的有关研究

价格传导是由动态协整、动态修正速度、非对称反应等组成的。目前，对农产品价格沿产业链传导的研究大体上分为三个内容，即价格波动的特征、价格波动的因素和非对称价格传导。其中，对非对称价格传导的研究明显落后于前两个内容（于爱芝和郑少华，2013）。非对称价格传导是指产业链不同环节价格的变化速度或幅度不一致（戴家武和王秀清，2014）。Peltzman（2000）在对美国 282 种农产品的价格进行研究后指出，非对称价格传导是一种普遍存在的规律。

非对称价格传导是经济学研究的一个非常重要的课题，在不同国家的不同产业中大量存在非对称价格传导现象。20 世纪 60 年代末至 70 年代，对于非对称性价格传导问题的研究逐渐增多。在最开始的时候对于该问题的研究集中在研究差异"区制"的上游价格到下游价格的行为特征差异上（Tweeten and Quance，1969；Wolffram，1971），研究方法主要是线性模型和协整分析。在研究的过程中，线性模型不能够体现出价格序列间所存在的非线性基本特点。到了 20 世纪末期，建立在门限协整系统基础之上的非线性模型有了更多的实际运用，对于价格传导基本情况展开分析（Goodwin and Holt，1999）。对于非线性模型来说，其能够更加准确、合理地对价格传导情况进行体现和反映（Shabbar，2005）。

在对非对称价格传导的决定因素研究中，一些学者对农产品非对称价格传导的根源实施了定性研究，其基本内容可以概括为：首先为市场力量说，其次为调整成本说。对于市场力量说来讲，对产品进行实际运营的过程中，批发零售步骤中产品所具有的集中度最高，导致价格传导的非对称性（Meyer and von Gramon-Taubadel，2004）。对于调整成本说来讲，其基本内容可以概括为，在产品的成本与收益所具有的对照情况发生改变的情况下，运营商需要及时地对价格进行调整，要不然就会使得价格出现非对称传导（Levy et al.，1997）。也有研究认为，商品特性、政府政策等也可能引起非对称价格传导。

社会各界之所以会对非对称价格传导问题不断加强关注，主要原因是它会给各个方面带来影响。但是目前已有的分析只是局限于对于价格的非对称性及对称性的根源进行验证，对于非对称价格传导影响的研究十分匮乏。

根据以上学者的研究分析可以发现，目前国内学者仅限于对价格非对称这个现象的揭示，但没有很具体地涉及其原因和机制，研究的方法主要是计量，研究的对象也比较集中和单一，进行理论研究的很少。因此，本书将对这些因素进行综合考量，得出较为系统的理论报告（表2-1），希望研究结果能对蔬菜价格波动有一定的参考与指导意义。

表2-1 农产品价格传导研究

学者	时间	农产品价格传导的相关研究
Tweeten 和 Quance	1969 年	在最开始的时候对于价格传导非对称性分析基本上集中在研究差异"区制"中前期价格到下游价格的行为特征差异
Levy 等	1997 年	在产品的成本与收益所具有的对照情况发生改变的情况下，运营商需要及时地对价格进行调整，不然就会使得价格出现非对称传导
Goodwin 和 Holt	1999 年	门限协整系统所具有的基本属性在价格传导研究中开始得到应用
Peltzman	2000 年	非对称价格传导是一种普遍存在的规律
Meyer 和 von Gramon-Taubadel	2004 年	导致价格的非对称性传导主要有两个原因：一是市场力量说，二是调整成本说
Shabbar	2005 年	相对于线性模型来说，利用非线性模型能够获得更加准确、真实的研究分析结果
于爱芝和郑少华	2013 年	对非对称价格传导的研究明显落后于对价格波动的特征、价格波动的因素的研究
戴家武和王秀清	2014 年	非对称价格传导就是指产业链不同环节的价格变化速度或幅度不一致

2.3 预测预警的有关研究

2.3.1 预测的有关研究

所谓经济预测指的就是对于经济发展情况进行分析和判定的基本过程,从现在的基本情况来看,经济预测有了更多的实际运用,发挥着越来越重要的作用。

从其他国家和地区的农产品价格预测分析基本情况来看,已经逐步建立起了一系列的研究分析理论。从 20 世纪开始,在对经济发展情况进行分析和判定的时候就开始了对数学研究方法的运用,这也使得计量经济学获得更为迅速的发展。Moore(1917)在对该类问题进行研究和分析时围绕着棉花的价格及产量分析判定工作进行展开,根据实际情况及实际需要进行回归方程的建立和运用,从而获得准确、全面的研究分析结果。Sarle(1925)在对该类问题进行研究和分析时围绕着生猪价格问题进行展开,在这个过程当中借助于已有的数据信息,对于不同农产品价格变动情况进行对比分析,得出价格变动的作用机制。Smith(1925)在对该类问题进行研究和分析时围绕着棉花种植面积基本情况的分析和判定工作进行展开。Ezekiel(1927)在对该类问题进行研究和分析时从美国地区特定时间段当中生猪月度价格变动情况的角度进行展开,不同研究分析方法所得到的研究分析结果有着类似的准确度水平。Haavelmo(1944)在对该类问题进行研究和分析时借助于概率统计知识对于经济发展情况进行分析和判定,极大地促进了计量经济学的发展。Maki(1963)在对该类问题进行研究和分析时围绕着美国地区牛肉及猪肉价格变动信息进行展开。Ericsson(1992)在对该类问题进行研究和分析时借助于均方预测误差对预测手段进行了分析和评定。Li 等(2015)在对该类问题进行研究和分析时借助于粒子群优化最小二乘支持向量机算法对国内的农产品批发价格指数实施分析和判定,对准确度进行对比分析,最终得出这种研究分析手段能够获得更加理想的效果。

从预测手段分析的层面来说,其基本内容可以概括如下。

(1)回归分析判定模型。相关学者在对美国地区猪肉价格变动情况进行研究和分析时根据实际需要进行了回归模型的建立和运用,实际进行这项工作时需要保证研究分析要素的全面、准确。

(2) VAR 模型及 ARIMA。Oliveira 等(1979)在对该问题进行研究和分析时借助于已有的数据信息对 6 种牛的现货及期货价格相关信息进行对比分析,得出在进行短期预测时借助于 ARIMA 能够获得更加理想的效果。Goodwin 和 Holt(1999)在对该问题进行研究和分析时围绕着 1970~1990 年美国地区牛的季度价格信息进行展开,对 VAR 模型实施分析和判定。同时,Thraen(2002)

及 Zapata 和 Garcia（1990）在对该问题进行研究和分析时借助于 Bayesian VAR 模型进行展开。

（3）神经网络模型。Karbasi 等（2009）在对伊朗猪肉的价格进行分析和判定时依次借助于动态及静态人工神经网络（artificial neural network，ANN）基本方法，然后进行对比分析得出，借助于动态神经网络对其价格进行分析和判定能够获得更加理想的效果。同时，在对价格进行预测的时候 GARCH 模型同样能够获得不错的效果，Ramirez 和 Fadiga（2003）就借助于这个手段对于小麦等农产品的价格进行了分析和判定，并且进行了进一步的对比分析。

我国的研究人员同样对于农产品的价格进行了一系列的分析和判定，在这个过程当中所使用的基本手段概括如下。

（1）因素回归分析判定手段。王吉恒和王新利（2003）在对农产品的价格进行分析和判定时进行了价格预测模型的建立和运用。在这个过程当中根据研究和分析的实际需要进行参数和指标的设定，并且对 2002 年 5~9 月黑龙江农垦区的大米市场价格实施了具体的分析和判定。

（2）时间序列分析判定手段。马孝斌等（2007）在对价格进行分析和判定时，对玉米、豆粕、饲料、生猪等基本运营数据信息进行研究和分析，在这个过程当中进行了 VAR 模型的建立和运用。傅如南等（2008）在对肉鸡的价格变动情况进行研究与分析时进行了 ARIMA 的建立和运用。王素雅（2009）在对苹果价格变动情况进行分析和判定时借助于 ARIMA、GARCH 模型等，并且对于不同模型分析判定结果进行了对比分析，得出 GARCH 模型能够获得最理想的预测效果，ARIMA 次之，而 VAR 模型能够获得最差的预测结果。董晓霞等（2010）在对鲜奶价格进行预测时借助于双指数平滑模型、Holt-Winter 季节模型及自回归条件异方差（autoregressive conditional heteroskedasticity，ARCH）模型，最终得出 ARCH 模型能够获得更加理想的预测效果，相比之下 Holt-Winter 季节模型有着更加理想的稳定性。

（3）智能分析判定手段。胡涛（2005）在对水产品价格指数进行研究和分析时借助于 1997~2002 年水产品运营数据信息，并且进行了小波神经网络预测模型的建立和运用。王舒鸿（2008）在对该问题进行研究和分析时借助于 2004~2007 年的运营数据信息进行展开。马雄威和朱再清（2008）在对猪肉价格进行分析和判定时借助于灰色神经网络进行展开。

2.3.2 预警的有关研究

在最开始的时候预警出现在军事领域，但是其实际运用是在经济领域。这项理论不仅应用在经济预警层面，也运用在生态预警、环境预警等不同的领域。通过开展经济预警工作，对于经济发展情况进行及时、全面的了解和把握，从而做出科学、准确的预警。

Moore（1950）进行了扩散指数手段的建立；到了20世纪60年代希斯金进行了合成指数监测预警法的建立，并且随着时间的不断推移，这种方法也逐渐获得了极为广泛的实际运用。

从20世纪80年代开始，对于预警过程有了更多的研究和分析，进行了模糊神经网络预测系统及KLR信号研究手段（由Lizondo和Reinhart于1998年创立，并经Kaminsky完善）的建立和运用，而且经济预警所涉及的领域逐步扩大。Benzing（2000）通过进行研究和分析得出，所谓的企业危机预警，指的就是企业在进行运营的过程当中对自身所面临的各种风险进行及时、全面的分析和判定，根据实际情况及实际需要进行相关举措的制定和实施，从而对各种风险进行及时、全面的管理和控制。其基本内容包括两个步骤：第一个步骤为预测，即对风险进行分析和判定；第二个步骤就是预警。实际进行这项工作时Fafchamps（1992）借助于定量分析手段进行了单变量破产预测模型的建立和运用，通过进行深入、细致的研究和分析得出，对于净利润、股东权益有着更加理想的识别效果。Beaver（1966）在对企业风险进行预测和分析时进行了二分类检验法预警模型的建立和运用，通过确定最佳的分割点，获得准确的分析判定结果。Cao等（2011）则对企业衰退阶段的预警展开了具体分析。在这个过程当中借助于BP神经网络及粗糙集理论对企业实施预警。Li等（2010）在对预警问题进行研究和分析时进行了预警及主动控制系统的建立与运用。Liu等（2006）进行了智能软件预警体系的建立和运用，并获得了更加科学、合理的预警效果。与此同时，Xi等（2010）进行了质量风险产生过程的分析，并且围绕着生猪的实际案例进行展开。借助于粗糙集理论及相关手段对风险样本进行获取，对已经建立起来的质量及农产品风险模型进行检验。借助于鱼骨图及层次研究手段进行农产品安全分析判定模块化系统的建立和运用，对预警指标机制进行规划，使得HACCP[①]、GMP[②]等方法的不足得到改进和完善。Werner等（2009）通过对英格兰、威尔士、苏格兰过去5~7年的具体研究和分析，进行了洪水预警系统的建立和运用，并对系统进行进一步的验证，从而保证系统能够发挥应有的基本作用。Li等（2009）进行了辅助决策手段的建立和运用，对风险进行及时、全面的预测和分析。Rude等（2012）对气象分析和判定系统进行进一步的改进和完善，使得气象分析和判定的结果更加准确。Blaser等（2012）则对海啸预警相关问题进行了具体、深入的分析。

---

① HACCP全称为hazard analysis and critical control point，危险分析和关键点控制。
② GMP全称为good manufacturing practices，良好作业规范。

对于我国来说，在经济预警方面发展的时间不长，主要是由于在过去的很长一段时间里都是计划经济时期，这使得经济预警难以发展起来。所以，到了20世纪80年代初相关工作才开始全面地开展起来。到了1984年，国内经济发展存在着诸多不足，在这种情况下国家对于经济管理和控制有了更高的重视，根据实际情况和实际需要进行监控体系的建立和运用。随着时间的不断推移，对于经济发展的预警不再局限于宏观领域，还更多地渗透到微观领域中。我国的赵瑞莹等（2008）进行了BP神经网络预警模型的建立和运用，对生猪市场发展情况进行了深入的研究，也对这个模型实施了进一步的检验。郝利忠等（2009）进行了生猪生产预警模型的建立和运用，用时差相关研究进行指标体系的建立。杨瑢（2011）在进行生猪预警运行机制建立时借助于结构方程模型，同时对于2006~2011年的数据信息进行分析，对于模型效果实施验证。宋敏和刘学敏（2012）对于西部可持续发展的预警相关问题展开深入分析，从能源、环境、经济三个方面建立指标体系，采用人工神经网络、层次分析法构建预警模型。刘全等（2011）借助于结构方程及VAR模型进行了生猪预测预警模型的建立和运用，通过对价格数据信息进行研究和分析，得出生猪价格变动机制。

过新伟和胡晓（2012）在对企业运营风险进行研究和分析时进行了财务风险预警模型的建立和运用。研究分析得出，企业的治理信息对于该预警信息来说有着关键性的影响，此外，宏观经济信息同样发挥着关键性的预警作用。蒋尧明等（2013）根据研究的实际情况及实际需要进行了财务危机预警模型的建立和运用。同时，借助于交互检验等基本手段对模型的基本效果实施验证。验证得出，这项预警模型能够比较准确地对风险进行分析和判定，从而该模型在风险预警当中可获得更多的运用。高嵘（2010）通过进行研究和分析得出，对于BP神经网络模型来说，依赖于足够的数据信息，获得更加理想的预警效果，可使得极小值等相关问题得到妥善的应对和解决。所以，建立起在支持向量机基础之上的生猪价格预警模型，通过进行这项工作可使得样本缺乏的问题得到妥善的应对和处理。孙立行（2012）对金融预警进行了研究。他借助于动态研究的手段，对国内金融体系的参数实施动态量化处理，科学、合理地把握国内金融风险的实际变动情况，从而达到更加理想的预警效果。贾会玲等（2010）对于特定时期生猪月度价格相关信息实施具体研究。路云和许珍子（2012）对国内社会保障基金及医疗基金的运作进行预警研究，通过获取数据进行实证研究，最后提出了预警机制。国内学者叶焕倬等（2013）采用自适应贝叶斯网络模型对财务预警进行研究。研究表明，该模型具有较高的预测精准水平，同时，相比中长期的预测，短期预测能够获得更加理想的效果。李优柱等（2014）构建了29个指标，对蔬菜价格指数进行预测预警，并采用BP神经网络和支持向量机两种模型预警进行比较分析。研究结果表明，对于蔬菜价格指数，支持向量机精度更高。王楠和汪琛德（2015）对郑州商品交易所农产品期货价格进行研究，选取 VAR 模型研究对通货膨胀的预警作用。

通过进行资料查询得出，在预警参数系统的分析方面其基本内容包括：章章（1991）借助于时差相关研究手段，对经济分析判定当中的景气进行深入研究，对先行指标进行判定。黄继鸿等（2003）对景气指数法等研究分析手段进行了深入、细致的阐述和说明。对其中的关键步骤进行了强调和说明，科学、合理地对预警指标进行界定。柏继云等（2007）根据预警实际需要进行了黑龙江大豆生产预警指标体系的建立和运用，并且对警兆指标实施了类别界定和划分。姜向荣等（2007）在对经济景气检测预警机制实施指标获取时借助于 SPSS 软件。纪良纲和王慧娟（2008）在进行预警分析时围绕着商品流通规模进行展开，对于过往的数据信息进行分析。熊巍和祁春节（2010）在开展预警研究工作时围绕着国内柑橘生产进行展开，对于相关研究分析指标进行界定和分析。任永泰和李丽（2011）进行了哈尔滨水资源预警模型的建立和运用，实际进行指标界定时借助于时差研究手段进行符合系统的构建。熊巍和祁春节（2012）进行了水果产销预警指标体系的建立和运用，对柑橘生产各项指标展开具体的研究和分析。

2.4 非农产品价格的有关研究

Zivot 和 Andrews（2002）在对股市大崩盘进行分析时借助单位根假设检验进行展开。Alquist 和 Kilian（2010）对石油价格进行趋势预测得出，石油现价是由期货价格决定的。Papapetrou（2001）对经济往来基本情况和股市等之间的作用关系进行了研究与分析。Follmer（1994）在对金融资产价格变化与投资者活动的作用关系进行研究和分析时建立在代理的方法基础之上。Mohanty 和 Nandha（2011）分析了导致石油价格不确定性的因素为市场、面向市场、因素人小、动力特性等。Hildebrandt 等（2010）对树木种植所面临的价格变动风险进行了深入、具体的分析和探究。de Meo（2013）分析认为，产品价格变化的根源主要在于市场要素、价格敏感度要素、市场监管等方面。国内学者李优柱等（2013）采用 VAR 模型对国内不同地区人们的消费和所得之间的作用机制展开研究，通过进行研究和探讨得出，二者有着紧密的关系。王学龙和杨文（2012）通过进行对比分析得出，土地财政使得房价出现上涨的情况。徐迎军和李东（2010）采用马尔柯夫模型研究我国商品房价格波动情况。张曦和王剑雨（2013）研究石油价格对股票价格的影响作用，选取英国、美国、日本、中国、俄罗斯等国家及我国香港地区进行研究和分析。研究表明，世界油价不稳定使得英国及美国的股市受到较为显著的影响。相比之下，国内股市所受到的影响并不显著。张才杰（2010）对货币政策和房价之间的作用机制进行了深入的分析，他认为需要管理部门根据实际情况及实际需要适当地对房价进行干预,从而使房地产市场保持稳定、有序发展。骆柞炎(2011)在对问题进行研究和分析时围绕资产价格和货币政策的作用关系进行展开。通过进行分析得出,应该根据金融市场及实体经济的实际需要进行货币政策的制定和实施。李卓和张茜(2012)采用 VAR 模型研究石油价格波动问题。蒋宁和肖平(2011)研究油价对物流的影响关系,研究表明,油价涨跌对物流业的冲击很大,直接影响物流业盈利水平。唐晓彬等(2012)借助于马尔柯夫手段对我国和美国的股价进行时间序列分析。研究表明,国内股市出现了大幅的波动,受到了极为显著的影响,与国内不同,美国的股市所受到的影响小很多,持续的时间也很短暂。朱学红等(2012)在对国内金属价格变动情况进行研究和分析时借助于 GARCH 模型,研究表明不同金属的短期收敛速度有所不同,其中铝的收敛速度最快,铜的收敛速度最慢。同时,金的长期收敛速度最快,铝的长期收敛速度最慢。

2.5 与本书有关的其他问题分析

Vroman 等(1998)通过进行研究和分析建立起针对不确定环境的稳健、非线性预测模型,即模糊适应的 Holt-Winter 模型,对纺织销售进行预测。Umar(2007)通过进行对比分析得出奈拉和美元之间的汇兑关系。通过进行进一步的分析得出,与一般的分析判定手段相比,Holt-Winter 能够获得更加理想的效果。Wang 和 Wu(2012)对经济合作与发展组织(Organization for Economic Co-operation and Development,OECD)各个成员的汇率变化情况实施调研得出,通常来讲,汇率模型会形成更紧密的分析判定间隔比,随机游走。与此同时,ARIMA 难以进行非线性处理。Pai 和 Lin(2005)借助于 ARIMA 及支持向量机混合模型对股价实施分析和判定。Lins 等(2012)对原有的研究分析手段进行了进一步的改进和完善。在这个基础上对于改进和完善效果实施验证。Zhu 和 Wei(2013)在对碳排放价格进行分析和判定时觉得应该借助于 ARIMA 及最小二乘支持向量机模型。通过借助于粒子群优化(particle swarm optimization,PSO)算法,研究分析的结果更加准确和合理。Leng 等(2013)对不同的零售商进行对比分析,在这个基础上进行合作博弈的模型的建立和运用。Marwala(2013)在对期权定价进行研究和分析时对贝叶斯支持向量机的经济模型进行了合理的运用。Li 等(2013)通过对聚类算法及层次研究手段进行归纳和总结建立起信息产业指标分析判定算法,并且对其进行了进一步的验证。结果显示,利用这项混合算法可以对国内信息产业实施科学、合理的分析和评定。

童明荣等(2007)进行了 Holt-Winter 模型的构建,通过与指数平滑法进行结合,铁路货运量得到了科学、合理的分析和判定,这种方法和一般的方法相比有一定的优势，而且所得到的分析判定结果更加准确、合理。李优柱等（2013）在对国内棉花运营基本情况进行研究和分析时借助于格兰杰因果检验等，得出不同市场价格之间具有彼此引导的基本作用机制。陶新民等（2012）在对向量机分析方法进行分析时借助于谱聚类基本手段。席广永等（2012）通过进行研究和分析得出，借助于 Holt-Winter 模型对实算电离层延迟实施分析和判定能够获得更加理想的效果。通过实施进一步的对比研究得出，与乘法模型进行比较，加法模型有着更加明显的优势。张俊红等（2012）采用遗传算法和 PSO 算法对向量机方法进行修正，提出了 GA-PSO 方法并应用到航空发动机的故障检测中。研究表明，该手段在获得更加优异的类别界定和划分效果的同时，还能够使得分析判定的精确度得到进一步的提升。冯锋等（2013）构建了基于 Logistic 的产学研共生模型。他们通过五种不同的共生行为对问题进行探究。李优柱等（2013）在对国内农业产出贡献水平实施分析时借助于 PSO 算法对最小二乘支持向量机的手段进行改进和升级，在这个基础上对广东的实际案例展开验证研究，并获得了更加理想的研究分析效果。张玉等（2012）对石油期货数据信息进行研究和分析，并进行模型的建立和效果验证。刘俊娥等（2013）在对矿井瓦斯涌出情况进行分析和判定时借助于经验模态分解（empirical mode decomposition，EMD）法，通过进行这项工作能够获得更加准确、合理的研究分析结果。崔建明等（2013）通过更加科学、合理地进行类别界定和划分，运用 PSO 算法使得类别界定和划分更加准确。马建华等（2012）进行了人参价格预测模型的建立和运用，借助于已有的数据信息对该模型所能够获得的分析判定效果进行验证，通过进行进一步的改进和完善，利用这个模型能够对于人参价格实施科学、准确的分析和判定。周敏和黄福华（2013）对于物流发展风险问题进行了细致的分析，根据实际情况及实际需要进行风险分析预测模型的建立和运用，通过开展这项工作，对于各种风险进行全面的了解和把握，在这个基础上进行相关举措的制定和实施，从而使得各种风险能够得到及时、全面的管理和控制，规避由此带来的一系列损失。

2.6　相关文献评述

通过进行论述和分析能够得出，随着时间的不断推移，学术领域对农产品价格波动、传导及预警等的研究和分析进一步增加，实际开展各项研究分析工作的过程当中所使用的方法和手段也不断得到丰富与改进，并获得了一系列的研究分析成果。但是，目前的研究和分析依然存在一些不足，其基本内容概括如下。

（1）尽管研究和分析的内容比较丰富，但是与蔬菜价格分析、判定相关的预警研究还存在一定的缺失。从目前的基本情况来看，我国学术领域在对该类问题进行研究和分析时更多地集中在家禽价格研究方面，很少对蔬菜、水果价格变动情况进行研究和分析，即便获得了一定的研究分析成果，但研究深度也不够，系统性也不足，因此需要进行更多、更深入和更细致的研究与分析，从而使得蔬菜价格预警工作得以稳定、有序地开展。

（2）没有形成科学、合理的预警指标体系，消除指标冗余的分析存在不足。王蕾（2011）在对国内食糖市场价格波动进行预警分析时，尽管对其加工制作、销售等不同环节进行了预警指标运行机制的建立和运用，但在指标属性获取及冗余清除方面的工作开展不够。唐江桥（2011）围绕畜产品的价格变化、预警问题展开研究和分析，尽管对指标进行了类别界定和划分，但是没有对指标进行进一步的改进和完善。赵瑞莹（2006）在进行研究和分析的过程当中对警兆指标进行了建立，实际开展 BP 神经网络预警工作时对指标进行进一步的冗余处理工作存在不足。

（3）目前的研究理论成果缺乏对蔬菜价格指数、蔬菜时间序列价格进行详细与深入的预测预警研究，并分别用两种指标获取手段，还有各异的预警模型实施实证分析，同时缺乏对各个模型的预警情况实施对比分析。此外，在进行预警系统建立和运用时很少会对其架构进行规划设计。

（4）少有文献对蔬菜价格波动特征、趋势、周期性、季节性、随机性，以及福利效应进行较为全面的实证研究。在传导机制方面，采用网络爬虫软件采集数据，运用 TAR 模型从传导方向、幅度、时滞等方面分析大白菜、西红柿、菜椒收购价格、批发价格和零售价格之间内在联系及传导机制的研究并不多见。

2.7 本章小结

本章对农产品价格波动、传导和预警等问题从不同国家与地区的研究理论及应用方面进行了阐述和说明，并且在这个基础上对其进行了进一步的述评，得出我国在农产品价格变化及预警问题分析等层面存在一些缺陷，需要及时、全面地进行改进和完善，并进一步丰富研究分析手段和办法，明确对蔬菜价格波动、传导和预警问题的研究。

第 3 章 理 论 基 础

本章主要对相关理论基础进行归纳和阐述，蔬菜价格波动、传导与预警的研究领域中包括经济周期理论、市场价格波动理论和预测与预警理论。对每个理论的产生、发展、代表人物和观点，以及主要内容都进行了系统、完善的分析。这项工作使得接下来对于蔬菜价格变化属性、预测预警及传导机制进行进一步的研究和分析获得了相应的理论依据。

3.1 经济周期理论

有关经济周期的定义，Burns 和 Mitchell（1946）在《衡量经济周期》中将其定义为以商业为主的国家总体经济活动的一种波动；这个周期包含经济的衰退、收缩及复苏，并反复出现，经济周期的时间长短不一。根据以上定义，我们可以将一个经济周期划分为四个阶段：①繁荣阶段，即经济活动的扩张阶段，表现为生产增加、资源短缺、投资旺盛、信用扩张、物价上涨。总之，这一阶段的国民经济活动高于正常水平。其最高点称为顶峰，当一般物价水平持续上涨时便引发通货膨胀。②衰退阶段，即由繁荣逐步衰退的阶段。这一阶段生产开始过剩、利润开始减少、投资急剧下降。③萧条阶段，即经济活动水平变化到最低点的阶段，国民经济活动低于正常水平，其最低点称为谷底。这一阶段与繁荣时期形成强烈的反差，表现为生产剧减、资源闲置、投资萎缩、物价下跌。④复苏阶段，即由萧条逐步走向繁荣的阶段，经济活动水平逐步回升（胡希宁，2004）。在以上四个阶段中，繁荣阶段和萧条阶段是经济周期中的两个主要阶段，衰退阶段和复苏阶段是经济周期中的两个过渡阶段。经济周期在经济活动中反复出现，但是每一个周期及各个阶段的持续时间和波动幅度可以有很大的差别，并且上一个经济周期的顶峰也不一定超过下一个经济周期的顶峰。不过经济活动作为一种长期的活动，其总体是呈上升趋势的（汪浩瀚，2002）。

纵观经济周期理论的演变发展，可以分为四个时期。

（1）18 世纪末和 19 世纪初，与古典政治经济学的建立和兴起时期同步，这一时期古典经济学家，如斯密、萨伊、李嘉图和马尔萨斯等都对经济周期理论有所贡献，他们大多忽视经济波动，只将其视为经济增长过程中不可避免但是短暂而且并不重要的停顿。主要的理论有萨伊定律和货币数量理论及反对派马尔萨斯和马克思等的经济理论。

（2）开始于19世纪70年代，与新古典主义经济学同步，这一时期，大多数经济学家忽略了宏观经济增长与波动的调查而偏重于微观分析。将波动首次作为一个单独的分析项目。Kondratieff（1925）等开始系统地选取统计学方法寻找经济和金融数据运行的模式。新古典时期的周期理论划分为两种类型：纯货币理论和过度投资理论。

（3）凯恩斯革命开始于1936年。凯恩斯在1936年出版了《就业、利息和货币通论》，明确攻击了传统经济学中两个核心的宏观经济学说：萨伊定律和货币数量理论。凯恩斯强调货币、利率和营利能力的不确定性，他认为经济中的问题不是投资过多，而是太少（凯恩斯，2004）。他关于经济周期的观点可以作为《就业、利息和货币通论》的延伸，解释了经济是怎样及为什么陷入衰退并无限期地保持那种状态。

（4）开始于20世纪70年代的现代经济周期理论。20世纪60年代末到70年代，凯恩斯学派在处理通货膨胀和失业政策方面存在明显的缺点，导致了学院派经济学家反凯恩斯的革命。在经济周期理论中，产生了几个古典经济学的新版本，货币主义、理性预期和实际经济周期理论，这些都被称为新古典宏观理论（张海燕和董小刚，2011）。

西方经济学家一般根据经济周期的时间长短，把经济周期分为短周期、中周期、长周期三种类型。短周期是由英国统计学家基钦提出来的，他认为一个经济周期可以分为主要周期和次要周期两种，一个主要周期由2～3个次要周期组成，每个次要周期的长度大约为40个月，这种长度为40个月左右的周期被熊彼特称为短周期，因为是基钦提出来的，所以也称为基钦周期（Kitchin，1923）。中周期是法国经济学家Juglar提出来的。他认为一个经济周期是由繁荣、危机、清算三个连续的阶段组成的，并且主要根据物价水平等指标的变动来确定。他认为一个经济周期为9～10年，熊彼特称之为中周期，因为是Juglar提出来的，所以也称为朱格拉周期。长周期是苏联经济学家Kondratieff（1925）提出来的，他认为在资本主义经济中存在平均长约50年的长期波动。长周期也称为康德拉季耶夫周期。经济周期的三种分法并不矛盾。长周期中包含着若干中周期。长周期的上升阶段中有繁荣也有萧条，只是繁荣的年份多于萧条的年份，长周期的下降阶段中有萧条也有繁荣，只是萧条的时间长于繁荣的时间。一个中周期中也包含着几个短周期波动。

西方经济学家对经济周期成因众说纷纭，我们可以将其大致分为外生经济周期理论和内生经济周期理论两大类。前者是用经济体系以外的因素来解释经济周期形成原因的理论，如太阳黑子和气候的变化、战争、科学技术和重大的发明创造及人口的变动。后者是用经济体系本身内在的因素来解释经济周期形成原因的理论，如货币、消费、私人投资和政府开支等经济因素的变动。政治性经济周期理论可以用来解释西方发达国家政治活动周期引起周期性波动的原因。西方政治家为了获得选票在选举之前采用减税或增加政府支出这类扩张性财政政策来刺激经济，这将导致选举前的经济繁荣。选举后，为了抑制这种繁荣所引起的通货膨胀，一般要采取紧缩性财政政策，从而又会引起经济萧条。太阳黑子理论又称农业收获周期变动论，是一种用气候变化引起的农业收获量的变动解释经济周期的理论。太阳黑子的出现引起农业减产，农业减产引起工业、商业、投资等活动的减少，从而导致萧条；反之，引起经济繁荣。太阳黑子活动是有周期性的，因而也会使经济具有周期性。内生经济周期理论中的投资过度理论主要包括奥地利经济学家 Hayek（1966）的货币投资过度理论。心理的经济周期理论由英国经济学家 Pigou（2013）和 Keynes（1937）提出，是用人们的心理预期解释经济周期性波动的理论。纯货币理论由英国经济学家 Hawtrey（1919）提出，是用货币因素解释经济周期的理论。消费不足理论是用消费需求不足来解释生产过剩危机的经济周期理论，早期代表人物是马尔萨斯和西斯蒙第，近代的代表人物是霍布森。乘数-加速数模型周期理论由汉森与萨缪尔森共同提出，是用乘数与加速原理的相互作用来解释经济周期性波动的理论。创新经济周期理论由熊彼特于 1912 年在《经济发展理论：对于利润、资本、信贷、利息和经济周期的考察》中提出，他认为创新是企业的灵魂，也是企业家的灵魂（熊彼特，1990）。

3.2　市场价格波动理论

3.2.1　供求关系理论

需求是指在一个特定的时间，消费者愿意遵循一定价格和能力购买商品。若其他条件不变，则需求和价格成反比，这在大多数情况下适用。除价格外，消费者收入、人口结构、消费者偏好、人口数量、替代品价格等因素也会影响需求。供给是指在一定的时间框架内，生产者愿意并且能够按照一定价格提供的商品数量。一般来说，商品的价格越低，供应量越少。在市场经济中，不仅价格会影响供应量的变化，其他因素也会引起它的变化，如相关产品价格和生产要素价格。此外，还有一些因素，如技术水平、工艺创新、生产商数量等，也会影响供给的变化。其他生产商的供给预期在一定程度上也会影响供给。庞巴维克的边际对偶理论是供给理论的基础，而马歇尔对其理论进行了完善。马歇尔从与流通有关的供应和需求角度，对价格形成进行了系统的描述，提出了均衡价格，即价格由供需双方的均衡价格所决定。马歇尔需求定律通过使用边际效用进行论证，其主要内容是价格高、需求少，价格低、需求更多。与此同时，马歇尔总结了供应的一般规律，即价格低、供给少，价格高、供给多。马歇尔提出供给和需求决定均衡价格，这一理论在被认为是价格决定理论的核心后，得到了很多数理经济学家的发展和改进，尤其是在需求理论研究方面。目前，这一直是西方经济理论研究的焦点。弗里希在1932年出版的《边际效用的一个新的测量方法》一书中，研究出了边际效用的一个特殊的测量方法，即使用统计数据来计算边际效用。西方经济学家对农产品价格波动变化进行研究时，采用供给弹性和需求弹性进行分析，这已成为常用的分析手段（朱纪明和朱纪亮，2013；陈秋好，2012；黄秋如，2006）。

3.2.2 市场价格理论

对于市场经济来说，特定的市场当中需求情况及供给情况都会对价格产生影响。与此同时，价格也会反过来对供给及需求产生不同程度的影响。从整体上来看，三者相互作用、彼此关联，是一个有机体。不同的市场参与者会对价格信息等进行及时、全面的归集与分析，根据分析结果对市场发展情况获得一个真实、全面的把握，进而做出对自己更加有利的运营决策。在各个参与者的共同作用下，市场中的资源能够得到科学、合理的配置和使用。同时，管理部门对于市场发展来说同样发挥着重要的作用。但是，管理部门在进行干预的过程当中必须遵循市场规律，政府管理部门在市场运行的过程当中要发挥辅助性的作用。

3.2.3 蛛网理论

蛛网理论是指价格和产量的相互影响导致周期性变化规律的理论，蛛网理论是一个动态的均衡分析。蛛网理论证明，在完全竞争的假设下，一旦平衡被打破，经济体系并不一定会自动恢复平衡。这种假设是基于：①上期市场价格确定供给量；②每个生产者认为当前的市场价格将继续保持，改变他们的生产计划不会影响市场；③商品是非耐用消费品。

蛛网模型有三种分类，即收敛型、封闭型和发散型。第一种，收敛型。需求弹性大于供给弹性，价格变动对供给的影响小于对需求的影响。当市场由于干扰偏离原有平衡状态时，实际价格和产量会在均衡水平附近波动，但波动性将逐渐减弱，蛛网向内收缩趋于平衡点，被称为"收敛型蛛网"。第二种，封闭型。供给弹性等于需求弹性。当市场受到外力干扰偏离原有均衡状态时，实际价格和产量都遵循相同的振幅波动围绕平衡点上下波动，波动将一直循环下去，既不会远离平衡点也不会恢复到平衡点，被称为"封闭型蛛网"。第三种，发散型。供给弹性大于需求弹性，当市场受到外力干扰偏离原有均衡状态时，实际价格和产量的波动会变得越来越大，偏离平衡点越远，就越无法恢复平衡，被称为"发散型蛛网"（顾声乐，2013；杨为燕，2008；邓祥周等，2007）。

3.2.4 波动形成理论

影响经济周期波动的因素很多，如政治、经济、人口、技术、政策等，从系统的观点来看，可以归纳为两类：内生波动和外生波动。市场价格和产量的关系用蛛网模型表示，如果外在给定产品价格，蛛网模型可以解释为外生波动理论；反之，如果市场机制确定产品价格，则蛛网模型可以解释为内生波动理论。

所谓的内部传导机制，指的就是经济发生的改变仅通过自身的影响而实现。在特定的经济系统当中，其基本结构对变化的适应性会产生决定性的影响。外部冲击是指系统之外的因素对系统所产生的影响。当受到干扰时，系统就会出现反应，因此会产生波动或者加剧内部传导机制下的波动。对于外部冲击模型来说，通过对其进行类别界定和划分，得出其主要包括以下两种：首先为单一的外部影响模型；其次为纷杂的外部影响模型。当前对于外部干扰变量的处理方法是，根据冲击因素在不同时期或者作用的取值，在系统方程中引入虚拟变量。

3.3 预测与预警理论

3.3.1 预测相关理论

预测是通过探究过去来对未来进行理解（冯文权，1983）。从广义上讲，预测是基于事物发展的历史，运用科学的知识对未来客观事物发展的现状与趋势进行推理。从狭义上讲，它是对现有的样本数据建立数学模型，使用模型来估计未来的数据。该预测方法在经济研究中的应用被称为经济预测。Foote 等（1976）认为经济预测是经济学的基本特征。当前经济预测方法已被广泛应用于经济学的各个分支中，也有许多文献研究农产品价格预测问题。

von Neumann 和 Morgenstern（2004）首先对经济预测综合方法进行探讨。他们认为原则上来讲经济预测是不可能的，因为经济数据既不均匀也不是独立的，而均匀性和独立性是概率统计的一个先决条件，因此经济预测不是基于概率推理的预测。

Haavelmo（1944）在概率统计框架中对经济预测的讨论已成为在经济学教材中的先驱。他认为预测只是一般方法的应用，但它不会增加新的问题。Haavelmo 的方法被广泛接受并成为美国宏观经济计量模型建立的理论基础。

20世纪50年代以后，以时间序列分析为主的许多预测模型出现，因此有必要找到一个对不同预测模型进行评价的方法。Granger 和 Newbold（1974）对预测评价标准进行了综述，并指出许多先验的做法是不恰当的。Ericsson 和 Marquez（1993）引入了均方预测误差的应用。现在，运用不同的方法来进行预测研究，比较不同的预测结果并用均方预测误差进行统计。

尽管预测理论和技术迅速发展，但作为一个理论体系还不成熟。

预测过程包括五个步骤：①确定预测目标。②数据的采集和处理。原始资料的收集必须完整、准确，否则会造成预测有偏差。③选择预测方法及模型。不仅要建立基于经济理论的模型，还要建立与本质特征和变量有关的各种计量模型选择的标准，这些必须结合分析师的实际经验。④评价结果、模型修改。预测结果出来后，应用评价方法评估，如果预测误差较大，则要选择另一个预测模型。⑤预测报告生成。

预测和预警的区别：①预测的目标不同，预测比预警预测目标更宽，预警主要是对警情的测定。②预测突出预见，预警突出超前。③它们使用不同的资料。预测使用的是人们估计和预测的资料，预警使用的是描述发生的资料。④不同的预测结果。预测结果是定量的，也可以是定性的，通常不提供对策，而预警的结果是警情，因此，对每个警情，需要给出相应的对策建议。⑤不同的功能。预测是对系统变量变化的数量估计，不进行评价，而预警要对预测值进行评估，对决策者提供判断和选择服务。

近年来，预测方法快速发展，多达200种。冯文权（1983）总结了目前国外流行的预测方法分类系统，包括阿姆斯特朗分类法、苏联分类法、琼斯和特维斯分类法、日本分类法、英国分类法、马可里达吉斯分类法和捷恩茨分类法。国内文献主要分为以下几类（陈诗一，2008；郝勇和范君晖，2007；徐国祥，2012）：①点预测和区间预测。点预测是对某个时间点的预测，区间预测是在点预测上加减1~2个标准偏差计算的预测。②水平预测和方向预测。前者是通过时间序列预测未来规模和趋势的可能值，后者是对未来发展方向可能转折点的预测。③分类预测和回归预测。分类预测是离散的定性变量预测。回归预测是连续变量的预测，如收入、价格、面积、产量。④短期预测和长期预测。长期预测为5年以上，短期预测为12个月以内。⑤事先预测与事后预测。⑥递归预测与固定预测。⑦宏观预测与微观预测。微观预测是指预测商品价格的变化。宏观预测是指预测宏观经济变量，如汇率、股票指数等。⑧定量预测和定性预测。

3.3.2 预警相关理论

预警起源于军事，现已发展到经济等多个领域。预警可以分为警情、警源、警兆和警度几个阶段。警情是预警的基础,警源、警兆是分析预警的原因、因素。预报警度是预警的目标(顾海兵,1997)。

(1)明确警情。经济预警中的警情相比其他预警要复杂些。经济预警中的警情由两部分指标构成:一是反映经济增长质量的警情;二是反映经济增长质量的警情。前者包括农业类警情指标、能源类警情指标、采掘原材料类警情指标、运输类警情指标。后者包含通货膨胀、环境污染、财政收支、外汇收支、经济社会发展协调程度、失业率。在本书的研究对象,即蔬菜价格预警研究中,警情是指蔬菜市场上出现的供求不平衡现象,其外在表现是蔬菜价格的上下波动。一般来说,警情指标都是用增长率或比率来度量的,而蔬菜价格的警情指标是反映蔬菜价格波动是否有警的指标,因此通常会想到采用蔬菜价格变动率作为警情指标。然而,一方面有关蔬菜价格的原始数据中仅能收集到价格指数;另一方面指数化处理后的数据本身就是以上年为基础、能够体现波动(增长率)的数据,因此本书的蔬菜价格预警模型采用蔬菜价格指数作为警情指标。在警情中还有一个概念即警度,它是指对警情的度量,可以分为五个等级:无警、轻警、中警、重警和巨警。有了警情和警度就可以对经济形势进行监测。

(2)寻找警源。警源的主要来源有粮食因子、能源因子、经济因子、政治因子、军事因子、文化因子、信息因子、科技因子、人口因子等。本书中的警源主要包括供给、需求、经济与政策环境、自然环境等方面。

(3)分析警兆。不同警情对应不同警兆,当警情发生异常变化前,总有一定先兆。警兆的确定可以从警源入手,也可以根据经验分析。

(4)预报警度。预报警度是预警的目的。警度预报可以有两种方法:一是建立关于警情的普通模型,先做出预测,然后根据警限转化为警度;二是建立关于警情的警度模型。

预警可以分为红色预警、白色预警、黑色预警、黄色预警。红色预警是根据警情的生长态势来预测未来状况的。白色预警是在掌握警因下用计量技术进行预测的,目前还处于探索阶段。黑色预警只根据警情变化来预测。黄色预警通常根据警兆预报警情的警度。常用预警方法有两种:指数预警方法和统计预警方法。①指数预警方法是从各领域中选择出一批对景气变动敏感、有代表性的指标,用数学方法合为一组景气指数(先行、同步和滞后),通过综合指数的波动对经济形势进行预测。目前主要的景气指数法有扩散指数 DI 和合成指数 CI。②统计预警方法是根据警情与警兆的相关关系进行统计处理的。

其他预警方法主要包括警情预警法、景气调查法、人工智能法、系统动力法和专家经验法。本书中的预警方法为人工智能法,主要是 BP 神经网络和支持向量机法。

现实中预测问题是线性关系的较少,通常是非线性关系。非线性回归分析是一元线性回归分析的扩展，也是传统的计量经济分析结构模型。但是现实问题大多为非线性问题，无法直接解答，需要将非线性问题转化为线性问题。非线性模型的计量分析基本思想类似于线性模型，但仍然可以以回归分析为核心，被称为非线性回归分析。BP 神经网络和支持向量机就属于非线性回归分析。

神经网络是一种非线性预测方法，使用最广泛的是 BP 神经网络。一个典型的神经元的输入模式由五个主要部分组成，即输入、网络权值和阈值、求和单元、传递函数和输出。

支持向量机是 Cortes 和 Vapnik（1995）首先提出的，它在解决小样本、非线性及高维模式识别方面具有许多独特的优势，并能够推广应用到机器学习问题方面，如函数拟合。在统计学习理论内容中，支持向量机是最新的，也是最实用的部分。

支持向量机根据产品功能定义不同，可以实现径向基函数、贝叶斯分类、多项式逼近、多层感知器网络等许多现有的学习算法。这些学习方式有很多优秀的学习表现，并已成功地应用在许多领域，如遥感图像分析、三维物体识别、面部识别、文字识别。本书将对 BP 神经网络和支持向量机在后面预警模型章节中做详细介绍。

3.4 本章小结

本章主要对研究分析理论进行了归纳和阐述，包括经济周期理论、市场价格理论、供给理论、需求理论、蛛网理论、内部传导理论等相关理论。通过进行这项工作，为后面分析蔬菜价格变化属性、预测预警及传导机制奠定了理论基础。

第4章 蔬菜价格波动机制研究

众所周知，蔬菜价格处于不断变化中。根据价格波动与形成理论，蔬菜价格波动的形成机制主要体现在以下几个方面：一是外部冲击机制，比如货币供应量、人民币汇率涨跌、政策变化等各种外部环境的冲击。外部冲击除了系统因素外，还有随机因素，如自然灾害等。二是内部发生机制，主要从供给与需求两个方面分析蔬菜价格波动问题。本章研究蔬菜价格波动机制从四个方面展开：首先，选取典型品种蔬菜，研究其历史价格波动规律，总结波动现状和特征；其次，采用HP滤波法，研究蔬菜价格波动的随机、趋势、季节和周期等规律；再次，应用价格波动形成理论，着重从供需、国家经济、政府政策、自然条件等角度了解蔬菜价格干扰因素；最后，探讨蔬菜价格波动对生产者和消费者福利的影响。

4.1 蔬菜市场价格波动分析

蔬菜市场价格规律是人们关注的重点。近年来，季节性、周期性和随机性等因素导致蔬菜价格波动性比较大。不管是生产者还是经营者，抑或是政府，对价格变动规律都无法做到精准的预判，在这种情况下研究蔬菜价格规律就具有较大的现实意义，可以用来指导农民生产、经营者经营，也可以指导政府完善蔬菜生产计划。本节研究的数据来源于全国集贸市场蔬菜月度价格数据，月度时间跨度从2002年1月到2015年2月，总共包括158个月。

1998年以来，主要蔬菜产品供需关系发生了极大的改变，由短缺模式转变为总体平衡，人们对蔬菜生产的积极性非常高。连续16年的中央一号文件锁定三农问题，可见农业生产是国家关注的重点。近年来，蔬菜产量每年不断提高。如果想要更好地预测蔬菜时间序列价格，首先需要研究蔬菜的历史价格规律。本书侧重于研究人们经常食用的五种蔬菜的价格数据，涵盖了大白菜、菜椒、黄瓜、四季豆及西红柿。

1. 大白菜月度历史价格波动分析

从折线图（图4-1）来看，大白菜价格一直处在震荡中，整体上是上涨趋势，波动性较大，分析图4-1，2010年1月前后对比来看，之前的变化幅度处于比较小的范围，之后的幅度迅速扩大。在2007年8月的时候，历史性超过2元/千克；

在2010年4月的时候更是达到2.79元/千克；在2011年7月的时候，是2.52元/千克的水平，整体波动范围为1.40~3元/千克；在2012年8月的时候，超过3元/千克；在2013年4月的时候，是3.31元/千克的水平，刷新了历史数据。大白菜传统的振幅区间大约为1元/千克，而现阶段大约为2.5元/千克，波动幅度越来越大。大白菜的生产季节是非常长的，同时储藏起来非常方便，所以季节性波动小，通过分析图4-1可以获知此种规律。

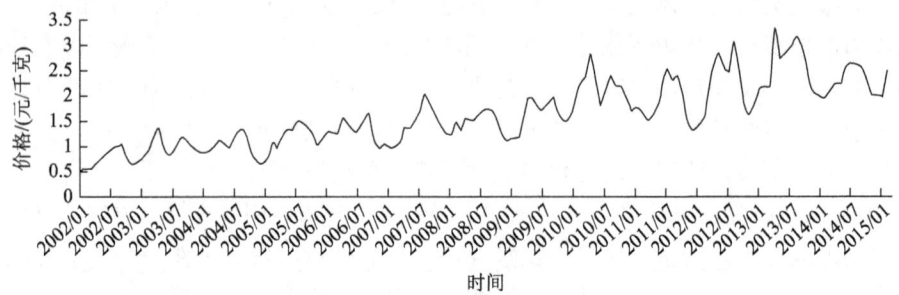

图4-1　大白菜月度价格折线图

2. 菜椒月度历史价格波动分析

2002年1月到2015年1月，这段时间菜椒价格一直处在震荡中，整体上涨，季节波动性比较小。2002~2007年，菜椒价格波动性比较小，振幅变化小，有着非常显著的周期性。到了2008年，菜椒价格振荡幅度呈现扩大的趋势，季节性因素导致波动有些偏移。受通货膨胀等一些重要因素的影响，价格震荡上涨，在2008年2月的时候，是6元/千克的水平。2012年1月的时候，达到9.84元/千克的水平，刷新了历史数据。由于菜椒种植存在季节性的特点，分别是早春和晚秋季节，季节性非常强烈，分析图4-2可以了解到这种规律。

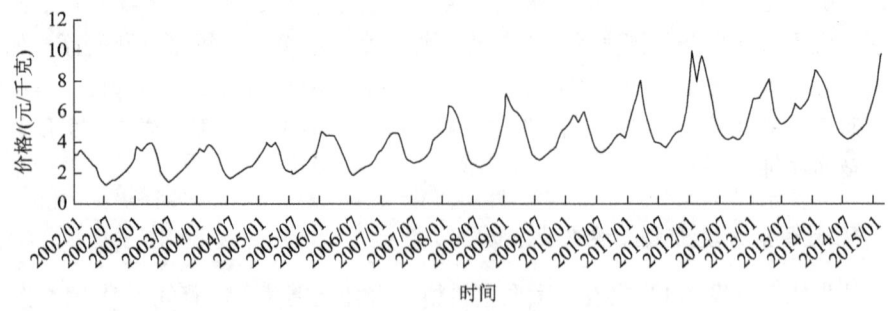

图4-2　菜椒月度价格折线图

3. 黄瓜月度历史价格波动分析

2007年1月前，黄瓜价格呈现规律性波动，紧接着缓慢震荡增长，同时振动幅度逐渐扩大，这点与菜椒价格类似。2002年1月到2007年1月，黄瓜价格波动区间为1~4.19元/千克。2010年2月的时候，其价格为6元/千克的水平，最高为6.05元/千克；2012年1月的时候，其价格为8.17元/千克，刷新了历史数据。这个过程中，黄瓜价格振动幅度逐渐扩大，围绕4元/千克的价格波动。黄瓜只种一季，生产时间非常短，产量较大时，其价格就比较低，因此表现出比较显著的季节波动性。分析图4-3可以了解到这种规律。

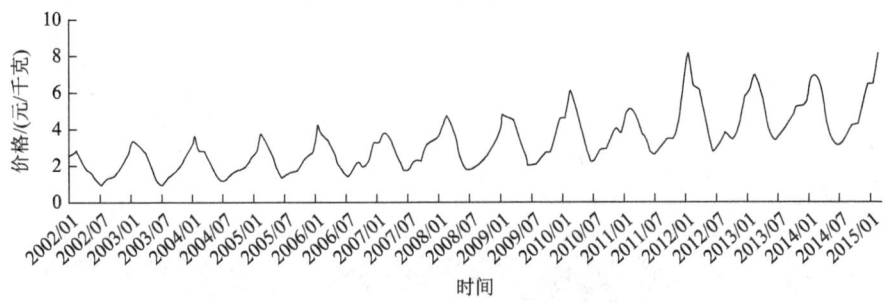

图4-3　黄瓜月度价格折线图

4. 四季豆月度历史价格波动分析

四季豆价格每个季度震荡增长，2007年1月波动比较小，围绕2元/千克的价格波动。随后每年振动幅度逐渐扩大，2012年3月的时候，为10.12元/千克的水平，刷新了历史数据。2007年后，每年振动幅度逐渐扩大，围绕6元/千克的价格波动，价格处在增长的趋势中，价格最低点与之前的最高点差不多。四季豆为一年生，生产与其他蔬菜类似，其表现出比较显著的季节波动性，分析图4-4可以得出此规律。

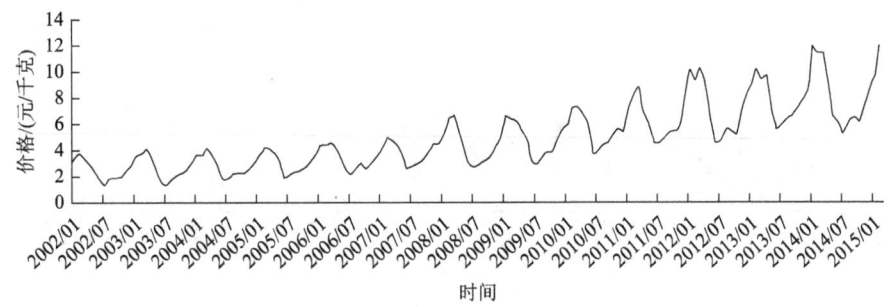

图4-4　四季豆月度价格折线图

5. 西红柿月度历史价格波动分析

分析图4-5，2006年1月之前西红柿的价格波动性比较小，围绕2元/千克的价格进行波动。随后西红柿的价格波动幅度逐渐增大，不过价格增幅趋缓，处在震荡增长的变化中。2010年1月后，震荡幅度增加；2010年2月的时候，历史性地超过5元/千克的水平，随后快速增长，靠近7元/千克的水平；2012年4月的时候，为6.69元/千克的水平，刷新了历史数据。因为西红柿生产时间比较长，相比其他品种而言，其波动周期更长，表现为震荡增长趋势。综合分析前面几种蔬菜的价格来看，在2012年春节时间段，除大白菜外，这几个蔬菜产品价格都刷新了历史数据，主要原因在于春节处于蔬菜采摘淡季、人们对年货的旺盛需求、通货膨胀幅度较大等。

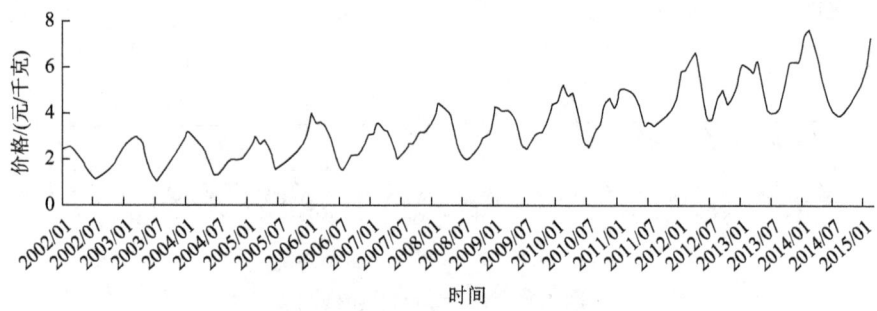

图4-5 西红柿月度价格折线图

6. 蔬菜价格的总体轨迹

通过分析主要蔬菜所存在的历史价格变化规律可总结出，蔬菜价格每年都在震荡增长，在这方面黄瓜、菜椒、四季豆及西红柿表现出非常大的相似性，而大白菜表现则不同。依托图4-6对比方法，分析价格趋势，因为菜椒和四季豆

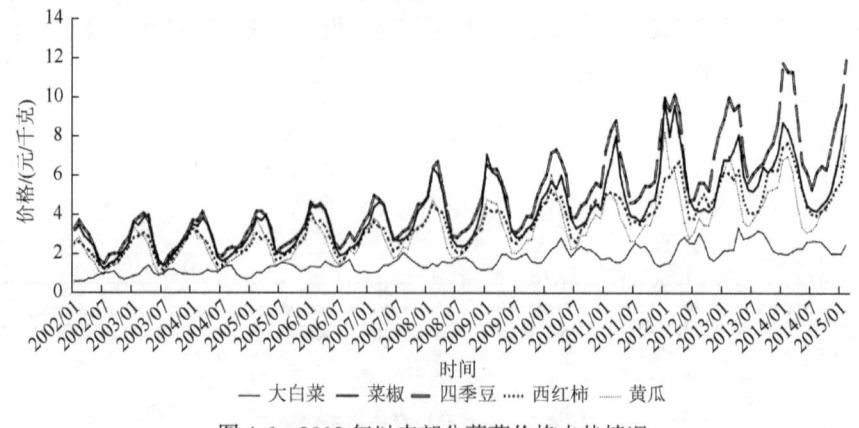

图4-6 2002年以来部分蔬菜价格走势情况

价格基本相同，同时黄瓜和西红柿价格基本相同，其变化曲线也基本相同，存在非常高的拟合度。二者价格振动所存在的最高、最低点月份也基本相同，曲线振荡幅度趋势变化也基本类似。大白菜价格趋势表现出独特性，在周期变化特征方面存在差异性。

4.2 蔬菜价格周期性分析

蔬菜价格表现出非常显著的周期性。本节针对每个蔬菜品种所存在的价格波动周期特征进行详细的分析，这对蔬菜生产准确决策有着积极的意义，可以有效控制市场风险。

4.2.1 HP 滤波法

本书依托 HP 滤波法完成趋势的有效分解。涵盖的变动因素如下，首先是随机要素（I）；其次是循环反复要素（C）；再次是长期趋势要素（T）；最后是变动季节要素（S）。依托 HP 滤波法，可以实现趋势和循环要素的分离。一般情况下，序列分解去除了季节性波动，以及不规则特点的元素。

设定 $\{Y_t\}$ 涵盖了趋势及波动成分，$\{Y_t^C\}$ 具体为波动成分，$\{Y_t^T\}$ 具体为趋势成分（Robert and Prescott，1980），那么：

$$Y_t = Y_t^T + Y_t^C, \quad t = 1, 2, \cdots, T$$

针对最小化问题完成定义：

$$\min\left\{\sum_{t=1}^{T}(Y_t - Y_t^T)^2 + \lambda \sum_{t=2}^{T-1}[(Y_{t+1}^T - Y_t^T) - (Y_t^T - Y_{t-1}^T)]^2\right\}$$

其中，λ 为针对趋势成分 Y_t^T 波动相应的正惩罚因子。

HP 滤波法应用起来非常方便，与相位平均法有着很大的不同，后者是在经济周期波峰及波谷的基础之上确定的。

4.2.2 蔬菜价格波动周期的实证分析

从 2002 年 1 月 1 日到 2015 年 2 月 1 日，对于蔬菜月度零售市场价格相对应的大白菜、黄瓜、菜椒、四季豆、西红柿所存在的价格时间序列，使用 HP 滤波法针对波动周期完成研究，从而获得波峰到波峰所间隔的时间，并使用 EViews 6.0 进行实证。

1. 大白菜市场价格波动周期

详见图 4-7，2002 年 1 月后，大白菜市场价格的波动非常有规律，表现出线性增加，对于线形曲率来讲，通常处在不变的斜率范围内，可以理解为直线变化。从波动周期角度分析，波动周期为 12 个月。一年的中间是价格的最高点，一年刚开始的时候及结束的时候是价格的最低点。出现这种情况的原因就是大白菜生产与季节存在非常大的关系，冬季产量偏多，价格不高。分析价格变化可以了解到，依托 HP 滤波法可获得价格趋势线，筛选出在趋势线之上的月份，一共包括了 76 个月，可以理解为 48.72%的月份大白菜的价格比较高。大白菜是很多家庭喜欢的蔬菜，所以在较长时间段内价格比平均价格要低，处在大众可承受范围之内。

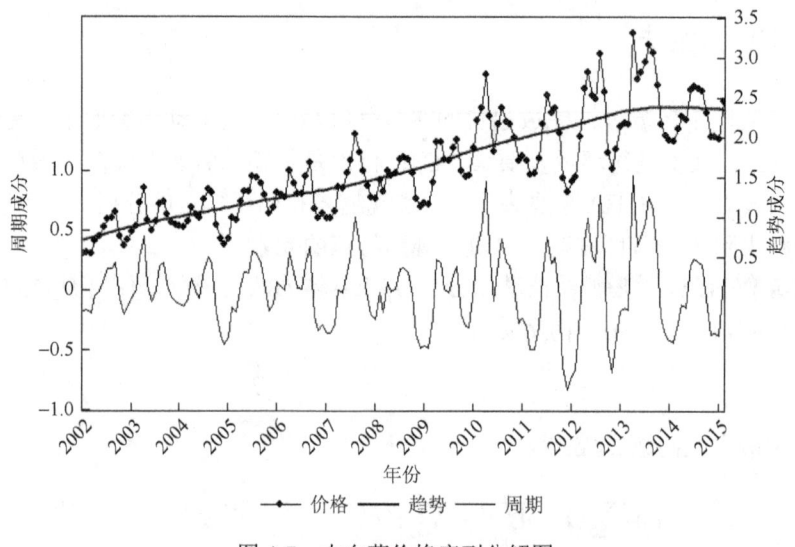

图 4-7　大白菜价格序列分解图

分析周期特征，详见表 4-1。通常情况下，大白菜价格波动周期具体为 11.2486 个月，接近一年。价格最高的月份大部分为 8 月，而价格最低的月份大部分为 12 月。在某些年份大白菜的价格最高点会出现偏差，不过偏离幅度处在合理的范围之内。由于大白菜相应的生产时间范围比较广，环境敏感性低，价格波动中波峰与波谷会比较多。

表 4-1　大白菜价格波动的周期特征

年份	波峰：年价格最高月份	波谷：年价格最低月份	周期长度	高于均价月数
2002	8 月	11	11.2486 个月	76 个月
2003	4 月	12		

续表

年份	波峰：年价格最高月份	波谷：年价格最低月份	周期长度	高于均价月数
2004	8月	12月		
2005	7月	1月		
2006	9月	11月		
2007	8月	1月		
2008	8月	12月		
2009	4月	2月	11.2486个月	76个月
2010	4月	12月		
2011	7月	12月		
2012	8月	1月		
2013	4月	12月		
2014	7月	12月		

2. 菜椒市场价格波动周期

菜椒市场价格变化情况详见图 4-8。2002 年 1 月后，菜椒价格趋势表现出线性加快的变化规律，也就是线形曲率逐渐增加，相应的倾斜度逐渐变大，可以理解为价格每个月的增速都在加快。从波动周期角度分析，波动周期为 11.25 个月。在一年的中间是价格的最低点，年初与年末的时候是价格的最高点，波峰的形状较为圆润，一般只有一个波峰出现。出现这种情况的原因就是菜椒的生产与季节

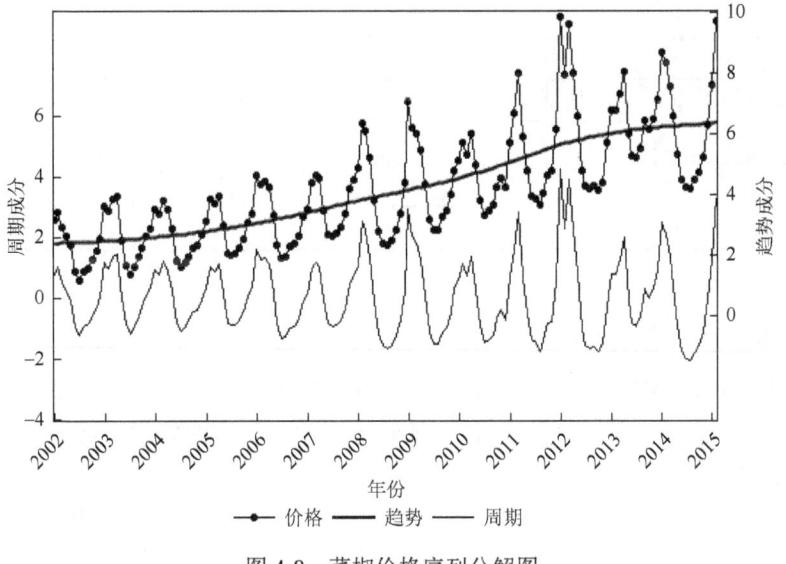

图 4-8　菜椒价格序列分解图

存在非常大的关系，冬季大棚蔬菜产量偏少，价格高。分析价格变化可以了解到，依托 HP 滤波法可以获得价格趋势线，筛选出在趋势线之上的月份，一共包括了 73 个月，可以理解为 46.79%的月份菜椒价格比较高。菜椒是很多家庭喜欢的蔬菜，所以在较长时间内价格比平均价格要低，处在大众可承受范围之内。

分析周期特征，详见表 4-2。通常情况下菜椒价格波动周期具体为 11.25 个月，接近一年。价格最高的月份大部分为 1 月，而价格最低的月份大部分为 7 月。在某些年份菜椒的价格最高点会出现偏差，不过偏离幅度处在合理的范围之内。由于菜椒相应的生产时间范围比较小，环境敏感性大，价格波动中波峰与波谷会比较少。通过分析其波形相对应的振动幅度，可以了解到其正在不断地增大，也就是其价格波动范围正在不断地变大，2008 年后变化非常显著，而 2008 年之前基本类似，2008 年后波形相对应的振动幅度逐渐增大，类似的波形越来越少。

表 4-2　菜椒价格波动的周期特征

年份	波峰：年价格最高月份	波谷：年价格最低月份	周期长度	高于均价月数
2002	2 月	7 月		
2003	4 月	7 月		
2004	3 月	7 月		
2005	4 月	7 月		
2006	1 月	7 月		
2007	3 月	7 月		
2008	2 月	8 月	11.25 个月	73 个月
2009	1 月	8 月		
2010	4 月	7 月		
2011	3 月	8 月		
2012	1 月	10 月		
2013	4 月	7 月		
2014	1 月	8 月		

3. 黄瓜市场价格波动周期

黄瓜市场价格变化情况详见图 4-9。2002 年 1 月后，黄瓜价格趋势表现出线性加快的变化规律，也就是线形曲率逐渐地增加，相应的倾斜度逐渐变大，可以理解为价格每个月的增速都在加快。从波动周期角度分析，波动周期为 12 个月。在一年的中间是价格的最低点，一年刚开始的时候及结束的时候是价格的最高点，波峰的形状较为圆润，一般只有一个波峰出现。出现这种情况的原因就是黄瓜的生产与季节存在非常大的关系，冬季产量偏少，价格高。分析价格变化可以了解到，在月份的基础之上，依托 HP 滤波法可获得价格趋势线，筛选出在趋势线之上的月份，一共包括了 73 个月，可以理解为 46.79%的月份黄瓜价格比较高。黄瓜是很多家庭喜欢的蔬菜，所以在较长时间内其价格比平均价格要低，处在大众可承受范围之内。

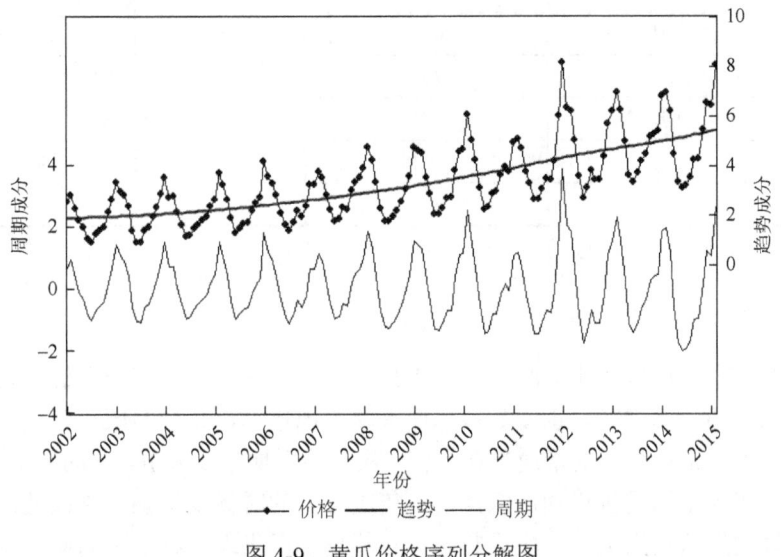

图 4-9 黄瓜价格序列分解图

分析周期特征，详见表 4-3。通常情况下黄瓜价格波动周期具体为 12 个月，也就是一年。价格最高的月份大部分为 1 月或者 2 月，而价格最低的月份大部分为 6 月或者 7 月。在某些年份黄瓜价格最高点会出现偏差，不过偏离幅度处在合理的范围之内。由于黄瓜相应的生产时间范围比较小，环境敏感性大，生产存在很强的季节性，价格波动中波峰与波谷会比较少。不过分析其与波形相对应的振动幅度，可以了解到其正在不断地增大，也就是其价格波动范围正在不断地变大，2010 年后变化显著，2010 年之前基本类似，2010 年后与波形相对应的振动幅度逐渐增大。

表 4-3 黄瓜价格波动的周期特征

年份	波峰：年价格最高月份	波谷：年价格最低月份	周期长度	高于均价月数
2002	2 月	7 月	12 个月	73 个月
2003	1 月	7 月		
2004	1 月	6 月		
2005	2 月	6 月		

续表

年份	波峰：年价格最高月份	波谷：年价格最低月份	周期长度	高于均价月数
2006	1月	7月		
2007	2月	6月		
2008	2月	7月		
2009	1月	7月		
2010	2月	6月	12个月	73个月
2011	12月	7月		
2012	1月	6月		
2013	2月	6月		
2014	2月	6月		

4. 四季豆市场价格波动周期

四季豆市场价格变化情况详见图4-10。2002年1月后，四季豆价格趋势表现出线性加快的变化规律，也就是线形曲率逐渐地增加，相应的倾斜度逐渐变大，可以理解为价格每个月的增速都在加快。从波动周期角度分析，波动周期为11.25个月。一年的中间是价格的最低点，一年刚开始的时候及结束的时候是价格最高点，波峰的形状较为尖，一般只有一个波峰出现，出现这种情况的原因就是四季

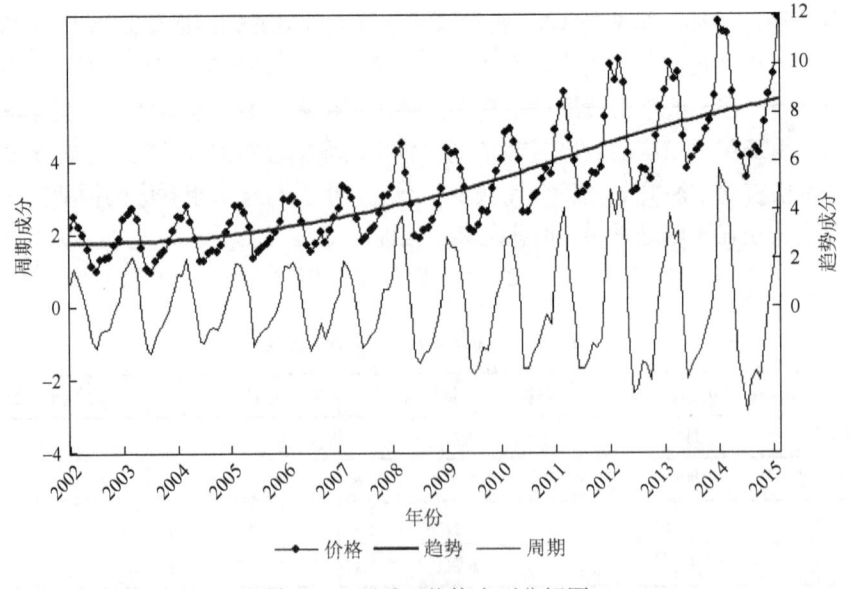

图4-10 四季豆价格序列分解图

豆的生产与季节存在非常大的关系，冬季大棚蔬菜产量偏少，价格高。通过分析价格变化可以了解到，在月份的基础之上，依托 HP 滤波法可获得价格趋势线，筛选出在趋势线之上的月份，一共包括了 71 个月，可以理解为 45.51%的月份四季豆的价格比较高。因为四季豆是很多家庭喜欢的蔬菜，所以在比较长的时间内其价格比平均价格要低，处在大众可承受范围之内。

分析周期特征，详见表 4-4。通常情况下四季豆价格波动周期具体为 11.25 个月，也就是波动长度接近一年。价格最高的月份大部分为 3 月，而价格最低的月份大部分为 7 月。在某些年份四季豆的价格最高点会出现偏差，不过偏离幅度处在合理的范围之内。由于四季豆相应的生产时间范围比较小，环境敏感性大，生产存在很强的季节性，价格波动中波峰与波谷会比较少。分析其波形相对应的振动幅度，可以了解到其正在不断地增大，也就是其价格波动范围正在不断地变大，2007 年后变化显著，2007 年之前基本类似，2007 年后波形相对应的振动幅度逐渐增大。

表 4-4 四季豆价格波动周期特征

年份	波峰：年价格最高月份	波谷：年价格最低月份	周期长度	高于均价月数
2002	2 月	7 月		
2003	3 月	7 月		
2004	3 月	7 月		
2005	2 月	6 月		
2006	3 月	7 月		
2007	2 月	6 月		
2008	3 月	7 月	11.25 个月	71 个月
2009	1 月	7 月		
2010	3 月	7 月		
2011	3 月	7 月		
2012	3 月	6 月		
2013	2 月	6 月		
2014	1 月	7 月		

5. 西红柿市场价格波动周期

西红柿市场价格变化结果见图 4-11。2002 年 1 月后，西红柿价格趋势表现出线性加快的变化规律，也就是线形曲率逐渐地增加，相应的倾斜度逐渐变大，可以理解为每个月价格的增速都在加快，西红柿相比其他研究品种其变化速度最快，从波动周期角度分析，波动周期为 11.25 个月。一年的中间是价格的最低点，一年刚开始的时候及结束的时候是价格最高点，波峰的形状较为圆润，一般只有一个波峰出现，出现这种情况的原因就是西红柿的生产与季节存在非常大的关系，冬季大棚蔬菜产量偏少，价格高。分析价格变化可以了解到，在月份的基础之上，依托HP滤波法可获得价格趋势线，筛选出在趋势线之上的月份，一共包括了78个月，可以理解为50%的月份西红柿的价格比较高。西红柿是很多家庭喜欢的蔬菜，一年中均有非常大的需求，所以有比较长的时间比平均价格要高，价格增长得也比较快。

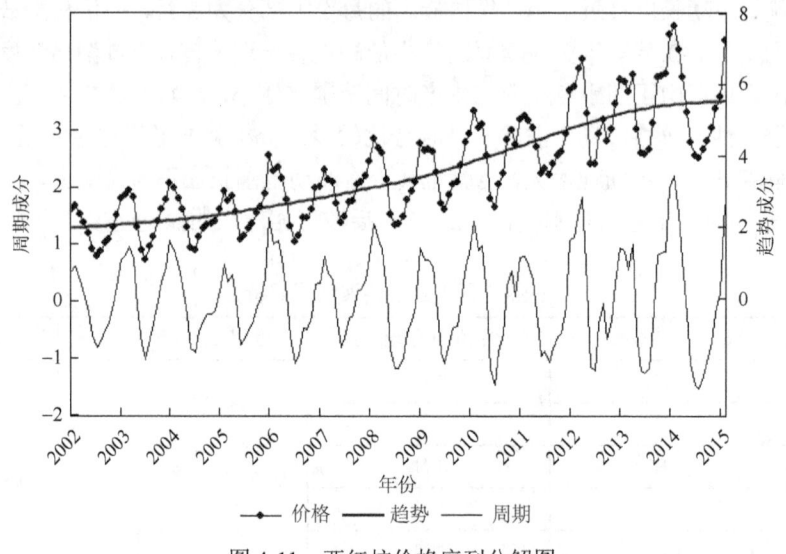

图 4-11　西红柿价格序列分解图

分析周期特征，详见表4-5。通常情况下西红柿价格波动周期具体为11.25个月，也就是波动长度接近一年。价格最高的月份大部分为1月或2月，而价格最低的月份大部分为7月。在某些年份西红柿的价格最高点会出现偏差，不过偏离幅度处在合理的范围之内。由于西红柿相应的生产时间范围比较小，环境敏感性大，生产存在很强的季节性，价格波动中波峰与波谷会比较少。不过通过分析其波形相对应的振动幅度，可以了解到其正在不断地增大，也就是其价格波动范围正在不断地变大，2008年后变化显著，2008年之前基本类似，2008年后波形相对应的振动幅度逐渐增大，类似的波形越来越少。

表 4-5　西红柿价格波动的周期特征

年份	波峰：年价格最高月份	波谷：年价格最低月份	周期长度	高于均价月数
2002	2月	7月	11.25个月	78个月
2003	3月	7月		
2004	1月	7月		

续表

年份	波峰：年价格最高月份	波谷：年价格最低月份	周期长度	高于均价月数
2005	2月	6月		
2006	1月	7月		
2007	2月	6月		
2008	2月	7月		
2009	1月	7月	11.25个月	78个月
2010	2月	7月		
2011	2月	8月		
2012	4月	7月		
2013	12月	7月		
2014	1月	7月		

4.3 蔬菜价格波动原因

根据前面阐述的价格波动原因理论、内生与外生经济周期理论、外部冲击与内部传导理论，本节通过对"南菜北运"、"西菜东运"、北方设施蔬菜等各省份的实地调研，结合国内外的文献，着重从供需、国家经济、政府政策、自然条件等角度了解蔬菜价格干扰因素，为后面构建蔬菜价格预警警源提供理论支撑。

（1）蔬菜价格波动与生产特性存在很大的关联性，基于经济学原理进行分析，蔬菜市场价格取决于供需关系。菜农在选择蔬菜种植的过程中，是以蔬菜价格为基础进行选择的，如果蔬菜的历史价格比较高，那么下一年蔬菜种植面积就会相应地扩大，从而导致供给增多，随后蔬菜价格就可能下降，菜农就会对种植面积进行调整，收缩种植面积，随后价格上升，这种情况不断重复出现。

（2）蔬菜价格上涨与成本上升存在很大的关联性。基于成本推动理论分析，蔬菜价格的决定性因素之一就是成本，并涵盖了两个方面，分别是生产及流通方面的成本。在生产成本方面，笔者调查的是"西菜东运"的甘肃省武山县。该县因种植户耕地面积较小，种植露地蔬菜并不划算，因此大多数种植户倾向于从事设施蔬菜的生产。相比于露地蔬菜，设施蔬菜所需要的固定资产投入较大，主要为建棚（使用年限长达十余年）投入，其次为农膜与草毡（平均每年需更更换一次）的投入。西红柿与韭菜是当地设施蔬菜的主栽品种。具体成本如表4-6所示。

表 4-6 2014 年和 2015 年甘肃省武山县蔬菜种植成本结构变迁

成本	露地蔬菜		设施蔬菜			
	甘蓝		西红柿		韭菜	
	2014 年	2015 年	2014 年	2015 年	2014 年	2015 年
土地租金/(元/亩)	500	500	425	700	318	400
劳动力投入/(工/亩)	53	40	106	30	91	30
劳动力价格/(元/工)	116	149	97	104	90	100
种苗投入/(元/亩)	171	253	267	467	189	200
农药投入/(元/亩)	155	289	961	702	215	179
化肥投入/(元/亩)	622	956	1 432	1 043	727	694
农家肥投入/(元/亩)	406	333	515	754	250	733
地膜投入/(元/亩)	66	78	146	151	543	248
燃料动力费/(元/亩)	82	180	267	330	309	179
灌溉费/(元/亩)	153	212	410	693	83	146
工具材料费/(元/亩)	42	34	100	91	98	50

资料来源：根据实地调研数据整理

从蔬菜种植成本结构变迁来看，尽管土地租金所占比重较大且呈上升趋势，但是在调查的农户中，大部分农户并未承租他人土地，因此土地租金不是成本的主要部分。由于劳动力短缺，劳动力价格占成本的比重很大。为了提高蔬菜产量，农家肥、化肥和农药的投入也非常大。从 2014~2015 年蔬菜种植成本结构变迁规律来看，劳动力、化肥、农药等成本呈上升趋势。

在流通成本方面，笔者以"南菜北运"为例，南方蔬菜运往北京的成本很高。就西红柿而言，2013 年广西的运输成本是河北的 5.4 倍，河北的西红柿运往北京运输费只需要 0.043 元/斤[①]，而广西的西红柿运往北京则需要 0.233 元/斤，特别是海南蔬菜运送过海每 20 吨要收取 1000 元的过海费。另外，南方部分蔬菜运输增加了冷链费。例如，广西和海南的菜椒运往北京都需要冷链费，其中广西的菜椒运往北京每斤需要冷链费 0.08 元，海南的菜椒运往北京每斤需要冷链费 0.075 元。在赴广西的调研访谈中，我们还了解到广西的西红柿向北运输，距离超过湖南就需要增加冷链。海南蔬菜的各环节运输成本如表 4-7 所示。

---

① 1 斤 = 500 克。

表 4-7 2013 年海南蔬菜运输成本情况

环节	工作任务及费用说明	红旗镇（主要为辣椒）	海棠湾（主要为豆角、瓜类、茄子）
环节 1：代收点	从农户手中代收，运到经销商手中，从中收取折扣	提成 0.07～0.08 元/斤	提成 0.03～0.04 元/斤
环节 2：经销商	清洗、包装、装车，主要为人工成本、包装箱成本	清洗、包装、装车等工作环节外包给冷库	请工人进行清洗、包装、装车，每个工人工资约 3 000 元/月。豆角需要更多人工进行挑拣
环节 3：冷库	装卸、预冷，产生人工成本及电费	人工费约 0.03 元/斤，电费约 0.045 元/斤，进冷库共 0.075 元/斤。工资约 3 000～4 000 元/月	不需要预冷。只需要撒上冰块，直接运走
环节 4：运输	运输到销地，运输费用	运到武汉，9 月 9000 元/趟，4 月 15 000～16 000 元/趟。每趟约 20 吨	运到汕头，年前 5 000 元/每趟，4 月中旬 13 000 元/趟。运到广州和深圳，4 500 元/趟
备注	辣椒等品种需要进冷库，但豆角、茄子等不需要进	经销商从农民手里以 1.5 元/斤购买，到武汉以 2 元/斤卖出，可基本实现盈亏平衡	

资料来源：根据实地调研数据整理

（3）蔬菜价格上升与货币供应量存在很大的关系。此方面研究的权威机构为国家大宗蔬菜产业技术体系产业经济研究室，其建立在计量模型基础之上完成的研究，数据显示如果货币供应量增发具体为 1 万亿元，那么相应大白菜、黄瓜、西红柿、菜椒及四季豆的价格也会出现相应的增长，幅度大约为每千克 0.4～1.2 元，所以蔬菜价格增加与货币供应量存在很大的关系。

除了前面描述的蔬菜种植面积、生产成本和流通成本、货币供应量等因素外，还有其他 29 个影响因素，我们可以总结归纳为：供给方面（物质费用投入、劳动力投入、成本利润率、市场化程度、城市化水平、基础交通状况、农村劳动力受教育程度、蔬菜年产量、蔬菜种植面积、蔬菜进口量、原油价格、农用机械总动力）；需求领域 [城镇人口数量、城镇居民家庭人均可支配收入、城镇居民家庭恩格尔系数、国内生产总值（gross domestic product，GDP）、农村人口数量、农村居民家庭人均纯收入、农村居民家庭恩格尔系数、相关替代品价格、蔬菜出口量、农村居民蔬菜需求量、城镇居民蔬菜需求量]；经济与政策环境方面（农村固定资产投资、货币供应量、国家支农支出、CPI、人民币汇率）；自然环境方面（蔬菜成灾面积）。

影响蔬菜价格波动的原因很多，后面我们需要对这些因素进行约简，只有降低维度，才能提高模型的预测预警精度。本书首先使用 HP 滤波法对蔬菜价格序列进行有效的分解分析，依托实证数据针对蔬菜价格波动所对应的强周期性进行验证。采用特征提取方法进行指标的选取，筛选指标的过程需要运用到多种方法，首先是指标均方差分析，其次是相关性分析，再次是主成分分析，最后是指标贡献度分析。通过这些方法，从而有效地完成针对预警系统指标及相关数据支持的预测。本书所选用的指标遴选和价格预测样本数据主要来自《中国统计年鉴》《中国农村统计年鉴》《全国农产品成本收益资料汇编》《中国海关统计年鉴》《中华人民共和国年鉴》，时间范围为1995~2014年。紧接着使用BP神经网络、支持向量机，从而完成警兆指标法预警模型的构建，以及神经网络与BP滤波混合模型、ARIMA等时间序列价格预警模型的构建工作，获得预警结果，同时完成比较分析，确定最后的蔬菜价格指数预警模型，以及蔬菜时间序列价格预警模型。

4.4 蔬菜价格波动的福利效应分析

由于蔬菜产业链中的"两头跳，中间笑"现象，生产者的卖菜难和消费者的买菜难现象时有发生。本节重点探讨蔬菜价格波动对生产者和消费者福利的影响。

4.4.1 蔬菜价格波动对消费者的福利效应研究

1. 模型说明

本书使用补偿变量（CV）来计算消费者福利效应。其公式表示如下：

$$CV = e(p_1, u_0) - e(p_0 - u_0) \tag{4-1}$$

其中，CV为补偿变量；$e(\cdot)$为支出方程；p_0和p_1分别为价格变化前和变化后的值；u_0为价格变化前的效用。

将式（4-1）用二阶泰勒级数展开式近似表达为

$$CV \cong \frac{1}{1!}\sum_{i=1}^{n}\frac{\partial e(p_0,u_0)}{\partial p_i}(p_{1i}-p_{0i}) + \frac{1}{2!}\sum_{i=1}^{n}\sum_{j=1}^{n}\frac{\partial^2 e(p_0,u_0)}{\partial p_i \partial p_j}(p_{1i}-p_{0i})(p_{1j}-p_{0j}) \tag{4-2}$$

应用Shepherd定理，并用Δp_i和Δp_j代替$(p_{1i}-p_{0i})$和$(p_{1j}-p_{0j})$，代入式（4-2）得

$$CV \cong \sum_{i=1}^{n} h_i(p_0,u_0)\Delta p_i + \frac{1}{2}\sum_{i=1}^{n}\sum_{j=1}^{n}\frac{\partial^2 h_i(p_0,u_0)}{\partial p_j}\Delta p_i \Delta p_j \tag{4-3}$$

其中，$h_i(p_0,u_0)$为在初始价格p_0的条件下的希克斯需求。式（4-4）用希克斯自价格需求弹性ε^H和马歇尔需求来代替希克斯需求：

$$CV \cong q(p_0,x_0)\Delta p^c + \frac{1}{2}\varepsilon^H \frac{q(p_0,x_0)}{p_0^c}\Delta p^c \Delta p^c \tag{4-4}$$

其中，p^c为蔬菜销售价格；q为蔬菜需求量；ε^H为希克斯自价格弹性。对式（4-4）的两端同时除以基期收入x_0，并使等式的右半部分的分子分母同时乘以基期的蔬

菜价格 p_0^c，得到如下结果：

$$\frac{CV}{x_0} \cong \frac{p_0^c q(p_0, x_0)}{x_0} \frac{\Delta p^c}{p_0^c} + \frac{1}{2} \varepsilon^H \frac{p_0^c q(p_0, x_0)}{x_0} \left(\frac{\Delta p^c}{p_0^c}\right)^2 \quad (4\text{-}5)$$

然后，定义 CR 为蔬菜消费额与总收入的比值，所以式（4-5）可以等价为

$$\frac{CV}{x_0} \cong -CR \frac{\Delta p^c}{p_0^c} + \frac{1}{2} \varepsilon^H CR \left(\frac{\Delta p^c}{p_0^c}\right)^2 \quad (4\text{-}6)$$

式（4-6）包含了蔬菜价格变动时消费者福利效应的变化，当 $\varepsilon^H = 0$ 时，所计算出的福利效应为短期福利效应，即

$$\frac{\Delta w^1}{x_0} \cong -CR \frac{\Delta p^c}{p_0^c} \quad (4\text{-}7)$$

其中，Δw^1 为蔬菜价格变化所引起的净福利效应的一阶近似取值，即短期福利效应。

式（4-4）中的希克斯自价格弹性 ε^H 的计算公式为

$$\varepsilon^H = E + w_i \eta \quad (4\text{-}8)$$

其中，E 为蔬菜的需求价格弹性；η 为蔬菜的需求收入弹性。

2. 城镇居民福利效应

1）城镇居民消费的 CR 分析

CR 是指居民对蔬菜的消费支出占其可支配收入的比重，计算公式为

$CR = \frac{pq(p,x)}{x}$（其中，p 为蔬菜的销售价格；q 为居民的人均蔬菜消费量；x 为居民的人均可支配收入），1998～2013 年我国城镇居民蔬菜消费的 CR 结果如表 4-8 所示。

表 4-8 城镇居民人均蔬菜消费支出占人均可支配收入的比重

年份	蔬菜销售价格/（元/千克）	蔬菜的人均消费量/千克	人均蔬菜消费支出/元	居民人均可支配收入/元	CR
1998	1.189 724	113.8	135.390 6	5 425.1	2.495 633%
1999	1.206 617	114.9	138.640 3	5 854.0	2.368 299%
2000	1.205 411	114.7	138.260 6	6 280.0	2.201 603%
2001	1.155 715	115.9	133.947 4	6 859.6	1.952 700%
2002	1.131 445	116.5	131.813 3	7 702.8	1.711 240%
2003	1.348 683	118.3	159.549 2	8 472.2	1.883 209%
2004	1.270 459	122.3	155.377 1	9 421.6	1.649 159%

续表

年份	蔬菜销售价格/（元/千克）	蔬菜的人均消费量/千克	人均蔬菜消费支出/元	居民人均可支配收入/元	CR
2005	1.397 505	118.6	165.744 1	10 493.0	1.579 568%
2006	1.512 101	117.6	177.823 1	11 759.5	1.512 165%
2007	1.622 484	117.8	191.128 6	13 785.8	1.386 417%
2008	1.799 335	123.2	221.678 1	15 780.8	1.404 733%
2009	2.040 446	120.5	245.873 7	17 174.7	1.431 604%
2010	2.403 645	116.1	279.063 2	19 109.4	1.460 345%
2011	2.420 470	114.6	277.385 9	21 809.8	1.271 841%
2012	2.800 484	112.3	314.494 4	24 564.7	1.280 270%
2013	3.010 520	111.2	334.769 9	26 955.1	1.241 954%

根据表 4-8 所计算的 CR 值作出 CR 随着年份变化的关系图（图 4-12）。

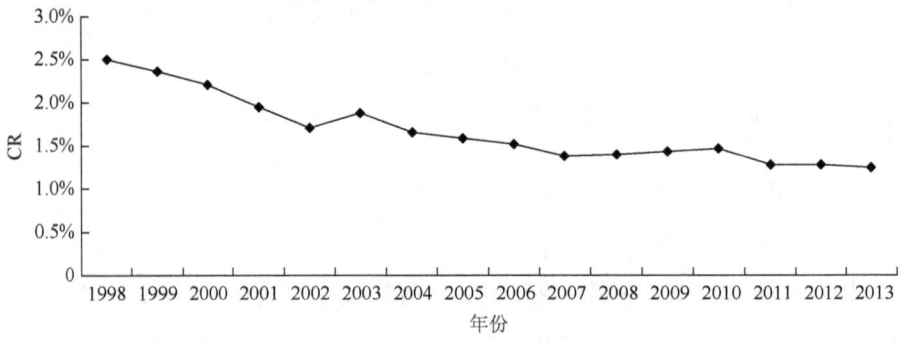

图 4-12　1998～2013 年城镇居民蔬菜消费的 CR 值

由图 4-12 可以看出，城镇居民蔬菜消费的 CR 值整体由下降趋于平稳，中间有小幅度的波动情况。具体为城镇居民蔬菜消费的 CR 值由 1998 年的 2.495 633% 逐渐下降到 2002 年的 1.711 240%；在 2003 年 CR 值回升到 1.883 209%，然后又开始下降；到 2007 年以后 CR 值在 1.5% 左右摆动，基本处于稳定状态。

总的来说，城镇居民的蔬菜消费支出在其可支配收入中所占的比例总体呈下降趋势，主要原因有以下几方面：①随着生活水平的提高，居民有更多的消费替代品选择，导致城镇居民蔬菜消费的 CR 值整体下降；②我国经济的飞速发展使城镇居民可支配收入不断提高，使得居民蔬菜消费相对于收入增加而减少。

2）城镇居民短期福利效应研究

根据公式 $\frac{\Delta w^1}{x_0} \cong -\mathrm{CR}\frac{\Delta p^c}{p_0^c}$（其中，$\Delta w^1$ 为短期福利效应；x_0 为居民人均可支

配收入；Δp^c 为相邻两年蔬菜价格的差值）可以计算价格波动的城镇居民短期福利效应，计算结果如表 4-9 所示。

表 4-9　蔬菜价格波动对城镇居民短期福利效应的影响

年份	蔬菜销售价格/(元/千克)	Δp/(元/千克)	Δw^1
1998	1.189 724	−0.016 890	1.802 950
1999	1.206 617	0.016 893	−1.824 300
2000	1.205 411	−0.001 210	0.128 753
2001	1.155 715	−0.049 696	5.055 677
2002	1.131 445	−0.024 270	2.465 068
2003	1.348 683	0.217 238	−27.851 500
2004	1.270 459	−0.078 224	8.103 763
2005	1.397 505	0.127 046	−14.882 100
2006	1.512 101	0.114 595	−13.011 100
2007	1.622 484	0.110 383	−11.901 600
2008	1.799 335	0.176 851	−21.108 200
2009	2.040 446	0.241 111	−30.273 500
2010	2.403 645	0.363 199	−44.644 200
2011	2.420 470	0.016 826	−1.701 290
2012	2.800 484	0.380 014	−43.838 200
2013	3.010 520	0.210 036	−22.881 100

分析表 4-9 得到如下结论：相邻两年蔬菜价格差值 Δp 与消费者的短期福利效应 Δw^1 符号相反，说明蔬菜价格波动与消费者的福利效应具有反向作用，即蔬菜价格下降，城镇居民福利改善，反之则福利水平下降。

根据 Δp 与 Δw^1，作图 4-13。

由图 4-13 可以看出，蔬菜价格的差值 Δp 与消费者的短期福利效应 Δw^1 的图像走势相反，但价格波动的振幅与短期福利变化的振幅大致相同，这说明：蔬菜价格下降，城镇居民福利改善，反之则变差。二者的振幅大致相同说明短期福利效应主要受蔬菜价格变化的影响。

3）城镇居民长期福利效应研究

将居民的消费品分六大类，即蔬菜类、粮食、肉类、蛋类、水产品、奶类。在计算消费者价格波动的长期福利时需要计算蔬菜的希克斯需求弹性，所以我们先根据 AIDS 模型 $w_i = \alpha_i + \sum_j \gamma_{ij} \ln p_j + \beta_i \ln \dfrac{y}{p^*}$，利用 EViews 软件计算出模型中

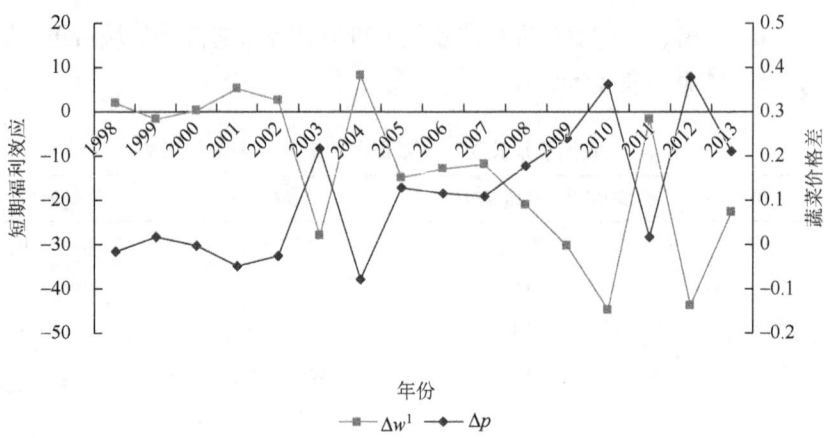

图 4-13　城镇居民蔬菜价格差和短期福利效应的关系

的参数 γ_{11} 和 β_i，然后由计算需求收入弹性的公式 $\eta = 1 + \left(\dfrac{\beta_i}{w_1}\right)$ 和计算需求价格弹性的公式 $E = -1 + \dfrac{\gamma_{11}}{w_1} - \beta_i$ 来计算需求价格弹性和需求收入弹性，最后根据公式 $\varepsilon^H = E + w_i\eta$ 计算出希克斯需求弹性。

由表 4-10 可知，蔬菜的需求价格弹性小于 1，说明蔬菜的需求相对于价格是缺乏弹性的，即对于消费者来说蔬菜属于生活必需品，消费者对蔬菜价格的变化不是很敏感。

表 4-10　各种弹性计算结果（一）

年份	w_1	γ_{11}	β_i	需求收入弹性 η	需求价格弹性 E	希克斯需求弹性 ε^H
1998	0.028 1	0.001 674	−0.025 81	0.081 495	−0.914 631 281	−0.912 341 281
1999	0.026 6	0.001 674	−0.025 81	0.029 699	−0.911 272 707	−0.910 482 707
2000	0.025 7	0.001 674	−0.025 81	−0.004 280	−0.909 069 377	−0.909 179 377
2001	0.025 2	0.001 674	−0.025 81	−0.024 210	−0.907 777 302	−0.908 387 302
2002	0.022 2	0.001 674	−0.025 81	−0.162 610	−0.898 802 613	−0.902 412 613
2003	0.024 3	0.001 674	−0.025 81	−0.062 140	−0.905 317 572	−0.906 827 572
2004	0.021 5	0.001 674	−0.025 81	−0.200 470	−0.896 348 140	−0.900 658 140
2005	0.020 5	0.001 674	−0.025 81	−0.259 020	−0.892 550 976	−0.897 860 976
2006	0.020 0	0.001 674	−0.025 81	−0.290 500	−0.890 510 000	−0.896 320 000
2007	0.018 8	0.001 674	−0.025 81	−0.372 870	−0.885 168 723	−0.892 178 723
2008	0.019 2	0.001 674	−0.025 81	−0.344 270	−0.887 023 333	−0.893 633 333

续表

年份	w_1	γ_{11}	β_i	需求收入弹性 η	需求价格弹性 E	希克斯需求弹性 ε^H
2009	0.019 5	0.001 674	−0.025 81	−0.323 590	−0.888 364 359	−0.894 674 359
2010	0.020 2	0.001 674	−0.025 81	−0.277 720	−0.891 338 515	−0.896 948 515
2011	0.017 8	0.001 674	−0.025 81	−0.450 000	−0.880 167 528	−0.888 177 528
2012	0.018 5	0.001 674	−0.025 81	−0.395 140	−0.883 725 135	−0.891 035 135
2013	0.017 2	0.001 674	−0.025 81	−0.500 580	−0.876 887 674	−0.885 497 674

同时，根据 AIDS 模型的一般表达式可知，β_i 表示的是商品 i 消费的边际支出倾向，即在其他变量不变的情况下，当支出发生改变时所导致商品 i 支出份额的变化。由表 4-10 可知，蔬菜的 β_i 为负值，蔬菜的支出份额随着居民收入的增加而减少，即说明了蔬菜对居民来说属于生活必需品。

根据公式 $\frac{CV}{x_0} \cong -CR \frac{\Delta p^c}{p_0^c} + \frac{1}{2}\varepsilon^H CR \left(\frac{\Delta p^c}{p_0^c}\right)^2$ （其中，CV 为长期福利效应；x_0 为居民人均可支配收入；Δp 为相邻两年蔬菜价格的差值；ε^H 为希克斯需求弹性）和表 4-10 可以计算出蔬菜价格波动的城镇居民长期福利效应。

由表 4-11 可以看出，蔬菜价格波动方向与消费者长期福利效应变动方向相反，这说明：当蔬菜价格上涨时，消费者的长期福利恶化；当蔬菜价格下跌时，消费者的长期福利改善。这符合基本规律，当蔬菜价格上涨时，为了维持到蔬菜价格变化之前的效用，消费者必须消耗更多的货币量，进而导致消费者福利恶化。

表 4-11 蔬菜价格波动的城镇居民长期福利效应

年份	蔬菜销售价格 p/(元/千克)	Δp/(元/千克)	长期福利效应 CV
1998	1.189 724	−0.016 890	1.814 464
1999	1.206 617	0.016 893	−1.812 500
2000	1.205 411	−0.001 210	0.128 812
2001	1.155 715	−0.049 700	5.150 345
2002	1.131 445	−0.024 270	2.488 426
2003	1.348 683	0.217 238	−25.426 900
2004	1.270 459	−0.078 224	8.315 426
2005	1.397 505	0.127 046	−14.214 000
2006	1.512 101	0.114 596	−12.532 900
2007	1.622 484	0.110 383	−11.514 000
2008	1.799 335	0.176 851	−20.080 200
2009	2.040 446	0.241 111	−28.458 400

续表

年份	蔬菜销售价格 p/(元/千克)	Δp/(元/千克)	长期福利效应 CV
2010	2.403 645	0.363 199	−41.080 300
2011	2.420 470	0.016 825	−1.696 000
2012	2.800 484	0.380 014	−40.771 900
2013	3.010 520	0.210 036	−22.121 300

同时，由表 4-11 计算结果可以看出，蔬菜价格波动所引起的消费者长期福利效应不仅与居民蔬菜消费支出占居民总收入的比重有关，还与其希克斯需求弹性有关。此时蔬菜价格的变动量和希克斯需求弹性共同决定了消费者的长期福利。

4）城镇居民短期与长期福利效应的比较

由表 4-12 数据可以看出，蔬菜价格波动所引起的消费者短期福利效应与长期福利效应变化趋势大致相同，但长期福利效应始终优于短期福利效应。二者变化趋势大致相同主要是由于二者有相同的影响因素，即蔬菜销售价格和居民蔬菜消费支出占总收入的比重。

表 4-12 城镇居民短期与长期福利效应的比较

年份	Δp/(元/千克)	短期福利效应 Δw^1	长期福利效应 CV
1998	−0.016 890	1.802 950	1.814 464
1999	0.016 893	−1.824 300	−1.812 500
2000	−0.001 210	0.128 753	0.128 812
2001	−0.049 700	5.055 677	5.150 345
2002	−0.024 270	2.465 068	2.488 426
2003	0.217 238	−27.851 500	−25.426 900
2004	−0.078 220	8.103 763	8.315 426
2005	0.127 046	−14.882 100	−14.214 000
2006	0.114 595	−13.011 100	−12.532 900
2007	0.110 383	−11.901 600	−11.514 000
2008	0.176 851	−21.108 200	−20.080 200
2009	0.241 111	−30.273 100	−28.458 400
2010	0.363 199	−44.644 200	−41.080 300
2011	0.016 826	−1.701 290	−1.696 000
2012	0.380 014	−43.838 200	−40.771 900
2013	0.210 036	−22.881 100	−22.121 300

长期福利效应优于短期福利效应是由于消费者在一定的时间内会对蔬菜价格变动做出相应的需求调整，进而使消费者的长期福利效应优于短期福利效应。但是因为蔬菜作为居民的生活必需品，其价格弹性比较小，消费者对蔬菜的购买量不会因价格的波动做出比较大的调整，所以消费者的长期福利效应较短期福利效应的优势不是特别明显。

3. 农村居民福利效应

1）农村居民蔬菜消费的 CR 分析

农村居民蔬菜消费的 CR 值见表 4-13。

表 4-13 农村居民人均蔬菜消费支出占人均可支配收入的比重

年份	蔬菜销售价格/（元/千克）	蔬菜的人均消费量/千克	人均蔬菜消费支出/元	居民人均可支配收入/元	CR
1998	0.838 271	109.0	91.371 54	1 590.3	5.745 554%
1999	0.859 228	108.9	93.569 93	1 577.4	5.931 909%
2000	0.904 767	106.7	96.538 64	1 670.1	5.780 411%
2001	0.904 767	109.3	98.891 03	1 741.1	5.679 802%
2002	0.895 719	110.6	99.066 52	1 834.3	5.400 781%
2003	1.015 745	107.4	109.091 01	1 943.3	5.613 699%
2004	0.989 336	106.6	105.463 22	2 184.7	4.827 355%
2005	1.056 611	102.3	108.091 31	2 555.4	4.229 917%
2006	1.145 366	100.5	115.109 28	2 829.0	4.068 904%
2007	1.254 176	99.0	124.163 42	3 223.9	3.851 342%
2008	1.395 898	99.7	139.171 03	3 660.7	3.801 760%
2009	1.591 323	98.4	156.586 18	3 993.5	3.921 026%
2010	1.919 136	93.3	179.055 39	4 381.8	4.086 343%
2011	1.961 357	89.4	175.345 32	5 221.1	3.358 398%
2012	2.233 985	84.7	189.218 53	5 908.0	3.202 751%
2013	2.450 682	94.8	232.324 65	7 317.0	3.175 135%

根据表 4-13 所计算的 CR 值作出 CR 随着年份变化的关系图（图 4-14）。

由图 4-14 可以看出，1998~2013 年农村居民蔬菜消费的 CR 值在各个阶段基本稳定。1998~2005 年 CR 值稳定在 4%~6%，2006~2013 年 CR 值在 4%左右摆动。

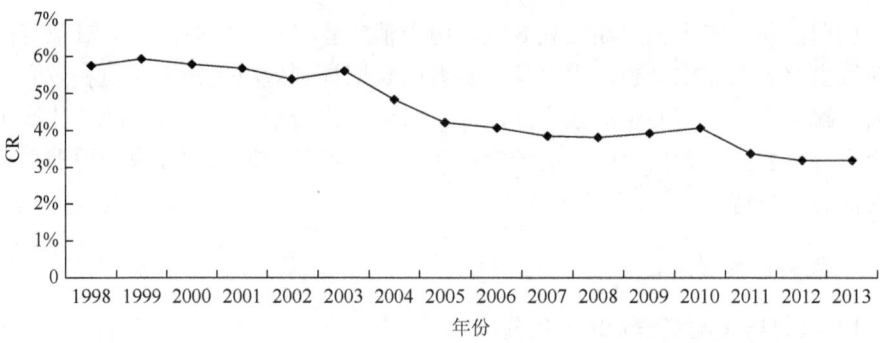

图 4-14　1998～2013 年农村居民蔬菜消费的 CR 值

农村居民所消费的蔬菜种类都属于生活必需品，对蔬菜的需求量不会随着蔬菜价格的波动而产生大幅度的改变，进而使农村居民蔬菜消费的 CR 值在每个阶段基本稳定。但是随着我国经济的发展，农村居民的可支配收入也在不断增加，所以整体来看，农村居民蔬菜消费的 CR 值会有所下降。

2）农村居民短期福利效应计算

价格波动对农村居民的短期福利效应，计算结果见表 4-14。

表 4-14　蔬菜价格波动对农村居民短期福利效应的影响

年份	蔬菜销售价格/（元/千克）	Δp/(元/千克)	Δw^1
1998	0.838 271	0.009 121	−1.022 09
1999	0.859 228	0.020 957	−2.358 38
2000	0.904 767	0.045 539	−4.832 55
2001	0.904 767	0.000 000	0.000 00
2002	0.895 719	−0.009 048	0.940 33
2003	1.015 745	0.120 026	−13.798 30
2004	0.989 336	−0.026 409	2.439 06
2005	1.056 611	0.067 275	−6.283 95
2006	1.145 366	0.088 755	−8.734 05
2007	1.254 176	0.108 810	−10.350 70
2008	1.395 898	0.141 722	−13.849 80
2009	1.591 323	0.195 425	−20.095 20
2010	1.919 136	0.327 813	−33.616 80
2011	1.961 357	0.042 221	−3.237 48
2012	2.233 985	0.272 628	−23.243 40
2013	2.450 682	0.216 697	−18.195 90

分析表 4-14 蔬菜价格波动所引起的农村居民短期福利效应可以得出，相邻年份蔬菜价格差值 Δp 与消费者的短期福利效应 Δw^1 符号相反，说明蔬菜价格波动与消费者的福利效应具有反向作用，即蔬菜价格下降，消费者福利改善，反之则变差。

3）农村居民长期福利效应计算

将农村居民的消费品分为五大类，即蔬菜类、粮食、肉类、蛋类、水产品。与计算城镇居民蔬菜消费的希克斯需求弹性同理，计算出农村居民蔬菜消费的希克斯需求弹性，见表 4-15。

表 4-15　各种弹性计算结果（二）

年份	w_1	γ_{11}	β_l	需求收入弹性	需求价格弹性	希克斯需求弹性
1998	0.075 7	0.003 1	−0.022 4	0.704 095	−0.936 648 877	−0.883 348 877
1999	0.077 4	0.003 1	−0.022 4	0.710 594	−0.937 548 320	−0.882 548 320
2000	0.076 2	0.003 1	−0.022 4	0.706 037	−0.936 917 585	−0.883 117 585
2001	0.077 2	0.003 1	−0.022 4	0.709 845	−0.937 444 560	−0.882 644 560
2002	0.076 3	0.003 1	−0.022 4	0.706 422	−0.936 970 904	−0.883 070 904
2003	0.081 3	0.003 1	−0.022 4	0.724 477	−0.939 469 619	−0.880 569 619
2004	0.069 5	0.003 1	−0.022 4	0.677 698	−0.932 995 683	−0.885 895 683
2005	0.061 1	0.003 1	−0.022 4	0.633 388	−0.926 863 502	−0.888 163 502
2006	0.059 0	0.003 1	−0.022 4	0.620 339	−0.925 057 627	−0.888 457 627
2007	0.055 6	0.003 1	−0.022 4	0.597 122	−0.921 844 604	−0.888 644 604
2008	0.054 8	0.003 1	−0.022 4	0.591 241	−0.921 030 657	−0.888 630 657
2009	0.056 5	0.003 1	−0.022 4	0.603 540	−0.922 732 743	−0.888 632 743
2010	0.058 7	0.003 1	−0.022 4	0.618 399	−0.924 789 097	−0.888 489 097
2011	0.048 3	0.003 1	−0.022 4	0.536 232	−0.913 417 805	−0.887 517 805
2012	0.042 5	0.003 1	−0.022 4	0.472 941	−0.904 658 824	−0.884 558 824
2013	0.040 0	0.003 1	−0.022 4	0.440 000	−0.900 100 000	−0.882 500 000

根据表 4-15 可以计算出蔬菜价格波动的农村居民长期福利效应，见表 4-16。

表 4-16　蔬菜价格波动对农村居民长期福利效应的影响

年份	蔬菜销售价格/（元/千克）	Δp/(元/千克)	长期福利效应 CV
1998	0.838 271	0.009 121	−1.017 122 099
1999	0.859 228	0.020 957	−2.332 360 298
2000	0.904 767	0.045 539	−4.719 454 496
2001	0.904 767	0.000 000	0.000 000 000

续表

年份	蔬菜销售价格/(元/千克)	Δp/(元/千克)	长期福利效应 CV
2002	0.895 719	−0.009 048	0.944 481 838
2003	1.015 745	0.120 026	−12.984 191 490
2004	0.989 336	−0.026 409	2.467 149 295
2005	1.056 611	0.067 275	−6.094 187 235
2006	1.145 366	0.088 755	−8.408 136 126
2007	1.254 176	0.108 810	−9.913 765 913
2008	1.395 898	0.141 722	−13.154 468 990
2009	1.591 323	0.195 425	−18.845 180 350
2010	1.919 136	0.327 813	−30.540 338 140
2011	1.961 357	0.042 221	−3.205 875 840
2012	2.233 985	0.272 628	−21.814 436 550
2013	2.450 682	0.216 697	−17.417 167 370

4. 城镇居民与农村居民福利效应比较

表 4-17 为城镇居民和农村居民的长期福利效应数据。

表 4-17　城镇与农村居民长期福利效应比较

年份	城镇居民的长期福利效应	农村居民的长期福利效应
1998	1.814 464	−1.017 122 099
1999	−1.812 500	−2.332 360 298
2000	0.128 812	−4.719 454 496
2001	5.150 345	0.000 000 000
2002	2.488 426	0.944 481 838
2003	−25.426 900	−12.984 191 490
2004	8.315 426	2.467 149 295
2005	−14.214 000	−6.094 187 235
2006	−12.532 900	−8.408 136 126
2007	−11.514 000	−9.913 765 913
2008	−20.080 200	−13.154 468 990
2009	−28.458 400	−18.845 180 350
2010	−41.080 300	−30.540 338 140
2011	−1.696 000	−3.205 875 840
2012	−40.771 900	−21.814 436 550
2013	−22.121 300	−17.417 167 370

为了直观地比较相同时期城镇居民与农村居民的长期福利效应变化,作图 4-15。

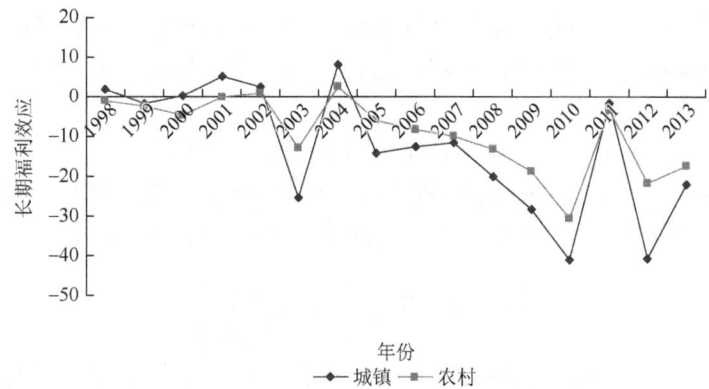

图 4-15　相同时期城镇居民与农村居民长期福利效应比较

由图 4-15 中相同时期城镇居民与农村居民长期福利效应的对比发现,总体来看相同时期城镇居民的长期福利受到的影响大于农村居民,这是因为城镇居民只是净消费者,他们所需要的蔬菜都来自外界,而农村居民不仅是蔬菜的消费者,一些居民还是蔬菜的生产者,当蔬菜价格发生较大的改变时,农村居民会消费自己生产的一部分蔬菜产品来替代购买外界的蔬菜。

4.4.2　蔬菜价格波动对生产者的福利效应研究

1. 数据说明

研究选取 2003～2013 年的数据,对蔬菜价格波动的生产福利效应进行研究。农村居民家庭人均出售蔬菜量、农民人均纯收入数据来自中国经济与社会发展统计数据库;蔬菜生产价格指数、蔬菜产量、有效灌溉面积、受灾面积、蔬菜播种面积及菜类零售价格指数数据来自国家统计局。其中,蔬菜受灾面积的计算公式如下:

$$蔬菜受灾面积 = 受灾面积 \times 蔬菜播种面积 / 农作物总播种面积$$

另外,国家统计局提供的蔬菜生产价格指数为指定上年价格 = 100 的环比指数,本书使用的为指定 2002 年价格 = 100 的定基指数。

2. 模型建立

研究者主要采用补偿变量法、等价收入法、补偿剩余法、等值剩余法等研究价格波动对福利效应的影响。农户是粮食的生产者,其生产基本可以满足自身的需求,因此价格波动对其消费福利效应的影响可以忽略不计。如何衡量价格波动对农户福利效应的影响是关键,本书采用 Minot 福利效应模型,主要通过补偿变量法,选择经济福利进行蔬菜价格波动对农户生产福利效应影响的测算与研究。

蔬菜价格波动对农户生产福利效应的影响主要由价格波动对生产者利润的影响体现,计算公式如下:

$$\Delta x = \pi(p_1, w_0, z_0) - \pi(p_0, w_0, z_0) \tag{4-9}$$

其中,Δx 为收入变化;$\pi(\cdot)$ 为利润方程;p_0 和 p_1 分别为变化前和变化后的价格;w_0 为投入价格向量;z_0 为固定因子。价格波动的生产福利效应如下所示:

$$\frac{\Delta x}{x_0} \cong PR \frac{\Delta p^p}{p_0^p} + \frac{1}{2} \varepsilon^S PR \left(\frac{\Delta p^p}{p_0^p} \right)^2 \tag{4-10}$$

其中,Δx 为收入变化;x_0 为基期收入;PR 为蔬菜产值与总收入之比;Δp^p 为生产价格变化的差值;p_0^p 为波动前的生产价格;ε^S 为蔬菜供给的自价格弹性。令 ε^S 为 0,则价格波动的短期福利效应可以表示为

$$\frac{\Delta w}{x_0} \cong PR \frac{\Delta p^p}{p_0^p} \tag{4-11}$$

其中,Δw 为价格波动对生产福利效应的短期影响的近似取值。另外,PR 测算的是蔬菜出售收入与农村居民人均纯收入之间的比值,其计算公式如下:

$$PR = \frac{农村居民人均蔬菜出售量 \times 蔬菜生产价格}{农村居民人均纯收入} \times 100\%$$

3. PR 的测算

PR 衡量的是蔬菜出售对其生产者收入的贡献。笔者利用 2003~2013 年的农村居民人均蔬菜出售量、蔬菜生产价格指数等相关数据,对 PR 进行测算,计算结果如表 4-18 所示。

表 4-18 农村居民出售蔬菜收入与其纯收入的比值

年份	PR	年份	PR
2003	6.203 617%	2009	4.431 242%
2004	6.010 314%	2010	4.543 662%
2005	5.362 322%	2011	4.414 343%
2006	5.085 937%	2012	4.473 385%
2007	4.870 750%	2013	2.876 258%
2008	4.506 458%		

观察表 4-18 数据发现,PR 在 2003 年为最大值,即农村居民人均蔬菜出售收

入占其人均纯收入的比重最大,为 6.203 617%,而在 2013 年达到最小值,仅为 2.876 258%。总体来说,农户人均蔬菜出售收入占其人均纯收入的比重总体呈现逐渐递减的趋势。2003~2013 年总共降低了 3.327 359 个百分点,其原因可能为:①农村居民纯收入每年都在增加,由于基数增大,蔬菜销售收入占其比重越来越小;②农村居民不再以种植为主要工作,且种植品种多样化,再者,随着农村现代化的发展,其就业趋向多元化,而且现在外出务工的农民越来越多,使人均蔬菜出售收入占农村居民人均纯收入的比重越来越小。

4. 蔬菜供给的自价格弹性 ε^S 的测算

采用改进的科布·道格拉斯生产函数估计蔬菜价格的供给弹性,最常用的模型是双对数模型。蔬菜产量方程为

$$\ln Y = b_0 + b_1 \ln \text{IRR}_t + b_2 \ln \text{DIS}_t + b_3 \ln \text{ARE}_t + b_4 \text{PG}_t + U_t \quad (4-12)$$

其中,Y 为蔬菜产量;IRR 为有效灌溉面积;DIS 为蔬菜受灾面积;ARE 为蔬菜播种面积;PG 为菜类零售价格指数。利用 EViews 软件进行相关系数的计算,具结果如下:

$$\ln Y = 0.676\,122 + 0.221\,958 \ln \text{IRR}_t - 0.038\,311 \ln \text{DIS}_t \\ + 0.686\,179 \ln \text{ARE}_t + 0.042\,793 \text{PG}_t \quad (4-13)$$

结果显示:R^2 的值为 0.858 840,说明该方程拟合度较高;系数 ARE 的 t 统计量检验值为 0.02,在 5%显著性水平下通过检验。该方程说明蔬菜供给的自价格弹性系数为 0.042 793,即蔬菜的价格每上涨 10%,蔬菜产量约增长 0.43%。

5. 生产福利的测算与分析

蔬菜价格波动的生产福利效应测算的是农户作为蔬菜的生产者,由蔬菜价格的波动导致的福利的变化。将以上出计算所得的 PR 值,以及由蔬菜产量方程估计所得的蔬菜供给的自价格弹性 ε^S 等数据,代入计算价格波动的生产福利效应的方程,分别得到农户作为生产者受价格波动引起的短期福利和长期福利的变化,计算结果如表 4-19 所示。

表 4-19 农户短期福利和长期福利的测算结果

年份	农民人均纯收入/元	短期福利	长期福利
2003	2 622.2	—	—
2004	2 936.4	1 076.932	1 078.360
2005	3 254.9	914.040	915.116
2006	3 587.0	1 078.217	1 079.647
2007	4 140.4	1 421.338	1 423.558

续表

年份	农民人均纯收入/元	短期福利	长期福利
2008	4 760.6	2 035.427	2 039.651
2009	5 153.2	2 008.121	2 011.988
2010	5 919.0	3 550.982	3 561.163
2011	6 977.3	4 993.765	5 011.288
2012	7 916.6	3 723.115	3 731.559
2013	8 896.0	1 198.671	1 199.876

由表 4-19 可知，2003～2011 年农户的短期生产福利和长期生产福利不断提高，这说明蔬菜价格波动与农户的福利呈现正向作用关系。蔬菜生产价格上涨，生产福利变化值为正，说明生产价格上涨使农户的生产福利得以改善，而且由数据可知，长期生产福利效应大于短期生产福利效应。这说明：当农户发现蔬菜生产价格上涨之后，可以马上调整自己的生产策略，扩大种植面积，加大种植力度，从而提高蔬菜产量，提升自身的福利效应。但总体来说，长期福利效应的提升幅度不大，可能的原因是：蔬菜价格的上涨同时带动了其他物品价格的上涨，另外，蔬菜价格的上涨影响了消费者购买蔬菜的欲望，进而可能导致蔬菜销售量的减少。

4.5 本章小结

本章从四个方面来研究蔬菜价格波动机制，即蔬菜价格波动特征，蔬菜价格波动的随机性、趋势性、季节性和周期性分析，蔬菜价格波动的原因，蔬菜价格波动的福利效应分析。选取大白菜、菜椒、黄瓜、四季豆和西红柿 158 个月的时间序列价格数据，分析蔬菜价格波动特征、趋势。采用 HP 滤波法研究蔬菜价格波动的周期性、季节性和随机性特征。从供给、需求、经济与政策环境和自然环境等方面分析影响蔬菜价格的原因，为后面构建蔬菜价格预警警源提供理论支撑。由于蔬菜产业链中的"两头跳，中间笑"现象，生产者的卖菜难和消费者的买菜难现象时有发生。本章重点探讨了蔬菜价格波动对生产者和消费者福利的影响。

第 5 章 蔬菜价格传导机制研究

在蔬菜价格波动中出现了一种现象：产业链上下游价格之间的传导程度和速度不对称，即蔬菜零售端的价格上涨幅度大于菜农实际收购价格的上涨幅度，菜农没有获得更多利润；但是当零售价格下跌时，菜农收购的价格却有更大幅度的下降，菜农需要承受更大的损失。这种现象就是非对称价格传导，是一种普遍性的规律。在国外，针对非对称价格传导的研究比较丰富，并且理论模型和实证方法成熟，研究的方向有检验价格传导是否对称及决定传导的因素和影响等。与国外相比，我国对该方向上的研究成果相当匮乏，因为对这方面的研究起步较晚，只是对价格传导的对称性进行了简单的验证，没有分析产生的原因和影响。非对称价格传导不仅会导致产业链各环节的福利分配不公，也会影响原材料供应者的收入情况和消费者的福利，所以研究非对称价格传导具有非常重要的政策意义。

如果这种非对称价格传导机制长期存在，将不利于蔬菜产业链各环节间合理分配利益与分担风险，尤其是菜农将会处于不利的位置。所以该项目的意义就是把蔬菜价格稳定在一个相对平稳的范围内，避免价格非对称传导带来的菜价大幅度波动。通过对价格非对称传导的研究，合理制定蔬菜价格，以提高菜农种植和消费者购买的积极性，从而促进蔬菜市场的平稳、有序发展。

本章首先采用八爪鱼爬虫软件采集大白菜、西红柿和菜椒的生产、批发与零售价格数据；其次采用 TAR 模型，从传导方向、幅度和时滞等方面研究三个市场之间的内在联系及传导机制；最后，从定性角度研究影响蔬菜价格波动的因素，从而找出我国蔬菜纵向不对称价格传导的原因。

5.1 蔬菜价格数据自动化抓取

数据的取得是研究基础也是关键，需要的数据有典型蔬菜产区的生产价格、典型蔬菜批发地的批发价格、全国蔬菜零售价格。我们利用八爪鱼采集器抓取三个品种蔬菜的批发价格数据。批发价格来源于寿光蔬菜网中北京新发地、上海农副产品批发中心、成都农副产品批发中心每日价格统计数据，为周数据和月度数据。八爪鱼爬虫软件是一款可视化、操作性强的爬虫软件，可以抓取 Web 网页、音频、视频、文档甚至图片等信息，通过相应的索引技术组织信息，然后进行查询。八爪鱼爬虫软件根据设定好的规则，循环抓取有规则的网页页面内容，方便、快捷，在大数据时代尤其凸显其应用价值。

蔬菜价格数据抓取的步骤如下。

（1）分析需求，找到所需数据所在的网页，并逐层打开链接来熟悉网站中网页的结构，并确定研究所需要用到的字段（日期、品种名、价格）。

（2）首先打开八爪鱼爬虫软件，在高级分类下点击"设置基本信息"，并在第一步中输入任务名——"北京新发地批发市场"，并勾上『屏蔽网页广告』。

（3）点击"下一步"，输入网页首页的统一资源定位符（uniform resource locator, URL），并打开所要爬取的网页—— "http://sg.vegnet.com.cn/Price/Market/30"，点击"保存"，此时采集器上就会看到寿光蔬菜网的网页。

（4）在下方已经打开的网页中点击文本标签"下一页"，弹出对话框后选择"循环点击下一页"，页面会显示行情链接。

（5）点击行情链接，弹出对话框后选择"创建一个元素列表以处理一组元素"。继续编辑直至所有链接加入列表中，再选择"创建列表完成"，做循环处理。

（6）在流程设计器中将后一个循环拖动到前一个循环中形成嵌套。

（7）再点击行情链接，跳转到详情界面，逐一选取研究所需字段，点击抓取这个元素的文本，同理，重复步骤4建立最基础的翻页循环。

（8）连续点击两次"下一步"，启动单机采集，直至自动抓取数据完成。

重复以上完整步骤，直至（典型产地/典型批发市场）所有需要的数据收集完成。完整的工作流程为"打开网页"→"循环翻页"→"循环"→"点击元素"→"循环翻页"→"提取数据"→"点击翻页"。如图5-1所示。

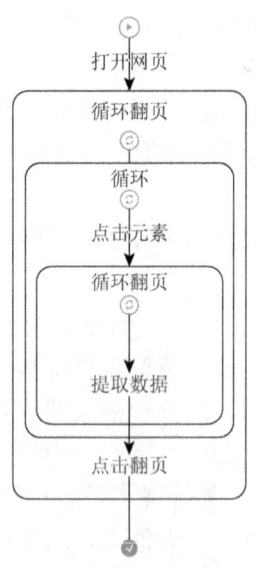

图5-1　八爪鱼爬虫软件的完整工作流程

5.2 蔬菜价格非对称传导机制研究

5.2.1 研究非对称传导机制的计量模型

1. 单位根检验

单位根检验是对时间序列进行平稳性检验的常用方法之一。在数理统计中，先对时间序列数据进行单位根检验，再判断其平稳性是比较科学的。单位根检验是一种平稳性检验的特殊方法，有诸如 PP 检验[1]、ADF 检验[2]、NP 检验[3]等多种方法，如果时间序列是不平稳的，那么要对时间序列做差分，使其转为平稳的。

2. 普通最小二乘估计

普通最小二乘法是从最小二乘法原理出发的应用最多的参数估计方法，也是其他估计方法的基础。在已经得到样本观测值 $y_i, x_i(i = 1, 2, \cdots, n)$ 的情况下，如果已求得模型的参数估计量为 $\hat{\beta}_0$ 和 $\hat{\beta}_1$，并且是最合理的参数估计量，那么直线方程如下：

$$\hat{y}_t = \hat{\beta}_0 + \hat{\beta}_1 x_i, \quad i = 1, 2, \cdots, n \tag{5-1}$$

式（5-1）可以拟合样本数据。方程中的 $\hat{y}_t$ 为被解释变量的估计值，通过参数估计量和解释变量的观测值计算而来。那么，$\hat{y}_t$ 与观测值应该在总体上最为接近，判断的标准是二者之差的平方和最小。

3. TAR 模型

经济学理论和经济研究实践都表明，很多重要的宏观经济时间序列可能会表现出非线性动态调整特征。但是这类特征要准确地进行建模需要依靠非线性时间序列模型。所以 TAR 模型作为非线性时间序列主流模型之一，在较完整地被提出之后，它的估计和检验理论均得到了迅速的发展和完善。TAR 模型通过对时间序列长期均衡关系的回归残差进行自相关检验来判断时间序列间的传导关系是否对称。模型的基本表达式为

$$Y_t = \alpha_0 + \alpha_1 X_t + \mu_t \tag{5-2}$$

$$\Delta \mu_t = \rho_1 I_t \mu_{t-1} + \rho_2 (1 - I_t) \mu_{t-1} + \varepsilon_t \tag{5-3}$$

---

[1] PP 检验全称为 Phillips and Perron（菲利普斯-佩荣检验）。
[2] ADF 检验全称为 Augmented Dickey-Fuller（增强迪基-福勒检验）。
[3] NP 检验全称为 Neyman-Pearson（内曼·皮尔逊检验）。

在式（5-3）中

$$I_t = \begin{cases} 1, & \mu_{t-1} \geq \tau \\ 0, & \mu_{t-1} < \tau \end{cases} \quad (5\text{-}4)$$

$$\Delta \mu_t = \rho_1 I_t \mu_{t-1} + \rho_2 (1-I_t)\mu_{t-1} + \sum_{i=1}^{q} \gamma_i \Delta \mu_{t-i} + \varepsilon_t \quad (5\text{-}5)$$

在式（5-5）中

$$I_t = \begin{cases} 1, & \Delta \mu_{t-1} \geq \tau \\ 0, & \Delta \mu_{t-1} < \tau \end{cases} \quad (5\text{-}6)$$

式（5-2）反映了零售价格与批发价格（批发价格和生产价格）的长期均衡关系。其中，X_t 为批发价格（生产价格）；Y_t 为零售价格（批发价格）；μ_t 为残差项；α_0 为常数项；α_1 为待估系数。式（5-3）和式（5-5）是根据式（5-2）中残差项 μ_t 构建的 TAR 模型方程表达式，μ_t 为平稳序列，是构建式（5-3）和式（5-5）的必要条件。

式（5-3）和式（5-5）中，I_t 为指示性函数，但其在两个方程中的表达式不一致。τ 为门限值，当 $\tau=0$ 时，式（5-3）称为 TAR 模型，式（5-5）称为 MTAR 模型；当 τ 未知时，式（5-3）称为 C-TAR 模型，式（5-5）称为 C-MTAR 模型。q 为残差项 q 阶滞后期，滞后期长度根据 AIC 确定；μ_{t-1} 为滞后一期的残差项；ρ_1、ρ_2、γ_i 为待估系数；ε_t 为误差项。此模型可以检验两个时间序列间的传导关系是否是非对称的。

4. AIC 和施瓦茨信息准则

在建立计量经济模型的时候，选择一些在统计方面优势突出的模型非常重要，在几个模型中进行选择，尤其是在确定一个滞后分布的长度时，通常可以用 AIC

$$\text{AIC} = -2l/T + 2(k+1)/T \quad (5\text{-}7)$$

和施瓦茨信息准则（吴滨，2008）：

$$\text{SC} = -2l/T + [(k+1)\ln T]/T \quad (5\text{-}8)$$

来作为参考进行选择。其中，l 为对数似然值；T 为观察样本个数；k 为未知参数个数：

$$l = -\frac{T}{2}[1 + \ln 2\pi + \ln(\hat{u}'\hat{u}/T)] \quad (5\text{-}9)$$

这两个准则的共同点是都引入了对增加更多的系数的惩罚，在选择变量滞后的阶数时，AIC 值或 SC 值越小越好。可以用这样的方式来理解：以 AIC 为例，滞后阶数大，说明对数似然值较大，从而使得 AIC 较小，但是 $2(k+1)/T$ 的值过大（损失一定自由度）也可能使 AIC 值较大；但滞后阶数小时，虽然 $2(k+1)/T$ 的值小，但对数似然值是个负值，它也很小，从而可以得知，AIC 值也可能较大。因此，AIC 越小表明滞后阶数越合适。

5. 误差修正模型

变量序列之间的协和关系代表有一些对误差进行修正的机制的存在。从一定程度上讲，如果在经济系统中的各个变量间存在协和关系，那么其中某些经济变量受到一些随机冲击而偏离其平时长期均衡的轨道后，在经济系统的内部将会产生一种内在的机制来自我调整，使其逐步向以前长期均衡的轨道回归。该理论认为，在这个回归的过程当中，无论经济变量受到的冲击是正向的还是负向的，回归的速度都具有一定的同一性，但是这样的假定在现实生活中，往往与实际不那么符合，也就是说不存在这样的理想情况（Peltzman，2000）。

在建模的时候，我们需要使用数据的动态非均衡的过程来演绎这个经济理论的长期均衡情形。这是因为在传统经济模型中，一般都是对变量之间的长期均衡关系进行描述，可是实际的经济数据是由非均衡过程产生的。这里列举了数学建模回归分析中最为普遍的自回归分布滞后（autoregressive distributed lag，ADL）模型。

ADL 模型是指，若内生变量 y_t 只能被表示为同一时点外生变量 x_t 的函数，那么 x_t 对 y_t 造成的长期影响容易求得。但是，如果模型中，每一个变量的滞后也同时出现，那么其造成的长期影响将通过滞后分布的函数来反映。

先考虑一阶 ADL 模型，可记为 ADL（1, 1）：

$$y_t = \beta_0 + \beta_1 y_{t-1} + \beta_2 x_t + \beta_3 x_{t-1} + u_t \tag{5-10}$$

其中，y_t 为当期内生变量，y_{t-1} 为上期内生变量，x_t 为当期外生变量，x_{t-1} 为上期外生变量，β_0、β_1、β_2、β_3 为参数；u_t 为残差，$u_t \sim \text{i.i.d.}(0, \sigma^2)$。$E(u_t) = 0$，记 $x^* = E(x_t)$，$y^* = E(y_t)$，对式（5-10）的两边同时取期望得

$$y^* = \beta_0 + \beta_1 y^* + \beta_2 x^* + \beta_3 x^*$$

进而有

$$y^* = \beta_0 + \frac{(\beta_2 + \beta_3) x^*}{1 - \beta_1} = \frac{\beta_0}{1 - \beta_1} + \frac{\beta_2 + \beta_3}{1 - \beta_1} x^* \tag{5-11}$$

记 $k_0 = \beta_0 / (1 - \beta_1)$，$k_1 = (\beta_2 + \beta_3) / (1 - \beta_1)$，则式（5-11）可写为

$$y^* = k_0 + k_1 x^*$$

其中，k_1 是 y_t 关于 x_t 的长期乘数，同时表示了 y_t 与 x_t 在长期的均衡关系。在式（5-10）的两端同时减去 y_{t-1}，并且右边加减 $\beta_2 x_{t-1}$，可得

$$\Delta y_t = \beta_0 + (\beta_1 - 1) y_{t-1} + \beta_2 \Delta x_t + (\beta_2 + \beta_3) x_{t-1} + u_t \tag{5-12}$$

利用 $\beta_2 + \beta_3 = k_1 (1 - \beta_1)$，式（5-12）又可改写成

$$\Delta y_t = \beta_0 + (\beta_1 - 1)(y_{t-1} - k_1 x_{t-1}) + \beta_2 \Delta x_t + u_t \tag{5-13}$$

令 $\alpha = \beta_1 - 1$，则式（5-13）可写成

$$\Delta y_t = \beta_0 + \alpha (y_{t-1} - k_1 x_{t-1}) + \beta_2 \Delta x_t + u_t \tag{5-14}$$

式（5-10）和式（5-14）包含的关系相同，但其中每个方程的解释及含义都不同，特别是式（5-14），被称作误差修正模型（error correction model，ECM）（董晓霞等，2014）。长期平衡关系为 $y^* = k_0 + k_1 x^*$ 时，误差修正项的形式为 $(y_t - k_0 - k_1 x_t)$，这个式子是 y_t 关于 x_t 在第 t 时点的短期偏离的反映（董晓霞等，2014）。通常，式(5-10)中的 $|\beta_1|<1$，会使得误差项系数（通常被称为调整系数）$\alpha = (\beta_1 - 1) < 0$，因此可表示在 $t-1$ 期的 y_{t-1} 关于 $k_0 + k_1 x_{t-1}$ 之间偏差的调整系数。

ECM 最常见的估计方法为 Engle 和 Granger 两步法，其基本的思想如下（吴旭东，2012）。

（1）求以下模型的普通最小二乘法估计（协整回归）：

$$y_t = k_1 x_t + u_t, \quad t = 1, 2, \cdots, T$$

得到 k_1 及残参序列：

$$\hat{u} = y_t - \hat{k}_1 x_t, \quad t = 1, 2, \cdots, T$$

（2）用 $\hat{\mu}_{t-1}$ 替换式（5-14）中的 $y_{t-1} - k_1 x_{t-1}$ 即

$$\Delta y_t = \beta_0 + \alpha \hat{u}_{t-1} + \beta_2 \Delta x_t + \varepsilon_t \tag{5-15}$$

再用普通最小二乘法估计其参数。

5.2.2 蔬菜价格非对称传导实证研究

1. 数据来源

生产价格数据范围为 2012 年 1 月～2016 年 7 月，批发价格数据范围为 2010 年 1 月～2016 年 7 月，零售价格数据范围为 2010 年 1 月～2016 年 1 月。零售价格来源于中国经济与社会发展统计数据库，为月度数据；批发价格来源于寿光蔬菜网中北京新发地、上海农副产品批发中心、成都农副产品批发中心价格统计数据，为周数据和月度数据。生产价格来源于寿光蔬菜价格指数网，由一日数据观测值和历年来价格涨跌幅求得。

2. 非对称传导方向幅度时滞研究

图 5-2 是大白菜、菜椒、西红柿生产与批发、批发与零售趋势图。

从图 5-2 中可以看到，大白菜的生产和批发价格几乎重叠，不仅走势保持一致，起伏的时间点也比较一致，在几个波峰处，生产和批发趋势完全重合。但是还不能确定生产和批发价格在时间趋势上的提前和滞后期数。具体情况需要进一步从非对称误差修正模型的滞后期中得到。同样地，我们可以看到在大白菜批发零售趋势图中，两个价格趋势差别比较大，在批发价格上的趋势并不能完全反映到零售价格上，尤其表现在序列的前期。在西红柿生产批发趋势图中，价格在波峰处重合度较高，但在波谷处重合度较低，而且都是几乎同时到达波峰。西红柿的批发零售趋势图和菜椒的生产批发趋势图重合度很高,几乎保持相同的趋势,而在菜椒批发零售趋势图中,可以看到两个价格的走势有稍许的偏离,零售价格走势滞后于批发价格走势。

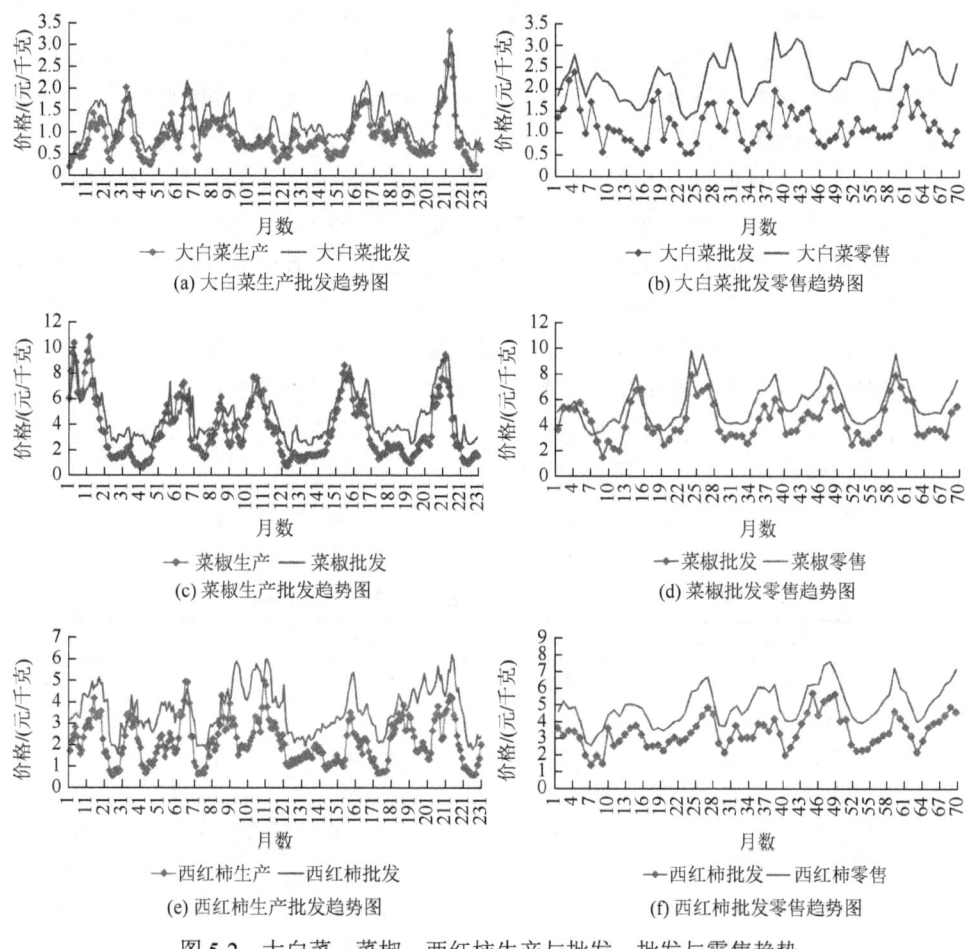

图 5-2 大白菜、菜椒、西红柿生产与批发、批发与零售趋势

基于以上分析,三种蔬菜生产价格与批发价格、批发价格与零售价格之间可能存在着更加深入的协整关系。需要进一步地分别分析蔬菜的生产批发和批发零售时间序列的数据协整关系。在这之前,需要先进行平稳性的检验,以确定对两对时序数据采用何种分析方法。

生产商为蔬菜产业供应链的上游,零售商为蔬菜产业供应链的下游,批发商从生产者处批发蔬菜后卖给零售商,零售商再卖给消费者。因此,生产者将价格提高,批发商和零售商自然也会相应地提高价格;反之,若生产者将价格降低,批发商和零售商自然也会相应地降低价格。但是价格降低的幅度和时间长短与提高价格时是否一样是我们要研究的问题,这是上游对下游的影响。然而,当零售商根据市场主动进行价格调节时,这种价格的变动会通过信息影响批发商和生产者,其中,影响的原因多种多样,在这里,我们研究的重点是这种价格上涨和价格下降的影响是否对称,影响的幅度和时间是怎样的。在之后的研究中,对每种蔬菜的三种价格都会有以批发价格和零售价格为被解释变量和以生产价格和批发价格为被解释变量的两个不同方向的分析,一个是上游对下游的影响,另一个是下游对上游的影响。

在此,采用 ADF 统计量对三种蔬菜的三个时间序列数据进行单位根检验,如上述理论研究所示,单位根检验是检验时间序列数据很有效的方法(聂思玥,2014)。这里我们利用 EViews 9.5 软件 Quick 选项卡下 Series Statistics 中 Unit Root Test 进行单位根检验。在 EViews 9.5 中导入外部 Excel 数据 part1.xlsx 和 part2.xlsx,分别是三种蔬菜周度价格和月度价格,周度数据共 240 个样本点,月度数据共 73 个样本点。对每列数据做单位根检验,因为数据没有明显趋势且是非零均值,所以选择常数项。每列数据都不是平稳序列,因此对每列数据的一阶差分做单位根检验。数据没有明显趋势且是非零均值,因此选择常数项。

操作和结果见表 5-1,可以看到它们的一阶差分都是平稳的。

表 5-1　三种蔬菜价格一阶差分的 ADF 检验结果

数据(一阶差分后)	ADF 统计量	t 统计量(10%)	p 值	结果
大白菜生产价格/元	−8.563 104	−2.573 270	0***	平稳
大白菜周度批发价格/元	−9.218 436	−2.573 270	0***	平稳
大白菜月度批发价格/元	−4.487 052	−2.590 262	0.000 5***	平稳
大白菜零售价格/元	−4.868 293	−2.590 262	0.000 1***	平稳
西红柿生产价格/元	−6.772 179	−2.573 327	0***	平稳
西红柿周度批发价格/元	−7.275 592	−2.573 327	0***	平稳
西红柿月度批发价格/元	−5.652 419	−2.589 562	0***	平稳
西红柿零售价格/元	−4.651 822	−2.589 562	0.000 3***	平稳
菜椒生产价格/元	−6.895 942	−2.573 327	0***	平稳
菜椒周度批发价格/元	−6.667 632	−2.573 327	0***	平稳
菜椒月度批发价格/元	−4.958 872	−2.590 262	0.000 1***	平稳
菜椒零售价格/元	−5.105 330	−2.590 262	0.000 1***	平稳

***表示在 1%水平上显著

因此,上述数据都是一阶单整序列,考虑其是否具有协整关系,需要回归结果的残差即 μ_t 进行协整检验以验证两个同阶单整的时间序列之间是否具有长期均衡的关系。首先需要估计方程的系数,这里采用普通最小二乘法估计序列间长期均衡。

在 EViews 9.5 主窗口的菜单栏中依次选择 Quick Estimate Equation 命令，输入方程涉及的变量和方程形式，选择的方法及样本范围，并得到结果。对三种蔬菜的每对价格重复上述操作，得到长期均衡关系式，见表 5-2。

表 5-2 最小二乘法价格关系式

上游对下游的影响	下游对上游的影响
$CS_t = 1.3803 + 0.7730CWM_t + uc2_t$	$CWM_t = 0.5175CS_t + uc4_t$
$CWW_t = 0.4228 + 0.8496CP_t + uc1_t$	$CP_t = -0.1633 + 0.8963CWW_t + uc3_t$
$PS_t = 1.7788 + 0.8927PWM_t + up2_t$	$PWM_t = 0.7762PS_t + up4_t$
$PWW_t = 2.2653 + 0.6681PP_t + up1_t$	$PP_t = -1.7753 + 1.1526PWW_t + up3_t$
$TS_t = 1.4436 + 1.0571TWM_t + ut2_t$	$TWM_t = -0.4906 + 0.7711TS_t + ut4_t$
$TWW_t = 2.0612 + 0.7512TP_t + ut1_t$	$TP_t = -0.2969 + 0.6616TWW_t + ut3_t$

注：uc1 为大白菜周度批发价格和大白菜生产价格拟合残差；uc2 为大白菜零售价格和大白菜月度批发价格拟合残差；uc3 为大白菜生产价格和大白菜周度批发价格拟合残差；uc4 为大白菜月度批发价格和大白菜零售价格拟合残差；up1 为菜椒周度批发价格和菜椒生产价格拟合残差；up2 为菜椒零售价格和菜椒月度批发价格拟合残差；up3 为菜椒生产价格和菜椒周度批发价格拟合残差；up4 为菜椒月度批发价格和菜椒零售价格拟合残差；ut1 为西红柿周度批发价格和西红柿生产价格拟合残差；ut2 为西红柿零售价格和西红柿月度批发价格拟合残差；ut3 为西红柿生产价格和西红柿周度批发价格拟合残差；ut4 为西红柿月度批发价格和西红柿零售价格拟合残差

CP、CWW、CWM、CS、TP_t、TWW_t、TWM_t、TS_t、PP_t、PWW_t、PWM_t、PS_t 分别表示大白菜生产价格、大白菜周度批发价格、大白菜月度批发价格、大白菜零售价格、西红柿生产价格、西红柿周度批发价格、西红柿月度批发价格、西红柿零售价格、菜椒生产价格、菜椒周度批发价格、菜椒月度批发价格、菜椒零售价格。

得到序列间关系式后需要在残差序列是平稳序列的前提下对残差构建 TAR 模型和 MTAR 模型。更具体地说，首先需要利用普通最小二乘法得到方程后计算出每个方程对应的残差，对残差进行单位根检验，在残差图中可以看到，残差序列无趋势且均值为 0，因此在 Unit Root Test 中的 Include in test equation 中选择 none 选项最为合理。如果在 10%显著性水平下 t 值大于 ADF 统计值，说明序列平稳。

建立四个不同的 TAR 模型有以下两个目的：一是通过 AIC 和施瓦茨信息准则选出最稳定的模型，以这个最稳定的模型为基础建立门限非对称误差修正模型；二是进行非对称传导的检验，设计的原假设是 $\rho_1 = \rho_2$，结果若拒绝原假设，则时间序列的传导是非对称的。对这种非对称的现象进行初步的证明。重复之前操作，将解释变量和被解释变量调换,可以研究从供应链上游到供应量下游是否也存在非对称的现象。

1）模型一：门限已知且为 0 的门限自回归

根据理论研究可知,门限已知的自回归相当于两段普通最小二乘法回归,已知的门限将样本点分为两部分,每一部分的样本点都有自己的斜率。在 EViews 中可以对两部分样本做含有虚拟变量的最小二乘法。具体的做法是：创建新的 Equation 对象,在 Equation specification 中输入表达式,其中,minusuc1 表示 $\Delta \mu_t$, uc1 表示 μ_{t-1},dummyuc1 为虚拟变量：

$$\text{dummyuc1} = \begin{cases} 1, & uc1 \geqslant 0 \\ 0, & uc1 < 0 \end{cases}$$

2）模型二：门限未知的门限自回归

利用 EViews 中门限未知的门限自回归功能,创建 Equation 对象,选择方法 method 中的 THRESHOLD-Threshold Regression,在 Equation specification 区域输入表达式,在 Threshold variable specification 区域输入门限变量,并输入样本范围,在 option 选项卡中的 method 中选择 Fixed number global。可以得到门限值,跨越门限的两段直线的系数及它们的 t 值,AIC 值和 SC 值,残差的自相关性及系数相同的显著性水平。

3）模型三：门限已知且为 0 的动量门限自回归

首先根据 AIC 确定滞后期 q,对于 12 个方程,对应 AIC 值最小的滞后阶数如下：

上游对下游,序列 uc1,uc2,up1,up2,ut1,ut2 分别为 2 阶,0 阶,3 阶,1 阶,0 阶,1 阶；下游对上游则是,序列 uc3,up3,ut3,uc4,up4,ut4 分别为 1 阶,1 阶,1 阶,3 阶,2 阶,1 阶。

4）模型四：门限未知的动量门限自回归

依据上述确定的滞后阶数,在门限未知的情况下,利用门限自回归,确定门限及各方程的参数,结果见表 5-3、表 5-4。

表 5-3　上游对下游的门限及方程参数

项目	minusuc1	minusuc2	minusup1	minusup2	minusut1	minusut2
门限值	0.1485	−0.1869	0.5706	−0.4539	−0.4229	−0.5374
ρ_1	−0.7131***	−0.2454**	−0.5172	−0.6530***	−0.1606	−0.5477
	(−6.0297)	(−2.4427)	(−5.6979)	(−4.5435)	(−3.8885)	(−4.0121)
ρ_2	−0.2784***	−0.4735	−0.2125	0.1951	−0.3785	−1.0463
	(−4.6628)	(−3.1442)	(−3.7614)	(0.9117)	(−3.6501)	(−5.0801)

续表

项目		minusuc1	minusuc2	minusup1	minusup2	minusut1	minusut2
AIC 值		−0.9190	−0.0983	1.8679	2.1172	1.2442	1.2612
SC 值		−0.8312	−0.0341	1.9120	2.3099	1.2735	1.3250
LB 统计量 p 值	$Q(4)$	0.7010	0.9500	0.8290	0.8870	0.3190	0.8760
	$Q(8)$	0.7920	0.9270	0.7800	0.5090	0.3660	0.8560
	$Q(12)$	0.4720	0.8200	0.8250	0.3890	0.2610	0.9080
$\phi(H_0:\rho_1=\rho_2=0)\ p$ 值		0.0000	0.0004	0.0000	0.0001	0.0000	0.0000
$F(H_0:\rho_1=\rho_2)\ p$ 值		0.0012	0.2119	0.0045	0.0016	0.0521	0.0475

未标注的为1%显著性水平；***为1%显著性水平；**为5%显著性水平
注：括号中的数字为 t 值

表 5-4　下游对上游的门限及方程参数

项目		minusuc3	minusuc4	minusup3	minusup4	minusut3	minusut4
门限值		−0.0221	0.1949	−0.7120	0.2740	−0.2079	−0.3216
ρ_1		−0.4470***	−0.0609	−0.2514***	0.2429	−0.2055***	−0.6070***
		−7.0184	(−0.2191)	−4.8525	(0.9936)	−4.0855	−3.8659
ρ_2		−0.2273***	−0.7498***	−0.7530***	−0.7946***	−0.3770***	−0.8918***
		−3.3586	(−5.4425)	−7.4210	(−5.1661)	−4.8467	−3.2643
AIC 值		−0.8581	0.2395	2.3021	2.1095	1.2449	1.0332
SC 值		−0.8143	0.3669	2.3459	2.3023	1.2887	1.1288
LB 统计量 p 值	$Q(4)$	0.4490	0.2510	0.0560	0.8310	0.4940	0.9410
	$Q(8)$	0.8160	0.6370	0.0650	0.6370	0.8620	0.6670
	$Q(12)$	0.6550	0.2760	0.1850	0.2070	0.3670	0.5120
$\phi(H_0:\rho_1=\rho_2=0)\ p$ 值		0.0000	0.0000	0.0000	0.0000	0.0000	0.0001
$F(H_0:\rho_1=\rho_2)\ p$ 值		0.0146	0.0298	0.0000	0.0006	0.0595	0.3050

***表示在1%水平上显著
注：括号内的数值为 t 值

将四个模型进行纵向比较，拒绝 $H_0:\rho_1=\rho_2$ 原假设且 AIC 值最小的模型是我们要选择的最合适的模型，纵向比较结果见表 5-5、表 5-6。

表 5-5　上游对下游影响门限模型结果

模型		大白菜1	大白菜2	菜椒1	菜椒2	西红柿1	西红柿2
TAR	$F(H_0:\rho_1=\rho_2)\ p$ 值	0.9373	0.9293	0.2545	0.1970	0.9964	0.4871
	AIC 值	−0.8553	−0.0507	1.9216	2.2148	1.2551	1.3273

续表

模型		大白菜1	大白菜2	菜椒1	菜椒2	西红柿1	西红柿2
C-TAR	$F(H_0: \rho_1 = \rho_2)\,p$ 值	0.1702	0.0427	0.0220	0.0946	0.1856	0.0569
	AIC 值	−0.8632	−0.1097	1.9049	2.1986	1.2477	1.2821
MTAR	$F(H_0: \rho_1 = \rho_2)\,p$ 值	0.8887	0.8611	0.0563	0.1045	0.7534	0.5252
	AIC 值	−0.8848	−0.0365	1.8870	2.1521	1.2565	1.2982
C-MTAR	$F(H_0: \rho_1 = \rho_2)\,p$ 值	0.0012	0.2119	0.0045	0.0503	0.0521	0.0475
	AIC 值	−0.9190	−0.0983	1.8679	2.1326	1.2442	1.2612
最优		C-MTAR	C-TAR	C-TAR	C-TAR	C-MTAR	C-TAR

表 5-6 下游对上游影响门限模型结果

模型		大白菜3	大白菜4	菜椒3	菜椒4	西红柿3	西红柿4
TAR	$F(H_0: \rho_1 = \rho_2)\,p$ 值	0.8963	0.6196	0.0394	0.6270	0.6756	0.5191
	AIC 值	−0.8070	0.2571	2.3814	2.2120	1.2681	1.0567
C-TAR	$F(H_0: \rho_1 = \rho_2)\,p$ 值	0.3651	0.2130	0.0028	0.3205	0.1631	0.0329
	AIC 值	−0.8104	0.2384	2.3615	2.2017	1.2606	0.9972
MTAR	$F(H_0: \rho_1 = \rho_2)\,p$ 值	0.1568	0.1900	0.0040	0.0137	0.1994	0.4307
	AIC 值	−0.8412	0.0194	2.3526	1.9726	1.2530	1.0396
C-MTAR	$F(H_0: \rho_1 = \rho_2)\,p$ 值	0.0146	0.4717	0.0000	0.0258	0.0595	0.3050
	AIC 值	−0.8581	0.0382	2.3021	1.9917	1.2449	1.0332
最优		C-MTAR	C-MTAR	C-MTAR	MTAR	C-MTAR	C-TAR

在对价格之间的传导关系进行初步的协整检验和非对称检验之后发现,价格之间存在协整关系,且都是非对称的,但是这种非对称的幅度和滞后期还不能用 TAR 模型来很好地证明,为了更进一步分析,需要构建误差修正模型——门限非对称误差修正模型(欧阳敏华和雷钦礼,2013)。为了使模型结果更加便于阐释,我们将价格的上涨称为正向波动,价格的下跌称为负向波动。

在构建模型之前,根据之前利用普通最小二乘法构建的价格之间长期协整的关系式中的参数估计可以得到每个序列非对称误差修正模型中的 ECT_{t-1}^+ 和 ECT_{t-1}^- 的表达式,不同序列的表达式如下。

a.上游对下游影响中的序列表达式

大白菜零售批发价格:

$$ECT_{t-1}^+ = I_t \times (CS_{t-1} - 1.3803 - 0.7730 CWM_{t-1})$$

$$ECT_{t-1}^- = (1-I_t)\times(CS_{t-1}-1.3803-0.7730CWM_{t-1})$$

大白菜批发生产价格：
$$ECT_{t-1}^+ = I_t\times(CWW_{t-1}-0.4228-0.8496CP_{t-1})$$
$$ECT_{t-1}^- = (1-I_t)\times(CWW_{t-1}-0.4228-0.8496CP_{t-1})$$

菜椒零售批发价格：
$$ECT_{t-1}^+ = I_t\times(PS_{t-1}-1.7788-0.8927PWM_{t-1})$$
$$ECT_{t-1}^- = (1-I_t)\times(PS_{t-1}-1.7788-0.8927PWM_{t-1})$$

菜椒批发生产价格：
$$ECT_{t-1}^+ = I_t\times(PWW_{t-1}-2.2653-0.6681PP_{t-1})$$
$$ECT_{t-1}^- = (1-I_t)\times(PWW_{t-1}-2.2653-0.6681PP_{t-1})$$

西红柿零售批发价格：
$$ECT_{t-1}^+ = I_t\times(TS_{t-1}-1.4436-1.0571TWM_{t-1})$$
$$ECT_{t-1}^- = (1-I_t)\times(TS_{t-1}-1.4436-1.0571TWM_{t-1})$$

西红柿批发生产价格：
$$ECT_{t-1}^+ = I_t\times(TWW_{t-1}-2.0612-0.7512TP_{t-1})$$
$$ECT_{t-1}^- = (1-I_t)\times(TWW_{t-1}-2.0612-0.7512TP_{t-1})$$

b. 下游对上游影响中的序列表达式

大白菜生产批发价格：
$$ECT_{t-1}^+ = I_t\times(CP_{t-1}+0.1633-0.8963CWW_{t-1})$$
$$ECT_{t-1}^- = (1-I_t)\times(CP_{t-1}+0.1633-0.8963CWW_{t-1})$$

大白菜批发零售价格：
$$ECT_{t-1}^+ = I_t\times(CWM_{t-1}-0.5175CS_{t-1})$$
$$ECT_{t-1}^- = (1-I_t)\times(CWM_{t-1}-0.5175CS_{t-1})$$

菜椒生产批发价格：
$$ECT_{t-1}^+ = I_t\times(PP_{t-1}+1.7753-1.1526PWW_{t-1})$$
$$ECT_{t-1}^- = (1-I_t)\times(PP_{t-1}+1.7753-1.1526PWW_{t-1})$$

菜椒批发零售价格：
$$ECT_{t-1}^+ = I_t\times(PWM_{t-1}-0.7762PS_{t-1})$$
$$ECT_{t-1}^- = (1-I_t)\times(PWM_{t-1}-0.7762PS_{t-1})$$

西红柿生产批发价格：
$$ECT_{t-1}^+ = I_t\times(TP_{t-1}+0.2969-0.6616TWW_{t-1})$$
$$ECT_{t-1}^- = (1-I_t)\times(TP_{t-1}+0.2969-0.6616TWW_{t-1})$$

西红柿批发零售价格：

$$ECT_{t-1}^{+} = I_t \times (TWM_{t-1} + 0.4906 - 0.7711TS_{t-1})$$
$$ECT_{t-1}^{-} = (1 - I_t) \times (TWM_{t-1} + 0.4906 - 0.7711TS_{t-1})$$

c. 上游对下游的非对称误差修正模型

以大白菜的零售批发价格为例，构建的非对称误差修正模型如下：

$$\Delta CS_t = \gamma_0 + \sum_{i=0}^{j}(\alpha_i^+ \Delta CWM_{t-i}^+ + \alpha_i^- \Delta CWM_{t-i}^-) + \sum_{i=1}^{j}(\beta_i^+ \Delta CS_{t-i}^+ + \beta_i^- \Delta CS_{t-i}^-) + \delta_1^+ ECT_{t-1}^+ + \delta_1^- ECT_{t-1}^- + \varepsilon_t$$

其中，$\Delta CS_t = CS_t - CS_{t-1}$；$\Delta CWM_t = CWM_t - CWM_{t-1}$；$\Delta CS_t^+$ 和 ΔCS_t^- 分别表示大白菜零售价格的上涨和下跌；ΔCWM_t^+ 和 ΔCWM_t^- 分别表示大白菜批发价格的上涨和下跌，ECT_{t-1}^+ 和 ECT_{t-1}^- 的表达式如上所示，γ_0 为常数项，j 为滞后阶数，α_i^+、α_i^-、β_i^+、β_i^-、δ_1^+、δ_1^- 为待估系数。

与之类似，其他非对称误差修正模型如下。

大白菜批发生产价格模型：

$$\Delta CWW_t = \gamma_0 + \sum_{i=0}^{j}(\alpha_i^+ \Delta CP_{t-i}^+ + \alpha_i^- \Delta CP_{t-i}^-) + \sum_{i=1}^{j}(\beta_i^+ \Delta CWW_{t-i}^+ + \beta_i^- \Delta CWW_{t-i}^-) + \delta_1^+ ECT_{t-1}^+ + \delta_1^- ECT_{t-1}^- + \varepsilon_t$$

菜椒零售批发价格模型：

$$\Delta PS_t = \gamma_0 + \sum_{i=0}^{j}(\alpha_i^+ \Delta PWM_{t-i}^+ + \alpha_i^- \Delta PWM_{t-i}^-) + \sum_{i=1}^{j}(\beta_i^+ \Delta PS_{t-i}^+ + \beta_i^- \Delta PS_{t-i}^-) + \delta_1^+ ECT_{t-1}^+ + \delta_1^- ECT_{t-1}^- + \varepsilon_t$$

菜椒批发生产价格模型：

$$\Delta PWW_t = \gamma_0 + \sum_{i=0}^{j}(\alpha_i^+ \Delta PP_{t-i}^+ + \alpha_i^- \Delta PP_{t-i}^-) + \sum_{i=1}^{j}(\beta_i^+ \Delta PWW_{t-i}^+ + \beta_i^- \Delta PWW_{t-i}^-) + \delta_1^+ ECT_{t-1}^+ + \delta_1^- ECT_{t-1}^- + \varepsilon_t$$

西红柿零售批发价格模型：

$$\Delta TS_t = \gamma_0 + \sum_{i=0}^{j}(\alpha_i^+ \Delta TWM_{t-i}^+ + \alpha_i^- \Delta TWM_{t-i}^-) + \sum_{i=1}^{j}(\beta_i^+ \Delta TS_{t-i}^+ + \beta_i^- \Delta TS_{t-i}^-) + \delta_1^+ ECT_{t-1}^+ + \delta_1^- ECT_{t-1}^- + \varepsilon_t$$

西红柿批发生产价格模型：

$$\Delta TWW_t = \gamma_0 + \sum_{i=0}^{j}(\alpha_i^+ \Delta TP_{t-i}^+ + \alpha_i^- \Delta TP_{t-i}^-) + \sum_{i=1}^{j}(\beta_i^+ \Delta TWW_{t-i}^+ + \beta_i^- \Delta TWW_{t-i}^-) + \delta_1^+ ECT_{t-1}^+ + \delta_1^- ECT_{t-1}^- + \varepsilon_t$$

d. 下游对上游的非对称误差修正模型

大白菜生产批发价格模型：

$$\Delta CP_t = \gamma_0 + \sum_{i=0}^{j}(\alpha_i^+ \Delta CWW_{t-i}^+ + \alpha_i^- \Delta CWW_{t-i}^-) + \sum_{i=1}^{j}(\beta_i^+ \Delta CP_{t-i}^+ + \beta_i^- \Delta CP_{t-i}^-)$$
$$+ \delta_1^+ ECT_{t-1}^+ + \delta_1^- ECT_{t-1}^- + \varepsilon_t$$

大白菜批发零售价格模型：

$$\Delta CWM_t = \gamma_0 + \sum_{i=0}^{j}(\alpha_i^+ \Delta CS_{t-i}^+ + \alpha_i^- \Delta CS_{t-i}^-) + \sum_{i=1}^{j}(\beta_i^+ \Delta CWM_{t-i}^+ + \beta_i^- \Delta CWM_{t-i}^-)$$
$$+ \delta_1^+ ECT_{t-1}^+ + \delta_1^- ECT_{t-1}^- + \varepsilon_t$$

菜椒生产批发价格模型：

$$\Delta PP_t = \gamma_0 + \sum_{i=0}^{j}(\alpha_i^+ \Delta PWW_{t-i}^+ + \alpha_i^- \Delta PWW_{t-i}^-) + \sum_{i=1}^{j}(\beta_i^+ \Delta PP_{t-i}^+ + \beta_i^- \Delta PP_{t-i}^-)$$
$$+ \delta_1^+ ECT_{t-1}^+ + \delta_1^- ECT_{t-1}^- + \varepsilon_t$$

菜椒批发零售价格模型：

$$\Delta PWM_t = \gamma_0 + \sum_{i=0}^{j}(\alpha_i^+ \Delta PS_{t-i}^+ + \alpha_i^- \Delta PS_{t-i}^-) + \sum_{i=1}^{j}(\beta_i^+ \Delta PWM_{t-i}^+ + \beta_i^- \Delta PWM_{t-i}^-)$$
$$+ \delta_1^+ ECT_{t-1}^+ + \delta_1^- ECT_{t-1}^- + \varepsilon_t$$

西红柿生产批发价格模型：

$$\Delta TP_t = \gamma_0 + \sum_{i=0}^{j}(\alpha_i^+ \Delta TWW_{t-i}^+ + \alpha_i^- \Delta TWW_{t-i}^-) + \sum_{i=1}^{j}(\beta_i^+ \Delta TP_{t-i}^+ + \beta_i^- \Delta TP_{t-i}^-)$$
$$+ \delta_1^+ ECT_{t-1}^+ + \delta_1^- ECT_{t-1}^- + \varepsilon_t$$

西红柿批发零售价格模型：

$$\Delta TWM_t = \gamma_0 + \sum_{i=0}^{j}(\alpha_i^+ \Delta TS_{t-i}^+ + \alpha_i^- \Delta TS_{t-i}^-) + \sum_{i=1}^{j}(\beta_i^+ \Delta TWM_{t-i}^+ + \beta_i^- \Delta TWM_{t-i}^-)$$
$$+ \delta_1^+ ECT_{t-1}^+ + \delta_1^- ECT_{t-1}^- + \varepsilon_t$$

要对上述模型的参数分别进行估计，首先需要对价格之间相互影响的正向和负向波动的滞后期进行确定，利用 AIC，表 5-7 是最终确定的滞后期情况。

表 5-7　上游对下游影响非对称误差修正模型的滞后阶数

大白菜零售	大白菜批发 $J=3$	自身 $J=4$
大白菜批发	大白菜生产 $J=0$	自身 $J=1$
菜椒零售	菜椒批发 $J=1$	自身 $J=4$

续表

菜椒批发	菜椒生产 $J=0$	自身 $J=6$
西红柿零售	西红柿批发 $J=1$	自身 $J=2$
西红柿批发	西红柿生产 $J=0$	自身 $J=1$

注：J 为滞后阶数

最后我们估计六个序列的非对称误差修正模型，每个模型的估计结果见表 5-8。

表 5-8　下游对上游影响非对称误差修正模型的滞后阶数

大白菜生产	大白菜批发 $J=0$	自身 $J=1$
大白菜批发	大白菜零售 $J=3$	自身 $J=4$
菜椒生产	菜椒批发 $J=0$	自身 $J=6$
菜椒批发	菜椒零售 $J=1$	自身 $J=4$
西红柿生产	西红柿批发 $J=0$	自身 $J=1$
西红柿批发	西红柿零售 $J=1$	自身 $J=2$

注：J 为滞后阶数

结合上述时序图及非对称误差模型的滞后阶数，我们可以得到这样的结论：三种蔬菜批发价格和生产价格相互影响的滞后期均为当期，说明生产价格和批发价格的变动可以很及时地产生当期的影响。大白菜的零售批发价格相互影响的正向波动和负向波动滞后期长度均为 3，菜椒的零售批发价格相互影响的正向波动和负向波动滞后期长度均为 1，西红柿的零售批发价格相互影响的正向波动和负向波动滞后期长度均为 1。这说明，批发价格和零售价格相互影响时，滞后性更久，当期的变动往往会对后一期、两期或三期的价格走势造成影响。批发商和零售商受市场力量的影响更大，因此价格涨跌也更为复杂。

在以上工作的基础上对模型进行拟合，拟合的结果见表 5-9、表 5-10。

表 5-9　大白菜零售批发非对称误差修正模型

变量	因变量 ΔCS	
	估计值	t 值
常数项	−0.057 794	−0.739 976
ΔCWM_t^+	0.796 556***	6.798 971
ΔCWM_{t-1}^+	0.314 207	1.558 546
ΔCWM_{t-2}^+	0.238 328	1.149 700
ΔCWM_{t-3}^+	−0.237 639	−1.297 659
ΔCWM_t^-	0.419 633***	2.708 647
ΔCWM_{t-1}^-	0.016 682	0.099 080
ΔCWM_{t-2}^-	0.444 960***	3.030 616
ΔCWM_{t-3}^-	0.331 782***	2.272 444
ΔCS_{t-1}^+	−0.461 986**	−2.157 737
ΔCS_{t-2}^+	0.145 654	0.717 075
ΔCS_{t-3}^+	0.215 981	1.144 673
ΔCS_{t-4}^+	0.328 899**	2.148 146
ΔCS_{t-1}^-	0.443 058**	2.182 160
ΔCS_{t-2}^-	−0.445 696**	−2.073 778
ΔCS_{t-3}^-	−0.339 830	−1.568 266
ΔCS_{t-4}^-	−0.060 292	−0.353 468
ECT_{t-1}^+	−0.148 064	−0.857 482
ECT_{t-1}^-	−0.307 883	−1.637 619
R 值	0.756 197	
调整后的 R 值	0.666 636	
AIC 值	−0.259 303	
SC 值	0.360 854	
$Q(4)$	0.915 000	
$Q(8)$	0.923 000	
$Q(12)$	0.204 000	
$H_0: \delta_1^+ = \delta_1^-$	0.023 600	

***、**分别表示在 1%、5%的水平上显著

表 5-10 大白菜批发生产非对称误差修正模型

变量	因变量 ΔCWW	
	估计值	t 值
常数项	−0.013 129	−0.894 319
ΔCP_t^+	0.471 304***	6.118 362
ΔCP_t^-	0.421 572***	5.461 236
ΔCWW_{t-1}^+	0.348 846***	4.077 094
ΔCWW_{t-1}^-	0.076 038	0.970 240
ECT_{t-1}^+	−0.461 747***	−7.029 061
ECT_{t-1}^-	−0.291 588***	−5.220 874
R 值	0.552 930	
调整后的 R 值	0.541 318	
AIC 值	−1.172 887	
SC 值	−1.070 762	
$Q(4)$	0.828 000	
$Q(8)$	0.798 000	
$Q(12)$	0.714 000	
$H_0: \delta_1^+ = \delta_1^-$	0.063 700	

***表示在1%的水平上显著

做一个反方向的非对称误差修正，如果也是非对称的，说明 ECT_{t-1}^+ 和 ECT_{t-1}^- 的系数分别在1%及10%的水平上显著，在5%水平上不显著，同时说明大白菜批发价格和生产价格是相互影响的，生产价格的 ECT 前的调整系数说明影响的幅度，滞后期数说明之前几期的价格变动会对当期有影响。

大白菜生产的期数是当期，说明生产价格对批发价格的传导很及时，一旦生产价格变动会立即传导到批发价格，但这种传导的幅度对价格的上涨和下跌敏感，当生产价格上涨时，会以−0.430 796 的系数调整，但下降时，批发价格只以−0.258 601 的调整系数同步变动，这说明生产价格上涨相比下降时，批发价格调整更大。

菜椒的拟合结果见表 5-11、表 5-12。

表 5-11 菜椒零售批发非对称误差修正模型

变量	因变量 ΔPS	
	估计值	t 值
常数项	0.077 182	0.354 744
ΔPWM_t^+	0.904 351***	3.448 517
ΔPWM_{t-1}^+	0.188 684	0.635 948
ΔPWM_t^-	0.220 096	1.271 198
ΔPWM_{t-1}^-	−0.205 663	−1.203 778
ΔPS_{t-1}^+	−0.463 879*	−1.973 301
ΔPS_{t-2}^+	0.367 956*	1.927 684
ΔPS_{t-3}^+	−0.118 796	−0.656 875
ΔPS_{t-4}^+	−0.206 932	−1.182 375
ΔPS_{t-1}^-	0.463 612*	1.813 323
ΔPS_{t-2}^-	0.224 868	1.030 239
ΔPS_{t-3}^-	−0.135 572	−0.716 287
ΔPS_{t-4}^-	0.148 415	0.941 080
ECT_{t-1}^+	−0.119 091	−0.812 402
ECT_{t-1}^-	−0.643 846**	−2.385 857
R 值	0.740 112	
调整后的 R 值	0.672 734	
AIC 值	2.058 394	
SC 值	2.544 069	
$Q(4)$	0.991 000	
$Q(8)$	0.903 000	
$Q(12)$	0.960 000	
$H_0: \delta_1^+ = \delta_1^-$	0.071 200	

***、**、*分别表示在1%、5%、10%的水平上显著

表 5-12 菜椒批发生产非对称误差修正模型

变量	因变量 ΔPWW	
	估计值	t 值
常数项	0.043 457	0.512 997
ΔPP_t^+	0.407 685***	4.124 357
ΔPP_t^-	0.080 969	0.876 770
ΔPWW_{t-1}^+	−0.179 347	−1.495 180

续表

变量	因变量 ΔPWW	
	估计值	t 值
ΔPWW_{t-2}^{+}	0.261 065**	2.196 321
ΔPWW_{t-3}^{+}	−0.151 133	−1.287 133
ΔPWW_{t-4}^{+}	0.152 732	1.299 246
ΔPWW_{t-5}^{+}	−0.109 051	−0.958 510
ΔPWW_{t-6}^{+}	0.187 000	1.643 251
ΔPWW_{t-1}^{-}	0.239 150***	2.815 789
ΔPWW_{t-2}^{-}	0.056 922	0.667 634
ΔPWW_{t-3}^{-}	0.084 527	0.995 488
ΔPWW_{t-4}^{-}	−0.009 568	−0.114 044
ΔPWW_{t-5}^{-}	0.119 128	1.396 463
ΔPWW_{t-6}^{-}	−0.006 214	−0.077 075
ECT_{t-1}^{+}	−0.478 310***	−6.614 865
ECT_{t-1}^{-}	−0.229 189***	−3.433 892
R 值	0.381 629	
调整后的 R 值	0.336 035	
AIC 值	1.689 352	
SC 值	1.940 379	
$Q(4)$	0.880 000	
$Q(8)$	0.775 000	
$Q(12)$	0.719 000	
$H_0: \delta_1^{+} = \delta_1^{-}$	0.018 300	

***、**分别表示在1%、5%水平上显著

西红柿的拟合结果见表 5-13、表 5-14。

表 5-13 西红柿零售批发非对称误差修正模型

变量	因变量 ΔTS	
	估计值	t 值
常数项	0.170 372	1.195 499
ΔTWM_{t}^{+}	−0.350 947	−1.120 149
ΔTWM_{t-1}^{+}	−0.025 575	−0.085 267

续表

变量	因变量 ΔTS	
	估计值	t 值
ΔTWM_t^-	1.050 159***	4.876 524
ΔTWM_{t-1}^-	0.142 853	0.777 023
ΔTS_{t-1}^+	−0.254 652	−1.055 637
ΔTS_{t-2}^+	−0.113 116	−0.639 653
ΔTS_{t-1}^-	−0.034 447	−0.149 927
ΔTS_{t-2}^-	0.016 589	0.093 412
ECT_{t-1}^+	0.320 391*	1.474 383
ECT_{t-1}^-	0.908 683***	2.701 612
R 值	0.598 108	
调整后的 R 值	0.531 125	
AIC 值	1.422 841	
SC 值	1.773 397	
$Q(4)$	0.958 300	
$Q(8)$	6.136 800	
$Q(12)$	12.767 000	
$H_0: \delta_1^+ = \delta_1^-$	0.027 300	

***、*分别表示在1%、10%的水平上显著

表5-14　西红柿批发生产非对称误差修正模型

变量	因变量 ΔTWW	
	估计值	t 值
常数项	0.022 718	0.548 780
ΔTP_t^+	0.373 288***	4.097 529
ΔTP_t^-	0.132 050	1.480 733
ΔTWW_{t-1}^+	−0.071 484	−0.659 202
ΔTWW_{t-1}^-	0.137 738	1.536 118
ECT_{t-1}^+	−0.554 615***	−7.985 075
ECT_{t-1}^-	−0.106 061***	−3.055 121
R 值	0.313 627	
调整后的 R 值	0.295 722	

续表

变量	因变量 ΔTWW	
	估计值	t 值
AIC 值	0.797 338	
SC 值	0.899 770	
$Q(4)$	0.249 000	
$Q(8)$	0.057 000	
$Q(12)$	0.110 000	
$H_0: \delta_1^+ = \delta_1^-$	0.000 000	

***表示在 1%的水平上显著

表 5-15 和表 5-16 为大白菜的生产批发价格模型及批发零售价格模型。

表 5-15　大白菜生产批发价格模型

变量	因变量 ΔCP	
	估计值	t 值
常数项	0.008 595	0.542 887
ΔCWW_t^+	0.811 292***	8.119 090
ΔCWW_t^-	0.385 187***	3.903 482
ΔCP_{t-1}^+	−0.021 935	−0.221 485
ΔCP_{t-1}^-	0.463 234***	5.041 760
ECT_{t-1}^+	−0.133 004*	−1.931 122
ECT_{t-1}^-	−0.359 731***	−4.953 700
R 值	0.449 041	
调整后的 R 值	0.434 668	
AIC 值	−0.928 176	
SC 值	−0.825 744	
$Q(4)$	0.017 000	
$Q(8)$	0.102 000	
$Q(12)$	0.184 000	
$H_0: \delta_1^+ = \delta_1^-$	0.016 300	

***、*分别表示在 1%、10%的水平上显著

表 5-16　大白菜批发零售价格模型

变量	因变量 ΔCWM	
	估计值	t 值
常数项	−0.121 363	−1.570 870
ΔCS_t^+	1.059 719***	7.436 577
ΔCS_{t-1}^+	0.200 731	1.004 891
ΔCS_{t-2}^+	−0.127 760	−0.748 672
ΔCS_{t-3}^+	0.009 113	0.055 198
ΔCS_t^-	0.346 466*	0.072 800
ΔCS_{t-1}^-	0.043 374	0.191 805
ΔCS_{t-2}^-	−0.001 969	−0.010 120
ΔCS_{t-3}^-	0.359 072**	2.034 509
ΔCWM_{t-1}^+	−0.171 938	−0.602 377
ΔCWM_{t-2}^+	−0.536 361**	−2.298 382
ΔCWM_{t-3}^+	0.028 598	0.135 114
ΔCWM_{t-4}^+	−0.203 893	−1.261 401
ΔCWM_{t-1}^-	−0.135 018	−0.695 126
ΔCWM_{t-2}^-	−0.323 364*	−1.796 928
ΔCWM_{t-3}^-	−0.197 989	−1.278 490
ΔCWM_{t-4}^-	−0.026 100	−0.211 236
ECT_{t-1}^+	−0.896 332***	−5.768 383
ECT_{t-1}^-	−0.402 284*	−1.655 524
R 值	0.771 862	
调整后的 R 值	0.723 833	
AIC 值	−0.061 329	
SC 值	0.356 249	
$Q(4)$	0.285 000	
$Q(8)$	0.524 000	
$Q(12)$	0.087 000	
$H_0: \delta_1^+ = \delta_1^-$	0.086 500	

***、**、*分别表示在 1%、5%、10%的水平上显著

表 5-17 和表 5-18 为菜椒的生产批发价格模型及批发零售价格模型。

表 5-17 菜椒生产批发价格模型

变量	因变量 ΔPP	
	估计值	t 值
常数项	0.044 875	0.564 134
ΔPWW_t^+	0.494 621***	4.198 791
ΔPWW_t^-	0.164 341*	1.659 592
ΔPP_{t-1}^+	0.107 082	1.006 308
ΔPP_{t-2}^+	−0.098 792	−0.904 243
ΔPP_{t-3}^+	0.177 701	1.648 785
ΔPP_{t-4}^+	−0.072 198	−0.681 083
ΔPP_{t-5}^+	0.085 985	0.797 109
ΔPP_{t-6}^+	0.165 256	1.541 381
ΔPP_{t-1}^-	0.627 663***	5.932 671
ΔPP_{t-2}^-	0.030 229	0.287 205
ΔPP_{t-3}^-	0.115 001	1.106 097
ΔPP_{t-4}^-	−0.000 576	−0.005 787
ΔPP_{t-5}^-	−0.033 407	−0.337 249
ΔPP_{t-6}^-	−0.075 571	−0.793 892
ECT_{t-1}^+	−0.055 175	−1.164 277
ECT_{t-1}^-	−0.567 292***	−7.302 481
R 值	0.379 799	
调整后的 R 值	0.333 858	
AIC 值	1.716 445	
SC 值	1.968 237	
$Q(4)$	0.883 000	
$Q(8)$	0.488 000	
$Q(12)$	0.611 000	
$H_0: \delta_1^+ = \delta_1^-$	0.000 000	

***、*分别表示在 1%、10%的水平上显著

表 5-18　菜椒批发零售价格模型

变量	因变量 ΔPWM	
	估计值	t 值
常数项	−0.224 516	−0.900 593
ΔPS_t^+	0.659 209***	4.379 220
ΔPS_{t-1}^+	0.291 876	1.280 173
ΔPS_t^-	0.592 710***	3.006 211
ΔPS_{t-1}^-	0.395 182*	1.834 916
ΔPWM_{t-1}^+	−0.071 265	−0.335 452
ΔPWM_{t-2}^+	−0.043 285	−0.294 563
ΔPWM_{t-3}^+	0.188 581	1.180 928
ΔPWM_{t-4}^+	0.212 104	1.314 923
ΔPWM_{t-1}^-	−0.121 013	−0.835 871
ΔPWM_{t-2}^-	−0.049 302	−0.389 963
ΔPWM_{t-3}^-	0.136 093	1.073 005
ΔPWM_{t-4}^-	−0.107 326	−0.817 473
ECT_{t-1}^+	−0.636 176***	−4.050 618
ECT_{t-1}^-	−0.064 628	−0.305 784
R 值	0.779 834	
调整后的 R 值	0.722 753	
AIC 值	2.043 723	
SC 值	2.529 399	
$Q(4)$	0.460 000	
$Q(8)$	0.740 000	
$Q(12)$	0.279 000	
$H_0: \delta_1^+ = \delta_1^-$	0.017 700	

***、*分别表示在 1%、10%的水平上显著

表 5-19 和表 5-20 为西红柿的生产批发价格模型及批发零售价格模型。

表 5-19 西红柿生产批发价格模型

变量	因变量 ΔTP	
	估计值	t 值
常数项	−0.052 528	−1.100 645
ΔTWW_t^+	0.504 843***	4.058 396
ΔTWW_t^-	0.196 683*	1.809 663
ΔTP_{t-1}^+	0.434 614***	3.795 335
ΔTP_{t-1}^-	0.124 415	1.178 789
ECT_{t-1}^+	−0.077 837	−1.423 026
ECT_{t-1}^-	−0.518 346***	−8.190 633
R 值	0.302 547	
调整后的 R 值	0.284 431	
AIC 值	1.049 558	
SC 值	1.151 684	
$Q(4)$	0.713 000	
$Q(8)$	0.948 000	
$Q(12)$	0.750 000	
$H_0: \delta_1^+ = \delta_1^-$	0.000 000	

***、*分别表示在 1%、10%的水平上显著

表 5-20 西红柿批发零售价格模型

变量	因变量 ΔTWM	
	估计值	t 值
常数项	0.026 129	0.207 419
ΔTS_t^+	0.649 597***	4.340 507
ΔTS_{t-1}^+	0.197 952	0.982 653
ΔTS_t^-	0.515 790***	3.995 307
ΔTS_{t-1}^-	0.396 411**	2.186 658
ΔTWM_{t-1}^+	−0.144 170	−0.716 257
ΔTWM_{t-2}^+	0.135 710	1.003 341
ΔTWM_{t-1}^-	−0.149 182	−0.999 121
ΔTWM_{t-2}^-	−0.039 469	−0.336 687

续表

变量	因变量 ΔTWM	
	估计值	t 值
ECT_{t-1}^+	−1.012 843***	−4.427 223
ECT_{t-1}^-	−0.368 538*	−1.951 854
R 值	0.768 177	
调整后的 R 值	0.728 885	
AIC 值	1.033 964	
SC 值	1.387 299	
$Q(4)$	0.981 000	
$Q(8)$	0.988 000	
$Q(12)$	0.932 000	
$H_0: \delta_1^+ = \delta_1^-$	0.018 600	

***、**、*分别表示在1%、5%、10%的水平上显著

从大白菜零售和批发两个表中ECT_{t-1}^+和ECT_{t-1}^-的系数可以看到,它们都在10%以内的显著性水平上显著,说明大白菜的批发价格和零售价格相互影响,大白菜批发价格波动能引起大白菜零售价格的显著变化,大白菜零售价格的波动能引起大白菜批发价格的显著变化,大白菜零售价格和批发价格的非对称传导关系表现出双向特征,即大白菜批发价格对零售价格的传导是非对称的,大白菜零售价格对批发价格的传导也是非对称的。从批发价格对零售价格的影响来看,零售价格对批发价格的正向波动("利空"消息)的调整反应系数是−0.1481,零售价格对批发价格的负向波动("利好"消息)的调整反应系数是−0.3079,即零售价格对批发价格下降的反应程度更大,调整价格偏离的速度更快。这种非对称的价格传导效应放在具体的市场上表现出来的就是:当批发价格上涨时,零售价格也会跟着上涨,当批发价格下降时,零售价格下降的幅度要大一些,市场力量的存在使得零售价格上涨比下降容易。从零售价格对批发价格的影响来看,批发价格对零售价格的正向波动("利好"消息)的调整反应系数是−0.819 391,批发价格对零售价格的负向波动("利空"消息)的调整反应系数是−0.519 753,即批发价格对零售价格上涨的反应程度更大,调整偏离的速度更快。这种非对称的价格传导效应放在具体的市场上表现出来的就是:当零售价格上涨时,批发商会迅速地抓住机会提高批发价格,当零售价格下降的时候批发商却不愿意很大幅度地降低价格。

从大白菜生产和批发两个表中ECT_{t-1}^+和ECT_{t-1}^-的系数可以看到,它们都在10%以内的显著性水平上显著,说明大白菜的批发价格和生产价格相互影响,大

白菜批发价格波动能引起大白菜生产价格的显著变化，大白菜生产价格的波动能引起大白菜批发价格的显著变化，大白菜生产价格和批发价格的非对称传导关系表现出双向特征，即大白菜批发价格对生产价格的传导是非对称的，大白菜生产价格对批发价格的传导也是非对称的。从生产价格对批发价格的影响来看，批发价格对生产价格的正向波动（"利空"消息）的调整反应系数是-0.4481，批发价格对生产价格的负向波动（"利好"消息）的调整反应系数是-0.2587，即批发价格对生产价格上涨的反应程度更大，调整价格偏离的速度更快。这种非对称的价格传导效应放在具体的市场上表现出来的就是：当生产价格上涨时，批发价格会以更快的速度增长，批发商会抓住获利的机会，生产价格下降时，批发价格的下降幅度却不大，批发商会以最大的可能性获利。从批发价格对生产价格的影响来看，生产价格对批发价格的正向波动（"利好"消息）的调整反应系数是-0.1330，生产价格对批发价格的负向波动（"利空"消息）的调整反应系数是-0.3597，即生产价格对批发价格下降的反应程度更大，调整价格偏离的速度更快。这种非对称的价格传导效应放在具体的市场上表现出来的就是：当批发价格上升时，批发商为了获利不会让生产价格以同样的程度上涨；当批发价格下跌时，生产价格会下跌更多，从而可以让生产者分担市场风险。菜椒和西红柿的模型符合上述分析。

综上所述，本书以三种蔬菜为例，对蔬菜市场生产价格和批发价格，以及批发价格和零售价格之间的非对称传导问题进行了分析。通过构建 TAR 模型和非对称误差修正模型得到的结果显示，这两对价格之间均存在非对称传导效应。从蔬菜产业链上游对下游的影响和下游对上游的影响来看，这种非对称传导具有双向特征。批发价格对零售价格的影响，在产生正向冲击时幅度更大，零售价格对批发价格的影响中负向冲击产生的调整幅度更大，而在生产价格对批发价格的影响中，负向冲击产生的调整幅度更大，批发价格对生产价格的影响中，正向冲击的调整幅度更大。由此可以看出，批发价格和零售价格对彼此的影响都在"利好"时较敏感，而生产价格和批发价格对彼此的影响都在"利空"时较敏感。从模型的滞后期来看，生产价格和批发价格相互影响的滞后期短于批发价格和零售价格相互影响的滞后期。垄断力量、卖方市场及农产品特性都是造成这一现象的原因。

5.2.3 蔬菜价格纵向非对称传导的原因

从农产品自身特性的角度出发，着重考虑其自身易腐性和季节因素对非对称传导的影响。由于数据获取较难的原因，当前主要从定性角度分析这两个因素对蔬菜价格纵向非对称传导的影响。高扬（2011）用市场竞争理论分析得出，蔬菜价格传导的非对称性是蔬菜流通过程中相关市场竞争差异性的体现，是市场自发形成的现象。相关市场竞争包括：①农户与中间流通机构的竞争，表现在当蔬菜大量上市时，其不耐储存的性质使得菜农难以在讨价还价中占优势，但是在中间流通环节的收购商具有比较大的选择性。因此，在价格传导上，价格的变化对中间流通环节更有利。②中间流通机构与零售商的竞争，表现在这两者的市场规模差异较大，在交易定价的过程中力量对比差异大。③零售商与消费者的竞争，表现在消费者数量多并且比较分散，缺少定价权，但是对零售商来说，其具有较强的价格控制能力。

根据以上分析，可以看出在蔬菜的流通过程中，农户和消费者处于较高程度的竞争状态，但是中间流通机构和零售商有一定的垄断能力，这样就使得价格变化时，农户和消费者往往不能从中获益（高扬，2011）。同时，在市场经济环境下，农产品某种意义上又是生活必备的，所以当存在垄断关系时，尤其是企业和其他同行形成合谋时，那么，它一方面会压低上游产品的购买价格，以降低成本；另一方面，会抬高自身售价，以便扩大利润。这样一来，价格的非对称趋势会更加明显，买卖双方谈判力量的不对称也会体现出来，从而更加扭曲了价格的传导机制，持续循环下去，非对称就会在价格传导过程中体现得更明显。

另外，农产品的特性也会在一定程度上影响价格的传导。根据需求定律，价格上涨会引起产品滞销，而像蔬菜这类短期内要销售完或者是季节性强、易腐烂的农产品，为了短期内收回资金，投入品价格上涨的情况下，销售者不愿意提高产出品的价格。因此，投入产出这一对正相关的格局被打破，价格在传导过程中会一定程度上将时间拉长，非对称的情况势必会体现出来。

5.3 本章小结

本章首先采用八爪鱼爬虫软件采集大白菜、西红柿和菜椒的生产、批发与零售价格数据；其次，采用 TAR 模型从传导方向、幅度和时滞等方面研究三个市场之间的内在联系及传导机制；最后，从定性角度研究影响蔬菜价格波动的因素，进而研究对蔬菜纵向价格传导的影响，从而找出我国蔬菜纵向不对称价格传导产生的原因。

第6章 蔬菜价格预警的特征指标构建

指标选取十分关键,影响到构建价格预警系统的成败。约简的指标能使数据维度得到有效减少,并使计算开销得到有效降低,同时让存储需求得到极大地减少,展现出非常好的预测性能。因为蔬菜价格预警的样本数据集比较少,并且样本指标数要比样本个数多,从而形成了高维、稀疏的分布空间。因此,传统指标选取方法有很多不适宜的地方。

本章首先全面分析了29个特征指标的选取过程,包括产生过程、评价函数、停止准则及验证过程;其次,阐述预警系统特征指标体系选取的原则;最后,进行特征指标描述与特征分析,包括特征指标描述、样本特征指标波动分析、样本特征指标独立性分析及贡献度分析,从而保证预测预警系统有着比较大的可靠度。

6.1 蔬菜价格预警的特征指标选取过程

特征选择相对应的目标,首先就是从数据 D 中获得数量 $d(D > d)$ 相对应的一组最佳描述特征。所有的特征有非常大的关联性,通常情况下,假设只针对独立的特征,建立在特定统计模式或可分性的基础上从而完成排序,这样选取前面的 d 个特征,所获得的特征极有可能存在非最佳特征组,极端情况下还存在最差特征组。由于特征所对应的数量非常多,应用机器学习等类型的非线性模型预测系统,可能存在一些后果,具体表现在以下几方面。

(1) 如果在针对特征及训练模型进行分析的过程中,特征数量越多,消耗的时间就越长。

(2) 这种情况下"维度灾难"出现的可能性会比较大,模型可能会非常复杂,并且如果特征数量比较多,那么相应的通用性就会变得比较低。

特征选择的过程中排除不相关及冗余等类型的特征后,可以使特征数量得到有效限制,从而使模型所存在的拟合精度有效提高,使运行耗时得到有效控制。在简化模型功能选择方面,需要适当精简,让用户更容易理解,操作起来也非常方便。

特征选择过程详见图6-1。首先,生成特征子集,由原始特征集通过产生过程来完成;其次,在评价的过程中依托评价函数来进行。将评估结果与停止准则做对比,如果前者表现更好,那么就停止。特征子集在选择的过程中,使其有效性得到有效验证。其过程如下，首先是产生过程，其次是评价函数，再次是停止准则，最后是验证过程。

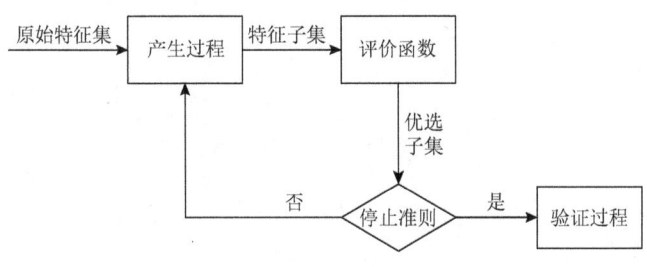

图 6-1 特征选择的过程

6.1.1 产生过程

产生过程可以理解为搜索特征子空间的程序。搜索过程也就是针对符合特定条件相对应的特征组合集进行搜索。搜索算法包括多种，首先是随机搜索，此种算法比较常用，其次是启发搜索，最后是完全搜索，详见图 6-2。

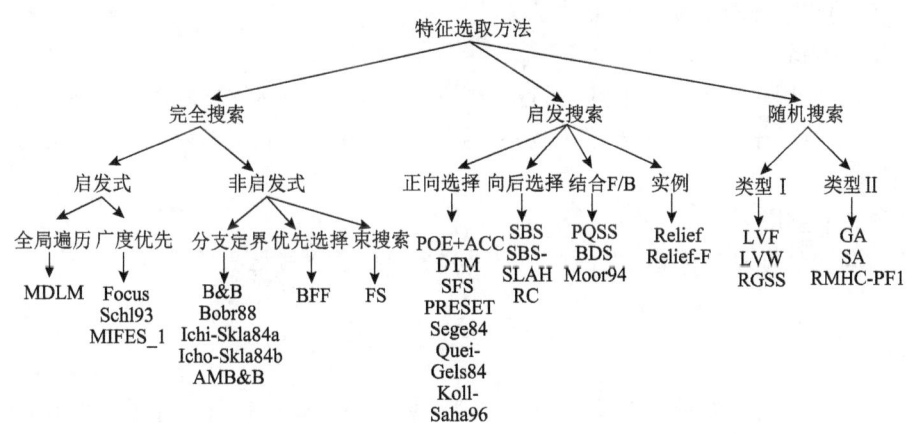

图 6-2 产生过程算法分类

6.1.2 评价函数

评价函数可以理解为支持特征子集好坏的效果，其包括两部分：一部分为封装器，另一部分为筛选器。对于后者来讲，要想了解其优劣就需要依托特征子集内部特点分析来完成。相关原理详见图 6-3。

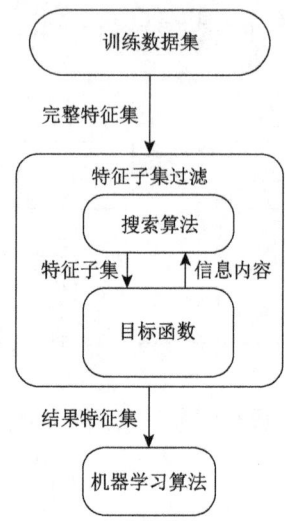

图 6-3 筛选器的原理

下面简单介绍几种常见的评价函数。
1）相关性
使用相关测量的质量特征的子集。
2）距离
基于应用距离度量相对应的特征选择，条件为：确保样本距离表现为差异化类，如果特征子集的样本表现比较好，那么其相同类别的距离就会处在非常小的范围内。
3）信息增益
y 为离散变量；y_i 概率具体为 P_i。Y 信息熵的定义具体为

$$H(y) = -\sum_{i=1}^{m} P_i \log_2 P_i$$

特殊情况中，如果 y 仅限一值，也就是 $P_1 = 1$，那么 $H(y)$ 选择最小值为 0；相反的情况，如果所有的取值呈现概率是一样的，也就是均为 $1/m$，那么 $H(y)$ 选取最大值就是 $\log_2 m$。

4）一致性
选取特征 A、B 上值是相同的，若样本 1 与样本 2 属于不同的分类，则不能够确定最终特征集对应的特征子集{A, B}。

5）分类器错误率
在针对特征子集优劣进行评价的过程中，主要依托分类精度来进行。

6.1.3 停止准则

根据评价函数可以判断出结果的优劣,从而判定选取的指标组合是否满足要求。如果误差相比设定阈值,前者偏小的话,那么可以理解为选取的指标是符合需求的,从而停止寻找新的指标组合。

6.1.4 验证过程

研究蔬菜价格指数预警系统,从而有效预测蔬菜价格指数,其基础就是需要大量的历史数据。指标验证过程选择的数据以《中国统计年鉴》《中国农村统计年鉴》《全国农产品成本收益资料汇编》《中国海关统计年鉴》为训练和测试样本,从而完成验证特征指标的工作。

6.2 预警系统特征指标体系选取的原则

构建蔬菜价格预警系统,选取指标,要考虑的原则如下。

(1)代表性。指标的代表性是关键,具有代表性的指标会使得蔬菜价格影响因素表现得足够全面。

(2)科学性。在选择指标的过程中需要在实际情况的基础上完成针对价格波动的预警。

(3)灵敏度。预警系统在构建的过程中需要保证针对价格波动的高灵敏度,使潜在蔬菜价格市场风险得到充分的显现。

(4)可操作性。预警指标个数存在一定的限制,所以在量化指标选择的过程中一定要具有代表性,依托横向和纵向对比,从而获得综合指标。需要充分认识到量化指标所对应的难易程度不同的数据采集工作,包括可靠性等方面。

(5)统一性和独立性。独立性就是将指标重复性控制在最小的范围内,从而将冗余控制在最低的范围内,而统一性可以理解为预警指标体系表现出全局性。统一性和独立性二者相互融合。

(6)定量和定性。在选择蔬菜价格预警指标的过程中,有些使用定量方法很难描述,在这种情况下就需要使用定性方法。

6.3 特征指标描述与特征分析

6.3.1 特征指标描述

蔬菜市场价格指标风险出现的关键原因就是相对应的价格波动,价格波动的原因有多方面,需要在蔬菜市场现实情况的基础上进行分析,以获得价格波动的影响因素,基于此构建预警模型,从而有利于蔬菜价格波动风险控制。

蔬菜价格指数是指反映一定时期内蔬菜零售价格变动趋势和变动程度的相对数。蔬菜零售价格波动影响因素是多方面的,首先就是国家政策资金支持,其次就是供需关系,最后就是消费与储蓄相对应的比例。此指数具有广泛应用,侧重于宏观角度研究,能使我们更好地了解蔬菜价格变化规律。

蔬菜价格指标体系从本质上来讲就是一个复杂经济系统。相对应的蔬菜价格指数影响因素众多,包括直接、间接两个方面,使蔬菜价格水平受到影响,出现相应的波动。此特征因素也成为蔬菜价格预警系统相对应的警源。从蔬菜价格预警角度来分析,其警源包括以下几方面:首先是供给方面的警源,其次是需求方面的警源,再次是经济与政策环境方面的警源,最后是自然环境方面的警源,选择景气警兆指标需重视上述几个方面,详见表 6-1,警兆指标数量为 29 个,样本数据大部分来自《中国统计年鉴》《中国农村统计年鉴》《全国农产品成本收益资料汇编》《中国海关统计年鉴》等(李优柱等,2014)。时间范围为 1995~2014 年。

表 6-1 蔬菜价格预警系统的警兆指标

警情	警源	警兆	警源类型
我国蔬菜市场价格波动	供给方面	物质费用投入 X_1	内生警源
		劳动力投入 X_2	内生警源
		成本利润率 X_3	内生警源
		市场化程度 X_4	内生警源
		城市化水平 X_5	内生警源
		基础交通状况 X_6	内生警源
		农村劳动力受教育程度 X_7	内生警源
		蔬菜年产量 X_8	内生警源

续表

警情	警源	警兆	警源类型
我国蔬菜市场价格波动	供给方面	蔬菜种植面积 X_9	内生警源
		蔬菜进口量 X_{10}	外生警源
		原油价格 X_{11}	外生警源
		农用机械总动力 X_{12}	内生警源
	需求方面	城镇人口数量 X_{13}	内生警源
		城镇居民家庭人均可支配收入 X_{14}	内生警源
		城镇居民家庭恩格尔系数 X_{15}	内生警源
		国内生产总值 X_{16}	内生警源
		农村人口数量 X_{17}	内生警源
		农村居民家庭人均纯收入 X_{18}	内生警源
		农村居民家庭恩格尔系数 X_{19}	内生警源
		相关替代品价格 X_{20}	内生警源
		蔬菜出口量 X_{21}	内生警源
		农村居民蔬菜需求量 X_{22}	内生警源
		城镇居民蔬菜需求量 X_{23}	内生警源
	经济与政策环境	国家支农支出 X_{24}	内生警源
		农村固定资产投资 X_{25}	内生警源
		货币供应量 X_{26}	内生警源
		居民消费价格指数 X_{27}	内生警源
		人民币汇率 X_{28}	外生警源
	自然环境	蔬菜成灾面积 X_{29}	内生警源

1. 供给方面因素

2001~2008 年，蔬菜播种面积每年都在增加，幅度大约为 3.5%，1990~2000 年，每年增长幅度平均为 14.5%，1980~1990 年每年增长幅度平均为 10%。农业农村部相关数据显示，2012 年对比 1990 年，蔬菜种植面积增长了 3.21 倍，而蔬菜总产量增长了 3.63 倍。2000~2012 年，蔬菜播种面积迅速增长，逐渐从 1526.6 万公顷扩展到大约 2000 万公顷的面积，实现了 31% 幅度的增长。蔬菜总产量也出现了非常显著的增加,从 2000 年初的 4.24 亿吨逐渐增长到 2016 年的 7.9 亿吨,实现了较大幅度(86.3%)的增长,其中人均占有量更是超过 440 千克。1990 年后,蔬菜单产水平基本没有太大波动,维持在 30 吨/公顷的水平,分析数据可以了解,只有 1994~1995 年是偏低的,低于 25 吨/公顷。尤其在 1994 年,只有 23.43 吨/公顷,可见蔬菜单产水平变动不大。

蔬菜生产是关键,对蔬菜市场有着非常大的影响,它是蔬菜供给的基础,最终会对市场价格造成一定程度的影响。基于经济学原理,蔬菜价格建立在供需关系基础之上,如果是成熟市场经济条件,蔬菜价格存在与蔬菜供给量的反向变化,如果扩大供给量,那么相应蔬菜价格就会降低。蔬菜生产影响因素是多方面的(罗超平等,2013b),建立在蔬菜价格波动特征的基础之上,分析影响蔬菜价格波动供给方面的主要因素如下。

(1)物质费用投入。基于生物学特征,物质费用投入可以理解为蔬菜生产的关键,可为其稳产提供保障,其衡量标准就是年均亩物质费用。它涵盖了多方面的费用,包含种子方面的费用,农药方面的费用,肥料方面的费用,灌溉方面的费用,机械生产方面的费用,工具方面的费用,材料方面的费用,营销方面的费用,还包括其他方面的费用。分析 1995~2014 年的数据,物质费用方面的投入不断增加,表现出与蔬菜产量的正比例关系,同时物质费用也是蔬菜生产成本中的关键构成,这在很大程度上决定了蔬菜价格,详见图 6-4。

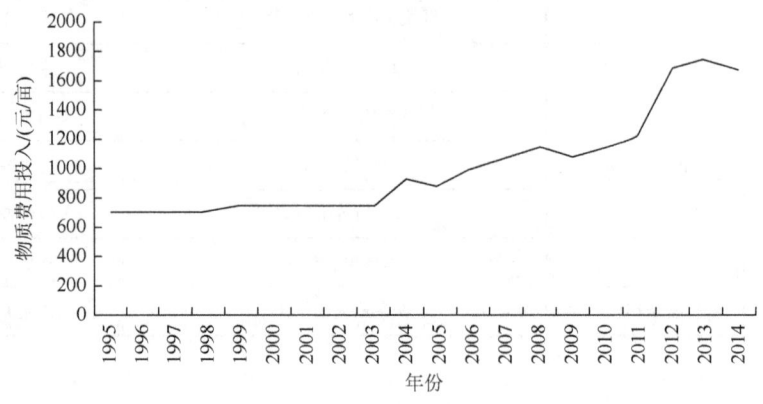

图 6-4 1995~2014 年物质费用投入的变化趋势

农业生产正在发生巨变,现代化程度不断提高,对应的劳动力、耕牛等需求降低,同时正在逐渐淘汰农家肥,更多地使用化肥、农药。分析近 20 年来中国农业化肥用量数据可以了解到,其用量每年都在增加。化肥供应不足,很大比例依靠进口,如果国际油价剧烈波动,其也会受到比较大的影响。国际能源署报告阐述,世界石油需求自 2017 年后逐渐扩张,出现了供不应求的情况,使油价出现了大幅度的提高。蔬菜生产中花费在化肥、农药及农业机械等方面的费用将逐渐增加，从而使蔬菜价格出现相应的上升。自 2016 年开始，为了保障农产品质量安全，中央提出了"两减"（即减少化肥、减少农药使用）目标，但从实际调研的情况来看，农民为了提高蔬菜产量，在化肥和农药使用上还未达到"两减"目标，也就是说，在一定时期内，农药和化肥的投入费用仍处于较高的区间。

（2）劳动力投入。劳动力投入与蔬菜价格存在很大的关联性，其衡量水平为亩均年均的人工标准工作日。形式有两种：一种是家庭用工，也就是家庭成员生产；另一种是雇工费用。作为劳动型产业，其生产过程大多需要人工，如播种、施加肥料、消除病虫害、灌溉、收集及装箱物流等。广西和海南作为蔬菜主产区，其劳动力投入情况非常具有代表性，在成本中占有非常大的比重，同时存在非常大的差别。辣椒劳动力投入成本具体为 526.1 元，茄子劳动力投入成本具体为 915.46 元（《全国农产品成本收益资料汇编》）。农村剩余劳动力非常多，从而奠定了蔬菜生产的基础，使得相关产业在世界范围内都具有非常大的影响力。数据表明，2004~2012 年，相关的劳动力成本呈现下降趋势。但是从 2012 年开始，由于人口红利逐步减少，劳动力大量减少导致用工成本急剧上升。详见图 6-5。为了降低劳动力费用，有关专家提出在蔬菜种植过程中广泛使用机械，但从实际调研情况来看，蔬菜生产与水稻、小麦生产不同，蔬菜生产要求精细操作较多，因此目前机械化程度仍然很低，所以蔬菜生产中，劳动力投入仍会逐步升高。

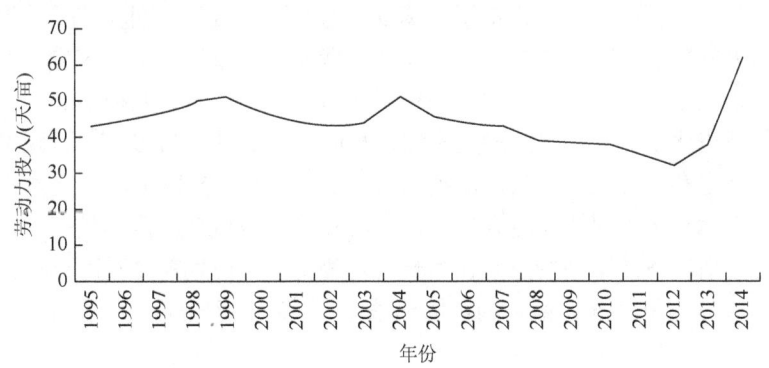

图 6-5　1995~2014 年劳动力投入的变化趋势

（3）成本利润率。蔬菜相对应的成本利润率可以理解为蔬菜种植利润比上蔬菜种植成本费用所得的百分比。种植蔬菜经济效益比较高，数据显示，在 2011 年时，蔬菜产业产值为 1.26 万亿元，取代原先居于首位的粮食总产值。单纯对比净利润及成本利润率等指标，蔬菜净利润非常高，与粮食对比，为其 14.6 倍，与棉花对比，为其 97.2 倍；而在成本利润率方面，与粮食对比，为其 3.7 倍，与棉花对比，为其 51.8 倍。从这个方面来看，蔬菜产业所获得的经济效益非常高，与粮食、棉花、油料作物对比明显较高(《2012年全国农产品成本收益资料汇编》)。蔬菜成本利润率处在比较高的水平对种植户来讲具有非常大的吸引力,所以农户对蔬菜种植具有非常高的热情,不过一旦超过限度,相应的蔬菜价格就会出现下降,相对应的成本利润率也会下降,在这种情况下种植户会缩减种植面积。2012年后,蔬菜相对应的成本利润率有逐步上升趋势,主要与城市蔬菜需求量增加,蔬菜价格稳步提高有关。1995~2014年,蔬菜的成本利润率如图6-6所示。

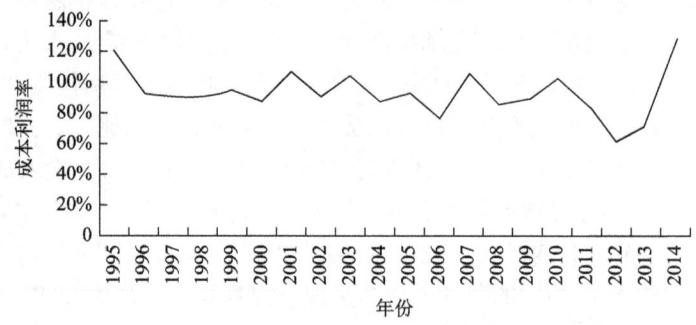

图6-6　1995~2014年蔬菜的成本利润率变化趋势

现阶段,菜农的议价能力是非常弱的,由于物流运输费用占比大,渠道短缺,菜农只能获得较低的收益。

(4)市场化程度、城市化水平和基础交通状况在蔬菜中间环节及销售环节中有着非常大的影响。从人均相对应的社会消费品零售市场的情况来看,其表现了中国的城市化水平,同时还展现出了中国城市人口的比重。数据显示,中国蔬菜总产量与城市化水平存在很大的关联性,相应的系数具体为97.8%。蔬菜产量与市场化程度也存在很大的关联性,相应的系数具体为85.8%。城市化水平高,说明城镇人口比重大,对比农村人口,前者的蔬菜消费量及质量都具有非常高的水平,在这种情况下蔬菜消费量处在增长的趋势中,相应地就会对蔬菜价格波动产生影响。1995~2014年,蔬菜的市场化程度、城市化水平相关数据详见图6-7。

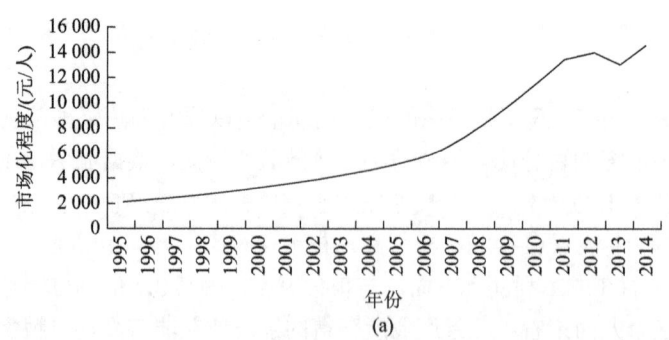

(a)

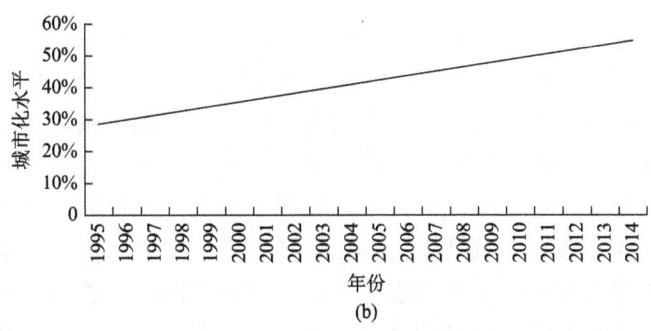

图 6-7　1995～2014 年蔬菜市场化程度、城市化水平的变化趋势

基础交通状况可以理解为市场化程度的一个重要表现。中国蔬菜生产存在区域化的发展趋势，变得越来越集中，其对基础交通有着非常大的需求。蔬菜首先会在主产区被收购，然后被运送到主销区，完成销售的过程，这涵盖了一系列的中间费用，包括代收方面的费用、包装分级方面的费用、装配卸载方面的费用、物流费用、市场进场缴纳的费用，同时包括了蔬菜收购者的雇佣费用。中国南方存在很多蔬菜主产区，如海南、广西等省区，将这些地方的蔬菜运到北方需要使用冷链物流，如果油价持续上升，那么相应的蔬菜运输费用也会增加。笔者结合调研河北省高邑县专业合作社的数据来分析，该区包装分级费用为 0.06 元/斤，装卸费用为 0.01 元/斤，运输费分区域有所不同，运往石家庄的运输费用为 0.025 元/斤，运往太原的运输费用为 0.07 元/斤，经销商进入批发市场需要收取 0.005～0.01 元/斤的进场费，所以该区从种植户到超市之间的流通费用总计为 0.117～0.167 元/斤。海南的菜椒产量非常大，将其运往北京相应的流通费用为 1 元/斤，广西的菜椒运往北京流通费用为 1.5 元/斤，将广西西红柿主产区的西红柿运输到北京，流通费用为 0.055～0.5 元/斤。在蔬菜成本中物流成本占有非常大的比重，因此对蔬菜价格的影响非常大。1995～2014 年的基础交通情况详见图 6-8。

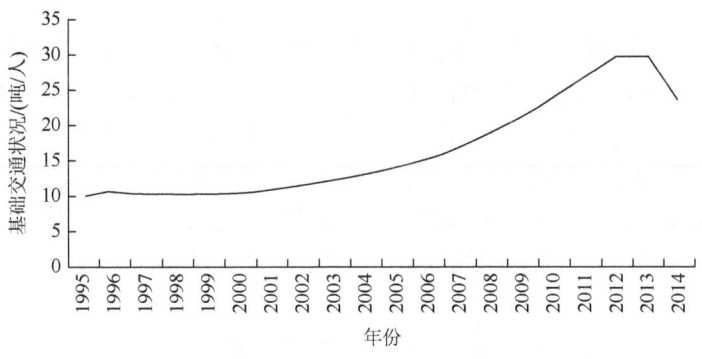

图 6-8　1995～2014 年基础交通状况的变化趋势

（5）农村劳动力受教育程度。在衡量农村劳动力受教育程度的时候主要使用教育时间均值，其在很大程度上影响蔬菜劳动生产率情况。如果蔬菜劳动生产率处在比较高的水平，会非常容易实现规模效应，使得生产费用获得有效地降低，这样蔬菜的价格可以处在一种稳定的范围内。原因如下：①农民受教育程度对其生产能力有着非常大的影响。如果农民受教育程度非常高，那么相应的专业水平就会非常高，劳动生产率也会非常高；如果农民具有非常强的市场意识，对市场需求有着非常高的敏感度，个体创造的价值就会非常大；如果农民非常重视科技的力量，在农产品生产的过程中非常重视技术的使用，那么蔬菜的产量将会获得持续提高。因此，如果农村劳动力受教育程度比较高，相应的单位劳动投入产出比也会非常高。②农民文化水平有着非常大的影响力，可以体现出农业现代化的程度。农民作为农业生产的主体，在整个过程中发挥着巨大的作用。张冬平（2003）在衡量农村劳动力受教育时间的过程中，主要使用"六三"学制。具体如下：平均受教育年限具体为不识字或识字不多的比重×1＋小学水平的比重×6＋初中水平的比重×9＋高中水平的比重×12＋中专水平的比重×12＋大专及以上水平的比重×15.5，详见图6-9。

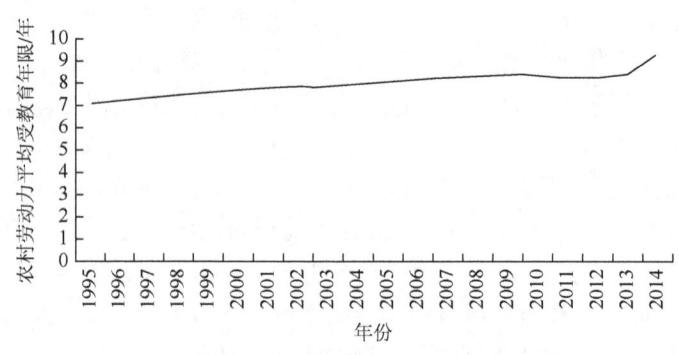

图6-9 农村劳动力平均受教育年限

（6）蔬菜年产量。蔬菜产量持续增加，相应供给就会扩大，使得蔬菜价格出现下降。中国蔬菜产业步入发展的快车道，每年产量都在持续增加，在中国农作物体系中占有非常大的比重，在2011年的时候，具体为67 929.7万吨，在2012年的时候，超过了70 000万吨。2011年的产量与20世纪90年代相比明显增加。详细数据见图6-10。蔬菜年产量从2012年的7.1亿吨增长到2014年的7.6亿吨，说明我国蔬菜年产量处于一个稳定增长阶段，产量的相对稳定有利于价格的稳定。

（7）蔬菜种植面积。蔬菜种植面积作为蔬菜供给中的关键影响要素，会决定蔬菜相应的产量。通过《中国统计年鉴》可以了解到，中国蔬菜种植面积与总产量每年都在增加，增幅相当。对比2014年与1995年的数据，前者的蔬菜种植面

第6章 蔬菜价格预警的特征指标构建

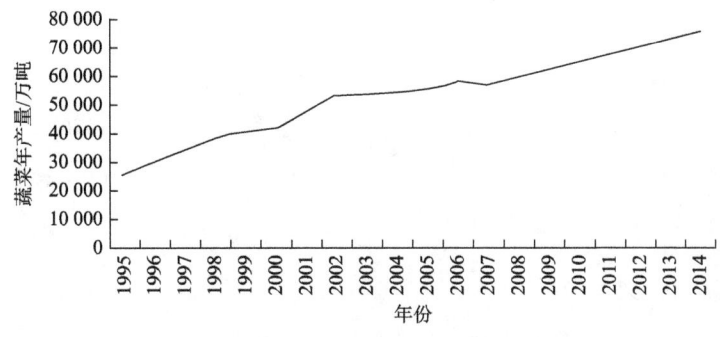

图6-10 1995~2014年蔬菜年产量的变化趋势

积为后者的2.25倍,在蔬菜总产量方面,前者为后者的2.95倍。两者之间的关联性非常大,具体的系数达到0.9839。详见图6-11,蔬菜年产量与蔬菜种植面积存在非常大的关联性,呈现一种联动性,对于蔬菜种植面积来讲,如果本年度存在非常大的波动,那么相应的下一年的蔬菜年产量也会有类似的变化。中国蔬菜种植面积与总产量每年都在增加,增幅相当,但是存在滞后性。

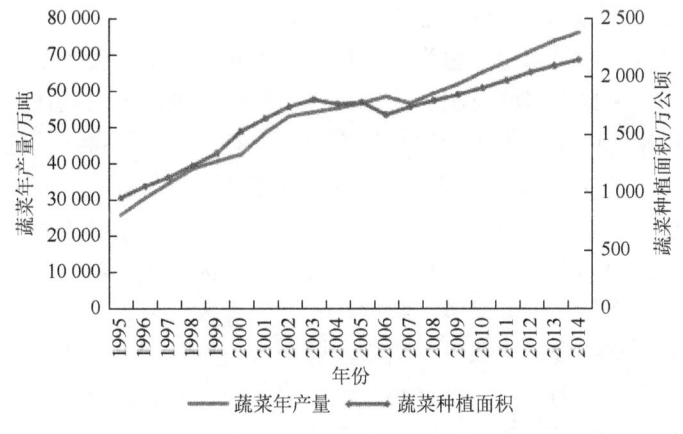

图6-11 蔬菜种植面积与蔬菜年产量关系图

(8)蔬菜进口量。中国蔬菜进口量每年都在增加,这会提高中国蔬菜供给量,从而对中国蔬菜价格造成不同程度的影响。1995年后,中国蔬菜进口量整体增长,在2004年的时候,中国蔬菜进口量历史性地突破10万吨,为10.7万吨的历史高位,而在2012年的时候,历史性地突破20万吨,为22.2万吨的历史高位。人民币汇率与国际接轨使得世界蔬菜价格持续下降,中国民众对高品质蔬菜有着非常大的需求。2002~2010年,中国蔬菜市场受到两个方面的影响:一方面是汇率;另一方面就是外埠蔬菜,蔬菜进口量在某些年份存在下降情况。1995~2014年,该阶段国内蔬菜年产量与进口量对比结果详见图6-12。

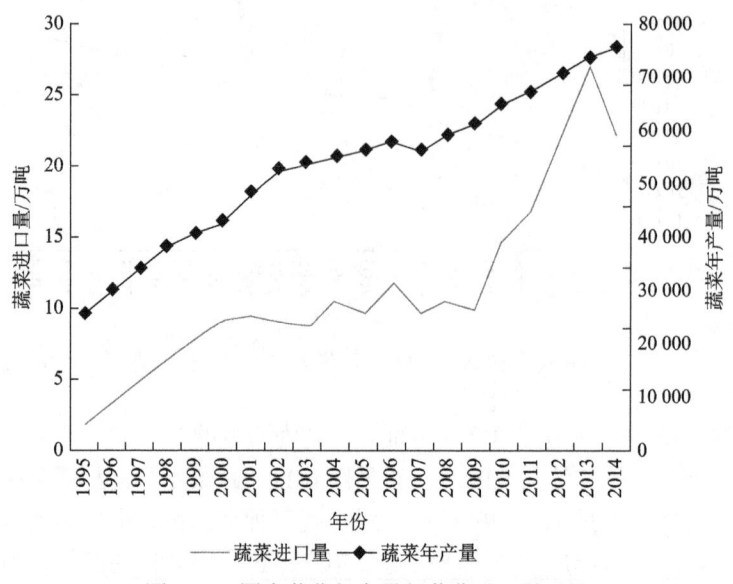

图 6-12 国内蔬菜年产量与蔬菜进口量对比

分析图 6-12 了解到，1995~2000 年，该阶段中国蔬菜年产量每年都在增加，而相应的蔬菜进口量变化趋势也类似。2000~2008 年，该阶段外部形势出现了比较大的变化，"9·11"事件及国际金融危机使得全球经济陷入低迷，从而影响了国际蔬菜进口量。中国内部环境比较稳定，使得蔬菜年产量持续、稳定地增长。2008~2013 年，由于该阶段人民币对美元汇率扩大，世界经济比较稳定，全球蔬菜市场价格波动性不大，中国蔬菜进口量处在上升趋势中。我国蔬菜进口量每年都在增加，一是因为人们具有较强的购买力，二是因为人们注重品质优良、价格适中的国际蔬菜产品，偏爱日本、韩国、法国、意大利等国家的菜系。由于中国市场没有供应，有些食材需要依靠进口。因为进口数量不多，所以不会对中国蔬菜市场价格造成太大的干扰。世界很多农产品跨国公司对部分中国公司进行收购兼并，从而影响了中国蔬菜进口量。2013 年进口量达到顶峰后迅速回落，这主要由人民币汇率对美元贬值所导致。

（9）原油价格。油价上涨对蔬菜价格上升有推动作用。如果油价上涨比重为 4%，相应地会造成蔬菜生产成本上升 3%，也会造成物流成本的上升。1995~2014 年原油价格的变化情况详见图 6-13。

（10）农用机械总动力。农用机械总动力可以理解为农业中使用的全部动力机械相对应的动力总和，涵盖了播种、耕地、收割、物流、初级加工等方面。蔬菜产业是劳动密集型产业，充分提升其机械动力，对于生产效率的提高有着积极的作用，将使蔬菜生产费用有效降低。现阶段中国蔬菜生产机械涵盖了以下几个类别，首先就是大棚起垄机及小型耕耘机，使得种植人员的负担获得极大降低；其

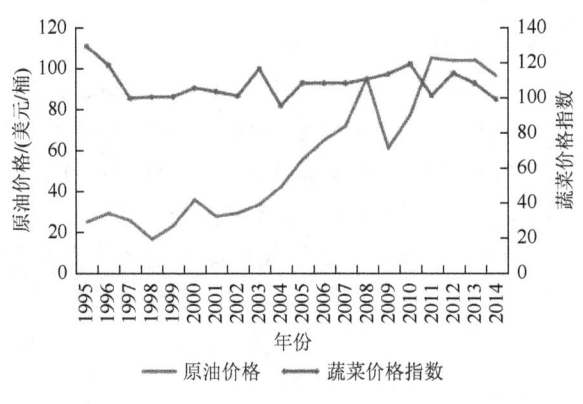

图 6-13 原油价格与蔬菜价格指数对比

次是铺膜机及蔬菜移栽机，使得生产机械化水平获得有效提升；最后是收割机及包装机和分选机，提高了蔬菜生产的效率，满足了市场的需求。移栽机有全自动类型，也有半自动类型。收割机的种类比较多，不同蔬菜对应的设备不同，可以完成胡萝卜、白萝卜、洋葱、毛豆等的收割。包装机也是多种多样的，可以完成生菜及菠菜的包装。尽管中国各类蔬菜相关机器比较多，但是无法像大宗农产品如水稻、小麦一样，实现全程机械化，因此人工依然不可或缺，并发挥着重要作用，农用机械总动力的相关数据详见图 6-14。

图 6-14 农用机械总动力与蔬菜价格指数对比

2. 需求方面因素

中国居民蔬菜直接消费需求每年都在变化，与总人口及结构存在很大的关联性。2000 年后，中国人口持续膨胀，在蔬菜消费总量中，农村居民的比重越来越低，而城镇居民的比重则在持续上升。建立在需求基础之上分析蔬菜价格波动影响因素如下。

（1）城镇人口数量。我国居民消费体系中蔬菜占有非常大的比重，人口一旦膨胀，蔬菜需求量也会相应上升。在 2011 年时，中国城镇人口为 69 079 万人的规模，而农村人口为 65 656 万人的规模，分析全年蔬菜人均消费量，城镇居民蔬菜人均消费量为 115 千克，农村居民蔬菜人均消费量为 89.4 千克。中国经济处在稳步发展的轨道中，分析《国家人口发展战略研究报告》，到 2033 年的时候，中国人口可能会突破 15 亿关口。中国居民对蔬菜整体的需求会持续膨胀，如果蔬菜供给保持稳定，那么相应的蔬菜价格就会上升。1995～2014 年城镇人口相关数据详见图 6-15。

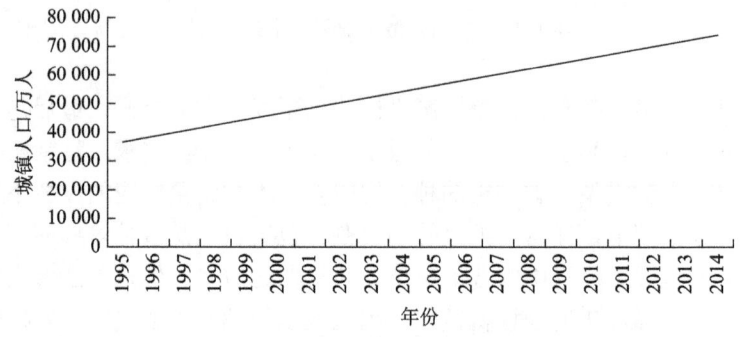

图 6-15　1995～2014 年城镇人口的变化趋势

（2）城镇居民家庭人均可支配收入是家庭所获得的总收入，去除所得税及社保费后所得的收入。中国居民开始追求生活品质，相应的消费量与人均收入存在很大的关联性。其中，蔬菜消费支出占有非常高的比重。对比粮食消费支出，结果更加明显。中国城镇居民正在追求更高的生活品质，对于优质蔬菜有着比较大的需求。1995～2014 年城镇居民家庭人均可支配收入详见图 6-16。

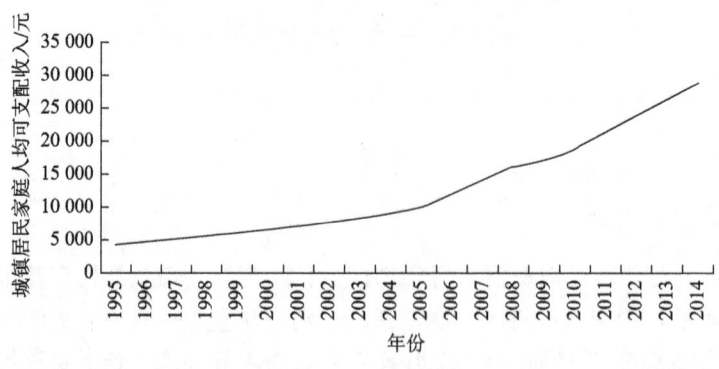

图 6-16　1995～2014 年城镇居民家庭人均可支配收入变化趋势

(3) 城镇居民家庭恩格尔系数。恩格尔系数可以理解为消费支出中食品消费的比例，用来衡量家庭生活品质。联合国粮食及农业组织发布了相关方面的标准，如果恩格尔系数超过 59%，那么就属于贫困；如果处在 50%~59%的范围，那么就属于温饱状态；如果处在 40%~49%的范围，那么就属于小康状态；如果比 40%低，那么就属于富裕的状态。分析 1995~2014 年的相关数据可以了解到，中国整体的恩格尔系数处在持续下降的趋势中，食品支出占比越来越小，房屋、教育、休闲等方面消费比重持续增加。不过随着物价水平提高，相应的恩格尔系数下降幅度逐渐收窄，粮食、蔬菜、肉禽等价格增速明显加快，甚至比 GDP 增幅还要快，从而导致家庭花费在食品项目中费用持续增加，比重也不断提高。相关数据详见图 6-17。

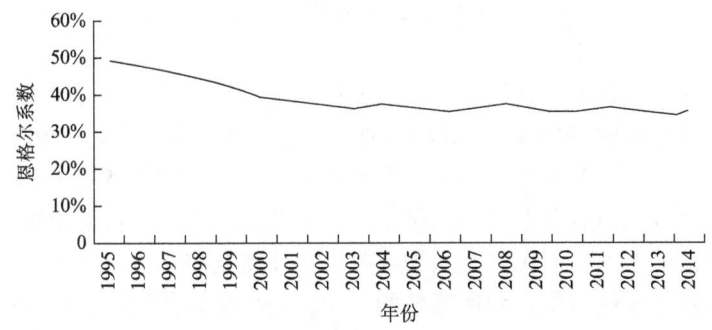

图 6-17　1995~2014 年城镇居民家庭恩格尔系数的变化趋势

(4) GDP。地区生产总值是指特定时间段内区域产品生产或者劳务所对应的价值，我们可以用 GDP 来衡量国家经济水平，也是国家实力的重要体现。GDP 增长与蔬菜价格存在非常大的关联性。数据显示，CPI 与 GDP 成正比例变化，前者的变动幅度更大。GDP 的增长在一定程度上反映了国民收入的情况，在很大程度上将影响农产品的价格。农产品在国民经济总体中比重不高，对于宏观经济所出现的周期性波动不会造成太大的影响，但随着中国经济的逐年增长，农产品价格对宏观经济周期性波动的影响力会逐渐增强。

(5) 农村人口数量。农村人口的增加在很大程度上将促进农产品刚性需求量的扩大，1995~2010 年，中国人口增长了 10.7%，从刚开始的 12.11 亿人，逐渐增加到 13.41 亿人，换算成年均增长率具体就是 0.68%。联合国人口署指出，中国人口增长的局面在未来几年将得以持续，最高大约为 14.5 亿人，这将使得农产品需求量出现非常显著的上升。人口整体增长率处在合理的范围内，不过由于中国城镇化水平不断提高，城市人口比重越来越大，相应的农村人口比重降低，由 1995 年的 8.59 亿人下降到 2010 年的 6.71 亿人，但总量依然非常大，所以其蔬菜绝对量需求依然处在比较高的水平。1995～2014年农村人口数量如图6-18所示。

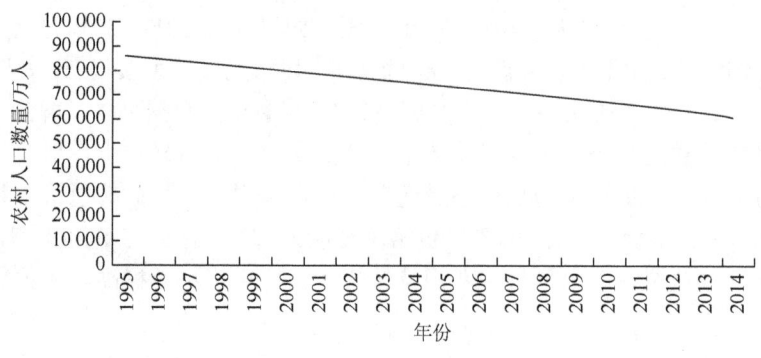

图6-18 1995～2014年农村人口数量变化趋势

（6）农村居民家庭人均纯收入。农村居民家庭人均纯收入可以理解为农村住户在一年中所获得的整体收入，并将各种费用扣除掉。纯收入有两个方面的作用：一个方面是再生产；另一个方面是日常开支及存储，同时还涵盖了各种非义务的费用。人均纯收入可以理解为个人平均所获得的收入水平，可衡量特定地区农民的收入均值情况。农村居民家庭人均纯收入具体就是将总收入减去以下几种费用的结果，涵盖了家庭日常经营所需要的费用，需要交纳的税金，针对折旧处理的固定资产，调查方面的补贴及农村亲戚等方面的费用，然后将其结果除以全部常住家庭人口数，最后得出最终结果。农民收入有多种渠道，主要包括以下几种类型：一是工资；二是家庭生产，包括经营、农业及非农业等方面的收入；三是转移性的收入；四是财产性的收入。依据行业类型进行划分，可以细分成两种：一种是农业收入；另一种是非农营业收入。1995～2014年农村居民家庭人均纯收入情况如图6-19所示。

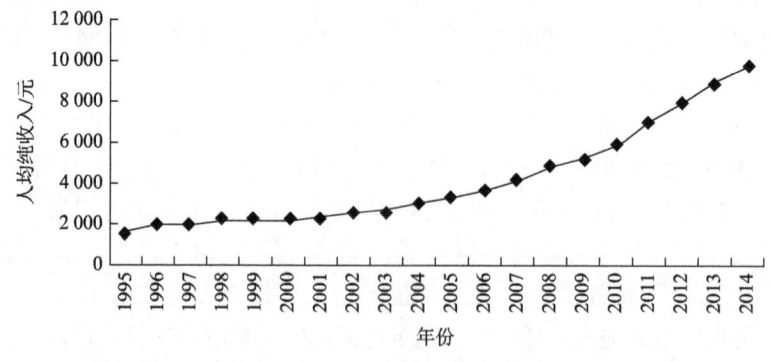

图6-19 1995～2014年农村居民家庭人均纯收入情况

各级政府非常关心农村发展，正大力开展新农村建设，使得农民收入持续提高。中央农业相关政策也促进了农业不断发展，提升经济发展的内在动力，促进农村消费升级，提升农民生活品质，增强农民购买力，让农民充分享受到 GDP 增长的红利。中国农业产业结构处在不断优化的阶段，城市化水平持续提高，这使得农民人均纯收入不断提高。1995～2003 年，该阶段中国农村居民家庭人均纯收入增幅处在比较低的水平，2004 年后，增幅迅速扩大，尤其在 2014 年后，增幅一直稳步扩大。

（7）农村居民家庭恩格尔系数。1995 年后，中国农村的恩格尔系数持续走低，说明农民的生活状况不断改善。中国农村居民家庭恩格尔系数有着非常大的指示作用，在 1995 年的时候，其数值为 58.6%，而到了 2011 年的时候，其数值为 40.4%。在这个过程中农民人均纯收入增加起了较大作用，随着其持续增加，相应的农村居民家庭恩格尔系数会稳步降低。恩格尔系数降低有多方面的原因，最主要的原因就是经济发展带动了农民纯收入的提高，1995～2014 年农村居民家庭恩格尔系数如图 6-20 所示。

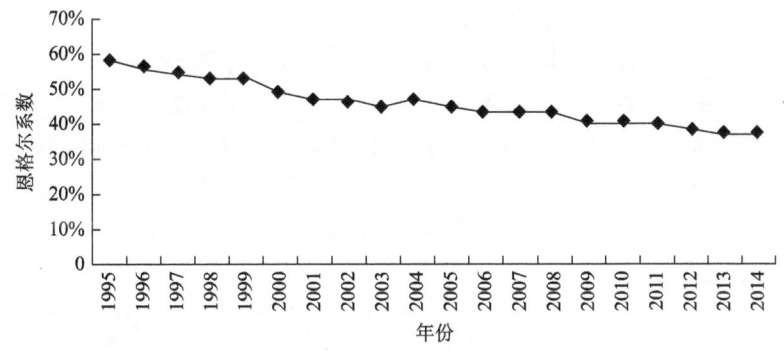

图 6-20　1995～2014 年农村居民家庭恩格尔系数变化情况

（8）相关替代品价格。蔬菜是很多家庭的主要消费食品之一，蔬菜相对应的需求总量短期波动并不大，但是在区域性及蔬菜种类间会存在非常强的替代性。一定阶段内，城乡居民特定品种蔬菜所存在的有效需求受到多方面的影响，首先是居民的收入水平；其次是居民的消费偏好；再次是蔬菜自身的因素，包括其市场价格、外观、口感、品质；最后是替代品蔬菜品种的供应情况。蔬菜与肉类产品相比，虽其营养价值更高，但一般城镇居民会消费较多的肉类产品。由于新鲜蔬菜保存时间短，具有稀缺性，随着人们更加注重生活品质及健康，对蔬菜的需求可能会有所减少，相应的肉类产品需求量会上升。本小节选取中国肉禽及其制品零售价格指数，绘制了蔬菜相关替代品价格指数走势图。从图 6-21 来看，其表现出较大的波动性。

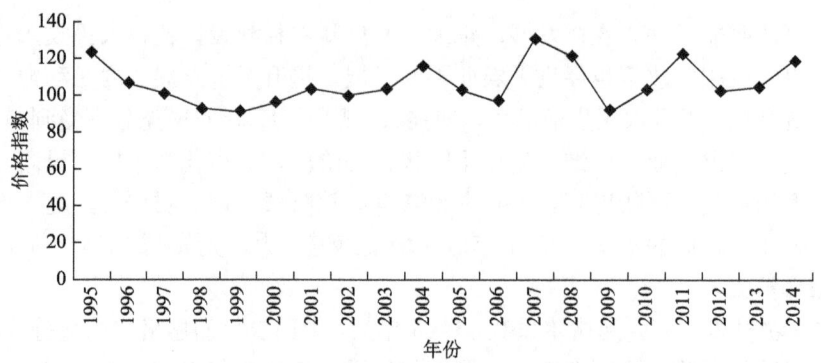

图 6-21　1995～2014 年蔬菜相关替代品价格指数变化情况

（9）蔬菜出口量。我国蔬菜的国内消费量很大，如果其出口量扩大，将造成国内需求量出现相应地降低。1995～2014 年，中国蔬菜出口量增加，如果出口量存在比较大的波动，那么相应的蔬菜价格也会存在波动。1995～2014 年国内蔬菜年产量与出口量对比情况如图 6-22 所示。

我国蔬菜一方面供给国内市场，另一方面供给国际市场，其蔬菜出口量领先全球。1995 年后，中国蔬菜出口量高速增长，其增幅与蔬菜年产量类似。从 2000 年到 2007 年，中国蔬菜出口量高速增长，到 2010 年，受金融危机影响，蔬菜国际价格波动性加大，出口增速放缓，到了 2011 年，又迅速扩大了增幅。中国蔬菜出口本质上为被动出口，如果中国供应比需求大，那么价格就会降低，如果供应比需求小，那么价格就会上升，出口量也会相应减少。1995～2014 年国内蔬菜进口量与蔬菜出口量的对比情况如图 6-23 所示。

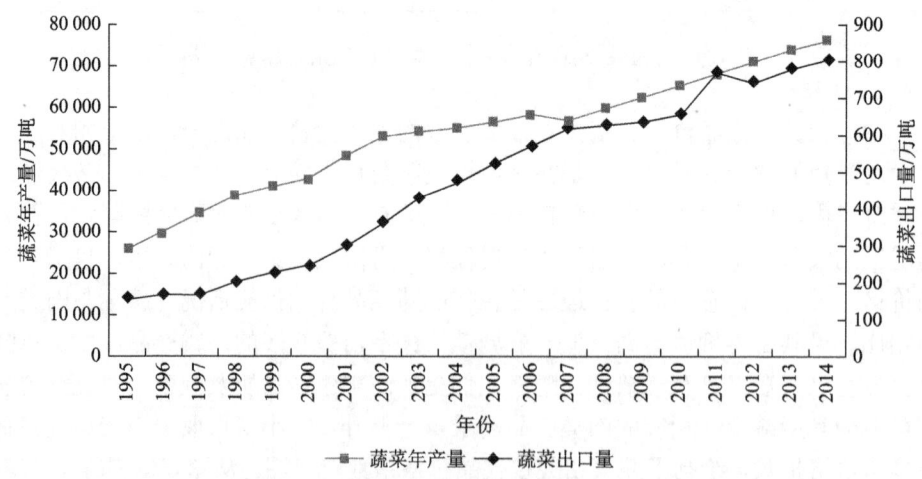

图 6-22　1995～2014 年国内蔬菜年产量与蔬菜出口量对比情况

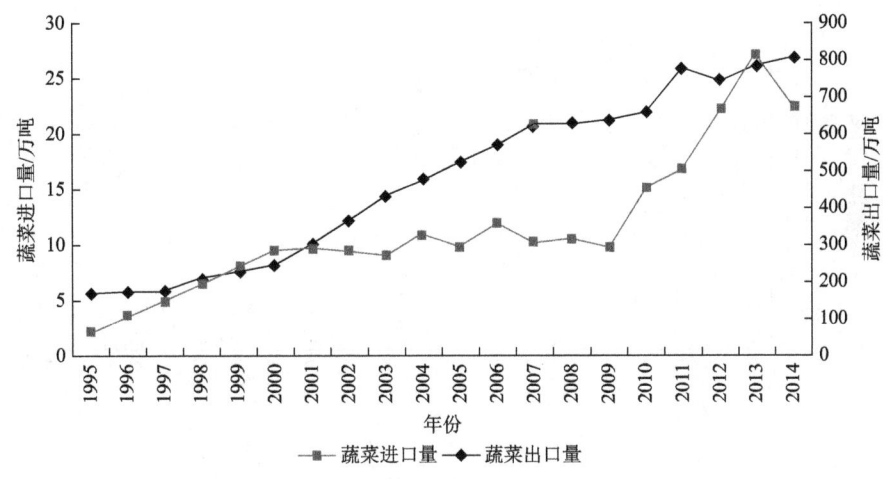

图 6-23 1995~2014 年国内蔬菜进口量与蔬菜出口量对比情况

中国蔬菜的出口量处在增长趋势中，其与蔬菜进口量的关系独立，相互之间的关联性非常小。1995 年后，中国蔬菜进口量高速增加，到了 2000 年，增幅收窄，2009 年后，增幅变大，维持在一种比较高的水平，到 2013 年达到顶峰后逐步回落。从进出口的蔬菜品种来看，出口蔬菜品种与进口蔬菜品种的关系更加独立，相互之间的关联性更小，出口蔬菜品种变化不大。但蔬菜出口量与国内蔬菜年产量存在紧密的关系，两者呈现一种正相关关系。

（10）农村及城镇居民的蔬菜需求量。中国蔬菜消费遵循着一定的规律，1980 年后，刚开始人均蔬菜消费量呈现上升的趋势，后来呈现下降的趋势，近几年呈现稳定的状态。分析农村居民及城镇居民相对应的蔬菜人均消费金额，可以了解到其存在非常大的差别，农民既是生产者也是消费者，有些蔬菜品种还需要购买。城镇居民对于生活品质及健康的要求越来越高，对于蔬菜的消费有增无减，逐渐高于粮食支出。对于农村居民来讲，其情况截然相反，其人均蔬菜消费总量处在不断下降的趋势中。统计数据表明，农村蔬菜供应量与需求量基本持平，不过对于城镇居民来讲，蔬菜方面的需求有增无减。在 2007 年的时候，其需求量开始高于农村居民相对应的蔬菜需求量，为 7142.5674 万吨的水平。中国人口流动比率持续上升，较高的人口流动比率影响了蔬菜消费及需求量。随着城镇化进程的加快，部分农民转变成城市人口，而部分农民选择到城市打工，这使得农村、城市人口比重处在动态变化中，因而使得蔬菜消费量向城镇居民倾斜。同时我们可以发现，中国居民消费的蔬菜量不断下降，但是花费不降反增，体现出人们越来越重视蔬菜品质。两者的蔬菜需求量对比情况详见图 6-24。

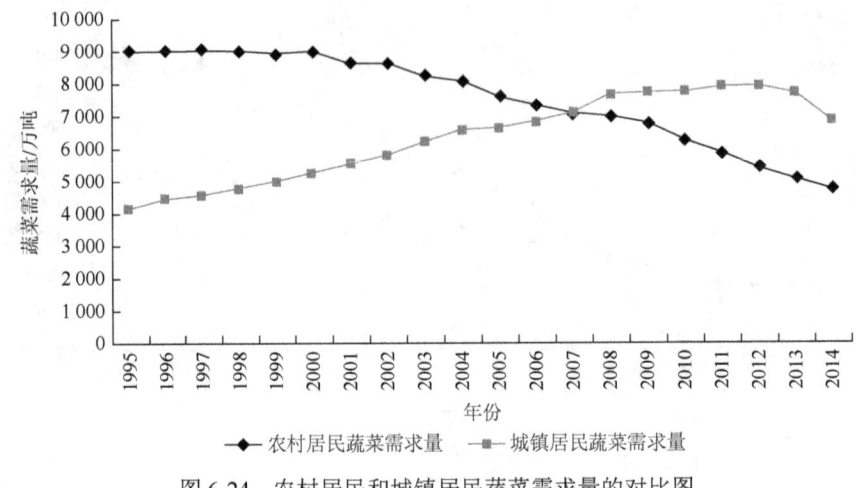

图 6-24 农村居民和城镇居民蔬菜需求量的对比图

3. 经济与政策环境因素

经济与政策环境也会对蔬菜价格产生影响，主要表现在以下两个方面，首先是财政及货币方面的政策，两者对宏观经济有着非常大的影响，现阶段会冲击农产品市场，同时会对蔬菜价格造成相应的影响；其次就是农产品市场存在一定的价格调节作用，从而使蔬菜供需关系处在一种均衡的状态之中。政府宏观调控政策对蔬菜价格影响十分巨大，影响因素如下。

（1）农村固定资产投资、国家支农支出。国家支农支出出自财政资金，主要用于发展重点支持的项目，促进农村生产发展。通过该项支出我们可以看出政府对于农民的支持情况，这样可以使得蔬菜种植者能更加积极地投入生产，充分保障蔬菜供给。该项支出规模越大，农民获得的好处就越多，从而促使蔬菜种植者更加积极地生产，也就促进了蔬菜产量的提高。农村固定资产投资包括农村集体单位固定资产投资和农村居民个人固定资产投资。2011年之前农村固定资产投资一直稳步提高，2011年后没有统计农村集体单位的数据，只有农村居民个人固定资产投资，因此呈现大幅度降低的趋势。农村固定资产投资和国家支农支出情况如图6-25所示。

（2）货币供应量。蔬菜价格波动与国内货币供应量存在很大的关联性。Barnett等（1983）指出，从美国的经验来看，其货币供给量不会对农产品价格造成直接影响。但李国祥（2011）指出，如果中国农产品价格出现快速的增长，那么说明之前的货币供给量出现了快速增加的情况，其充分研究了两者的关联性；如果农产品价格出现非常显著的降低，那么前期政府肯定快速收窄了货币供给量，如果农产品价格出现非常显著的变化，那么货币供给量增长率肯定存在比较大的波动。所以，如果流通过程中货币供应量出现快速的扩张，相应的蔬菜价格也会出现相应的上升，那么两者存在非常大的关联性（宋长鸣和李崇光，2012）。1995～2014年中国货币供应量变动情况详见图6-26。

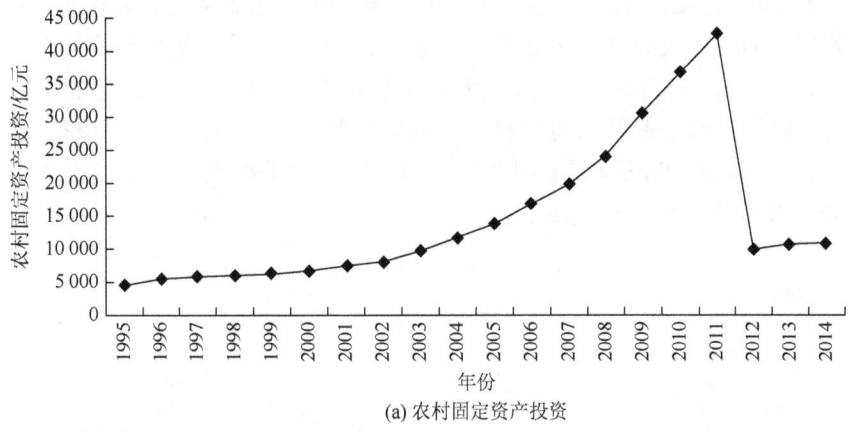

(a) 农村固定资产投资

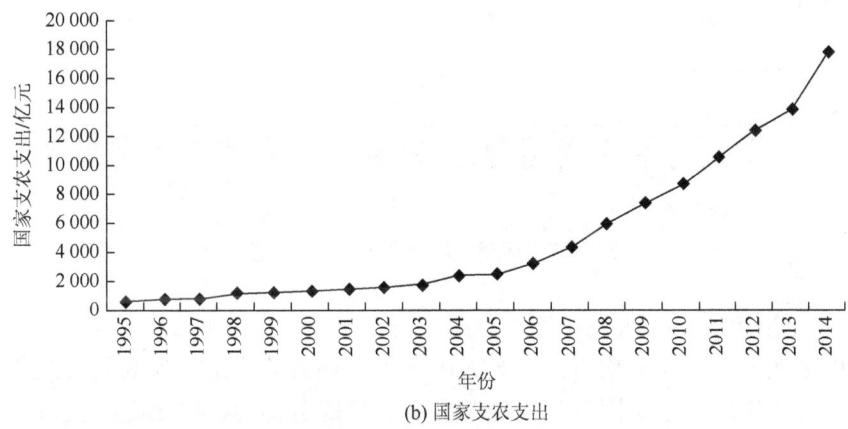

(b) 国家支农支出

图6-25　1995～2014年农村固定资产投资和国家支农支出变化趋势

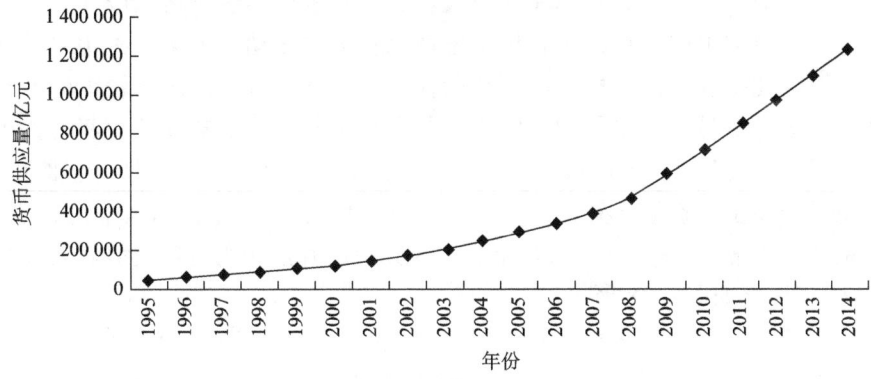

图6-26　1995～2014年货币供应量变化趋势

（3）CPI。在 CPI 中，尤其是蔬菜价格的波动，一定时间内表现出对 CPI 的非常大的影响，在 2013 年 5 月的时候，蔬菜价格出现下降，同时存在翘尾因素，与上一个月对比，CPI 要低一些。蔬菜价格与 CPI 存在非常大的关联性，我们可以将其理解为辩证关系（夏玉莲和曾福生，2010），分析常规农产品价格对 CPI 造成的变动，在所有的影响因素中，肉类和鸡蛋及鲜蔬菜零售价格指数位居前列。在分析居民生活消费品和服务价格水平对应时间关系的时候，主要依托 CPI 来分析，它可以将居民消费价格和消费品两者的变动情况充分反映出来。1995～2014 年 CPI 的变动情况详见图 6-27。

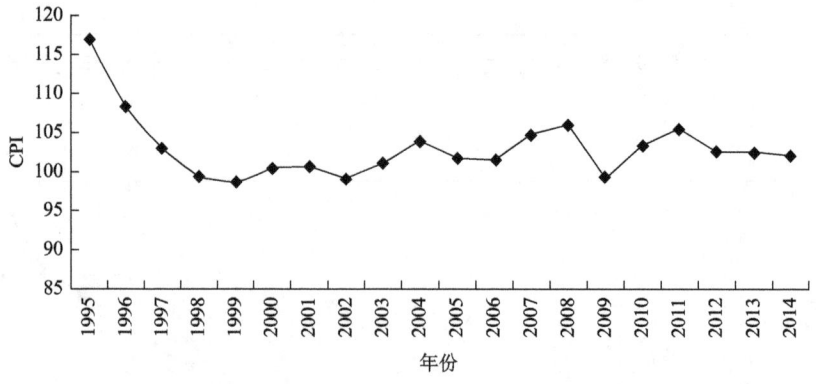

图 6-27　1995～2014 年 CPI 变化趋势

（4）人民币汇率。人民币汇率与蔬菜出口存在很强的关联性，两者在较长的时间内呈现出一种动态均衡，如果人民币出现贬值的情况，那么其对蔬菜出口有着积极的作用，这是因为蔬菜生产需要大量的劳动力，中国蔬菜出口中存在的关键竞争力优势就是人工成本优势。如果人民币出现贬值的情况，会使蔬菜出口价格有效降低。如果汇率波动很大，其会对进口粮食价格造成非常大的影响，进而会造成中国市场的粮食价格出现比较大的波动。如果人民币出现升值的情况，会使得农产品价格提高，从而使中国农产品价格出现比较大的波动。农产品是国际贸易的主要品种，农产品贸易具有非常大的重要性，其与货币交易存在很大的关联性，现阶段大部分为美元结算，一旦人民币出现升值的情况，会使得农产品出口价格上升，中国农产品价格优势将无法保持，出口及生产积极性将受到非常大的影响。2014 年后，人民币由升值转为贬值趋势。人民币汇率的 20 年变化如图 6-28 所示。

2005 年 7 月后，人民币汇率改革进入深水区，基于市场供求关系完成汇率的调节，实施全新的浮动汇率制度，更方便管理及调节市场。此后人民币与美元相对应的汇率处在波动增长的趋势中，在 2010 年时，人民币市场汇率为 6.7695 元的水平，而在 2005 年的时候，其具体为 8.1917 元，短短五年贬值幅度约为 21%。自 2014 年初开始，受美元加息影响，人民币逐步贬值，到 2016 年已经贬值到 2009 年的水平。人民币贬值有利于蔬菜出口，刘艺卓（2010）研究从 2005 年一直到 2008 年 6 月的月度数据，重点研究人民币汇率与农产品出口价格所存在的关系，结果表明两者呈现一种正比例的关系。

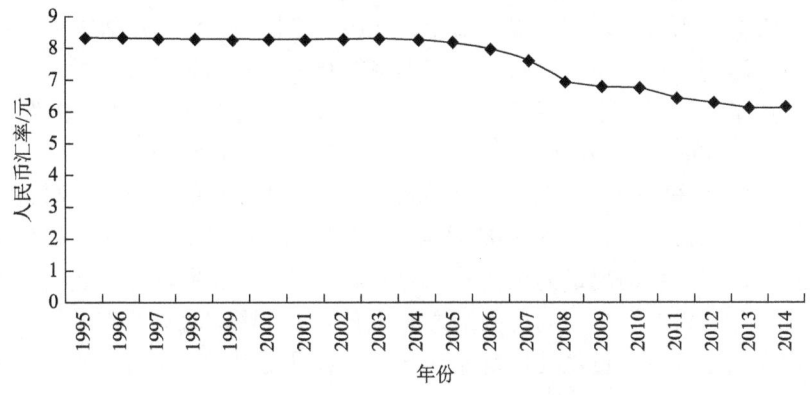

图 6-28　1995~2014 年人民币汇率变化趋势

4. 自然环境因素

自然环境因素可以理解为超出人能力范围的因素，包含多种类型，如气象方面的灾害，同时还包括一些突发形式的事件等。全球变暖、极端天气、暴雨是现阶段最主要的影响因素。南方暴雨、北方干旱的情况非常普遍，同时台风及寒潮也时有发生。同时近年来出现的雾霾天气，对蔬菜生产也产生了很大影响，有关蔬菜专家正着力研究抗雾霾蔬菜品种。这些自然环境影响因素将使农产品生产面临非常大的困境，导致蔬菜价格存在非常大的波动。中国地形复杂、气候多样，在表现出大陆性气候的同时，也表现出海洋性气候；在受到太平洋季风的影响时，也会受到来自印度洋西南暖湿气流的影响。中国灾害性气候种类非常多，其中比较普遍的就是洪涝、干旱，在东南沿海地区会有过境台风，同时寒潮天气也比较多，严重影响了农业生产，使得农产品产量及价格出现比较大的波动。

分析《中国农产品市场分析报告 2011》可知，在 2009 年 11 月的时候，河北省作为蔬菜生产大省，受极端天气影响，其供应量偏低 3.2%，相应的蔬菜价格出现大幅度的上升，增幅达到 16.0%。在 2010 年的时候，中国遭受的自然灾害非常多，其中东北出现极端低温天气，西南云贵高原地区出现严重的干旱，南方强降雨导致比较严重的洪涝灾害，世界市场上农产品供应持续走低，世界粮油价格出现显著上升，使中国粮食收购价格出现相应的变化，从而呈现出传导效应。基础粮价出现上涨的情况也对食品类及粮食加工类产品造成了一定的影响，导致其价格上升。2016年上半年，长江流域遭受特大暴雨，造成产量减少，使得上半年蔬菜价格处于较高位态势。另外，2016年11月，由于长江流域阴雨天气多，阳光少，叶菜产量减少，价格上升。

自然灾害的发生对蔬菜价格有着非常大的影响。农产品在生产的过程中与自然条件有着非常大的关联性，包括阳光、气候适应情况、温湿度等方面，蔬菜单产水平可以理解为自然条件对蔬菜生产影响的结果，其影响因素可以使用蔬菜成灾面积来衡量。数据显示，在1994年的时候，中国蔬菜成灾面积具体为3138.2万公顷，在整体的农作物种植面积中占比21.17%，在2000年的时候，中国蔬菜成灾面积具体为3437.4万公顷，比重为22%，在1994年的时候，中国蔬菜单产具体为27.83吨/公顷，到2000年的时候，其具体为23.43吨/公顷，环比表现出走低的趋势。出现这种情况最为主要的原因就是自然灾害。所以，自然条件表现出对蔬菜产出非常大的影响，同时供给方面的变化也会影响蔬菜的市场价格。在研究自然灾害的过程中，量化处理是非常难的，所以使用蔬菜相对应的成灾面积来衡量。

蔬菜成灾面积具体为农作物总成灾面积除以农作物种植面积再乘以蔬菜种植面积。1995~2014年蔬菜成灾面积的变动情况详见图6-29。

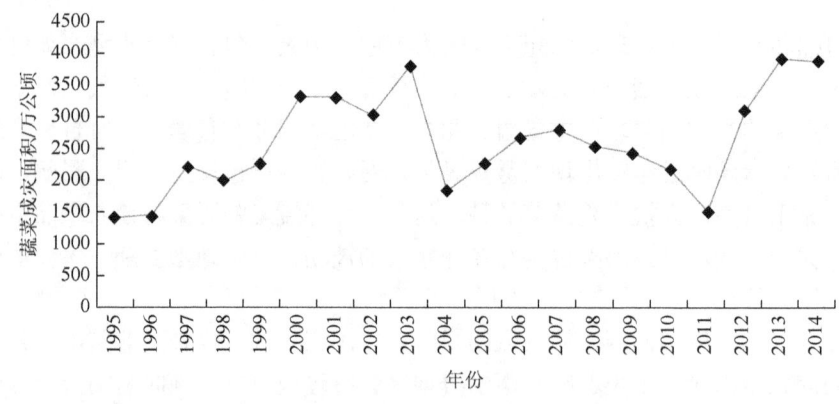

图6-29　1995~2014年蔬菜成灾面积变化趋势

6.3.2　样本特征指标波动分析

蔬菜价格指数波动受到众多因素的影响。在了解特征指标与价格指标关联性的过程中,第一步需要全面地分析样本所存在的全部特征指标。农业生产呈现出非常强烈的季节性,所以对于特征指标波动来讲,其特点也具有周期性。我们需要获得这种周期性变化相对应的特征指标,这样就可以基于指标特征,完成价格指数的准确预测。本小节研究内容如下:首先是指标周期性分析;其次是趋势因素分析;最后是非经济波动性因素分析。

1. 指标周期性分析

农业生产呈现出非常强烈的季节性,也就是生产呈现周期性变化,有些需要一个季度来进行生产,有些时间长的可能需要超过一年的时间。对农产品存在影响的相关指标也呈现出周期性。

这里应用了离散傅里叶变换(discrete Fourier transform,DEF),从而获得了29个指标年度周期性规律的情况,在最开始的时候,约瑟夫·傅里叶主要针对周期性现象进行研究,之后他阐述了其核心理念,因其具有建设性的作用,故用其名命名(Oppenheim and Schafer,1977)。离散傅里叶变换完成了时间及频谱函数所存在的转换关系的构建(布拉斯维尔,1986)。依托离散傅里叶变换,可以非常顺利地提取指标时间波动规律,第一步需要看指标是否存在周期性,假如确定存在周期性,即获得波动相对应的最大周期,建立在其周期的基础之上,针对指标变化趋势完成初步的预测。需要从指标所存在的年度变化值中获得最大周期值,具体方法如下。

指标所存在的年度变化值具体就是在时间变化的过程中相对应的波形变动,通俗来讲,就是时域所对应的变化序列,针对 N 点序列 $\{x[n]\}_{0 \leq n < N}$,相应的离散傅里叶变换具体就是

$$\hat{x}[k] = \sum_{n=0}^{N-1} e^{-i\frac{2\pi}{N}nk} x[n], \quad k = 0, 1, \cdots, N-1 \tag{6-1}$$

其中,$\hat{x}[k]$ 为离散傅里叶变换后的数据;$x[n]$ 为采样的模拟信号;e 为自然对数相对应的底数;i 为虚数相对应的单位。

获得 $\hat{x}[k]$ 频域,将直流分量相对应的频域结果排除掉,然后就可以获得最大幅值相对应的频率值,这个频率值就是原始信号相对应的最大周期值。针对全部指标处在时间变化基础之上的特征,对其进行转换,从而转变成频域中相对应的特征,也就是指标特征所对应的频率特征。详细分析其流程,使用 Matlab 所存在的 FFT 函数,将其视为关键分析工具,而采样频率为每年都进行采样,相应的采样周期具体就是均匀采样,相应的采样长度范围从 1995 年一直到 2014 年,涉及 20 年。

如果一项指标所对应的周期性非常大,那么相应的波动就会非常大;如果一项指标所对应的周期性非常小,那么指标变化呈现一致性。完成 29 个指标相

对应的年度变化值的分析，使用离散傅里叶变换分析指标相对应的波形频谱，详见图 6-30。

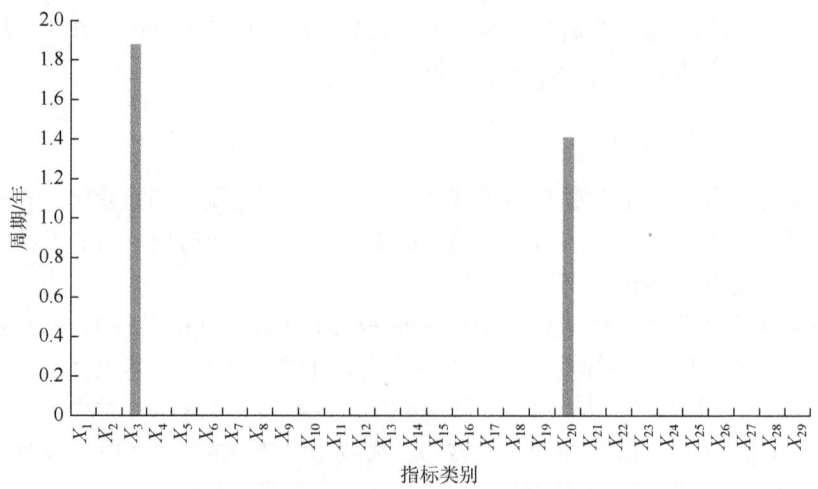

图 6-30 指标周期性特征对应的波形频谱

分析图 6-30，可以了解到指标 X_3 和 X_{20} 表现出非常强的周期性，对于其他指标相对应的周期性来讲，其皆为 0 周期。针对后者这种情况，可以理解为与时间存在极弱的关联性，不过其本身存在周期性特征，有些为累积增加，有些为累积降低，分析指标所对应的波形图可以获得这个规律。很多指标为单调增加或降低的趋势，有必要持续进行趋势性分析，这样获得的预测结果就会更准确。

针对指标 X_3（也就是成本利润率），相应的周期值具体为 1.88 年，可以理解为变化周期具体为 1.88 年，这与实际的规律是相匹配的。如果成本利润率持续提高，种植户就会有比较高的兴趣去种植蔬菜，当供给量达到一定限度时，蔬菜价格就会出现相应的下降，那么成本利润率也会出现相应地降低，种植户就会控制蔬菜种植面积，从而重复出现这种变化。如果上一年蔬菜价格处在比较高的水平，那么相应的成本利润率也会非常高，这种情况下种植蔬菜的收益就会比较高，种植户基于利益驱动就会增加蔬菜种植面积，这样一来下一年的蔬菜产量就会比较大，相应的蔬菜供给量也会增加，使蔬菜的价格普遍偏低，相应的成本利润率也会出现降低的情况，这样一来种植户收益受损，紧接着其生产的积极性就会不足，在第二年就会对蔬菜种植面积进行有效的控制，在第三年蔬菜价格相比第二年要高，对于成本利润率来讲也是如此。这样我们可以获得成本利润率相对应的完整变化周期，大约为两年的时间，也就是成本利润率比较高的时间点到下一次成本利润率比较高的时间点的跨度。所以指标显著变化周期具体就是 1.88 年。

指标 X_{20}（也就是相关替代品价格）相应的周期值具体为 1.41 年。蔬菜的相关替代品涵盖了各种肉类、五谷杂粮、国外蔬菜等，与蔬菜相对应的生产周期进行比较，蔬菜相关替代品的要更短一些。因为市场在变化的过程中与人存在非常大的关联性，所以某类生活消费品相对应的价格都会存在或大或小的波动性，其与生产周期存在非常大的关联。由于相关替代品的类型非常多，对于相关替代品价格指数来讲，也趋同于价格变化周期较短的相关替代品价格变化周期。基于此种情况，相关替代品价格所对应的变化周期值具体就是 1.41 年。

2. 趋势因素分析

样本特征指标完成趋势因素分析，主要依托时差相关分析法来实现，其主要完成特定时间段两个或两个以上序列之间所存在的相似度确定，从而获得序列间所存在的时差相关系数。两个序列间会存在一定的相关系数，使得两者的相关程度得到充分的反映，针对相关系数，需要完成归一化处理，其范围具体为[-1, 1]，如果相关系数具体为 0，在这种情况下两个序列为一种正交关系，也就是完全的不相关；如果相关系数具体为-1，在这种情况下，两个序列表现为一种负相关关系；如果相关系数具体为 1，在这种情况下，两个序列表现为一种正相关关系。相关系数表现了两个时间序列所存在的线性关联性。使用时差相关分析法主要就是为了完成时差关系的量化处理，针对两个序列所存在的时间顺序进行判断，具体是提前或者是滞后。时差相关分析法在指标分类过程中发挥着重要的作用：第一步是确定基准指标 $Y(n)$，即使得现阶段所存在的经济活动得到充分反映的经济指数；第二步是将其作为被选指标 $X(n)$ 在时间序列方面移动 m 年（其中向前移动，m 为负，向后移动，m 为正），获得全新的指标 $X(n+m)$，从而得到序列与基准指标相对应的相关系数；第三步是求得最大相关系数的移动年数 M，并将其作为指标提前或者滞后的年数，从而得到被计算指标所存在的与基准指标间相对应的超前期或者滞后期（柏继云等，2007）。时差相关分析法非常方便，对量化计算有着积极的意义，另外对数据长度的敏感度比较低，精确度水平非常高，形象、直观。方法具体如下。

设定基准指标具体为 $Y=(y_1,y_2,\cdots,y_n)$，$X=(x_1,x_2,\cdots,x_n)$，也就是被选取的指标，R 是两者之间所存在的时差相关系数，那么：

$$R=\frac{\sum_{t=t'}^{n_l}(x_{t+l}-\bar{x})(y_t-\bar{y})}{\sqrt{\sum_{t=t'}^{n_l}(x_{t+l}-\bar{x})^2\sum_{t=t'}^{n_l}(y_t-\bar{y})^2}}, \quad l=0,\pm 1,\pm 2,\cdots,\pm L, \quad t'=\begin{cases}1, & l\geq 0\\ 1-l, & l<0\end{cases} \quad (6-2)$$

假设移动年数 $l=0$ 的时候，其就是所需要获得的序列，不移动，也就是同步；l 如果是负值，那说明所需要获得的序列向前移动，也就是年份变少；如果 l 为正值，其代表滞后，相应的 l 就是时差数或者是延迟数。

针对全部特征指标存在的与价格指数直接相对应的先行、同步及滞后等类型的波动特征进行分析，依托这些分析，可以获得指标所存在的与价格指数相对应的变化函数，同时还可以了解到其内在方面的影响关系。我们把一系列影响最终价格指数的重要经济相关指标划分为先行指标、同步指标及滞后指标等，基于此完成指数所存在的与最后价格指数间相对应的决定关系方面的分析，同时还需要分析其独立的未来走势。

（1）领先指标，具体就是总体经济活动中所存在的波峰及波谷指标比现实中所存在的波峰及波谷要提前。经济景气分析的主要指标是作为变动特征和变动趋势存在的，其可以对经济总体扩张见顶，收缩的时候跌到谷底进行预测。领先指标应用在多个方面，一方面是金融机构相对应的贷款增量，另一方面是企业相对应的订单指数，还有房地产相对应的土地购置面积，同时还包括相应的开发面积。

（2）同步指标，具体就是其波峰及波谷所存在的时间与总体经济相对应的波峰及波谷所存在的时间基本类似。依托同步指标，可以完成总体经济状况的详细描述，这样可以了解到总体经济相对应的波峰及波谷的具体位置，这对于预测实际的经济走势有着积极的作用。经济指标包括以下几种，涵盖了 GDP 及工业生产总值，除此之外还包括了零售销售等。

（3）滞后指标，具体就是其波峰及波谷所存在的时间与总体经济相对应的波峰及波谷所存在的时间相比要晚一些。滞后指标对于分析历史经济周期有着积极作用，可以有效分析接下来的周期变化情况。通常情况下滞后指标有三种：第一，为财政收入方面的指标；第二，为城镇居民人均可支配收入方面的指标；第三，为工业企业实现利润总额方面的指标。

本书应用了 SPSS 软件的 Cross-Correlation。第一步，获得相关指标与蔬菜价格指数之间所存在的时差相关关系。第二步，使用时差相关系数来确定指标。其相关系数反映了指标间所存在的类似程度，主要分为两种，一种是正相关，另一种是负相关，如果相关系数绝对值非常大，相应的相关程度就会比较高；相关系数所存在的有效性建立在用户自定义的阈值基础之上来判断，超过这个阈值则认为该系统为有效相关系数；正负相关相对应的时差也存在于特定的范围内。如果指标类型相同，那么在排序的过程中主要基于相关系数的绝对值来进行，如果绝对值非常大，那么相对应的指标代表相关度就会非常高，获得指标所对应的性质分类详见表 6-2。

表 6-2 先行指标、同步指标、滞后指标分析

指标类型	符号	先导强度	先导长度	指标类型	符号	先导强度	先导长度
先行	X_{15}	−0.356	−3	先行	X_{14}	0.299	−2
先行	X_{11}	0.383	−2	先行	X_{16}	0.289	−2
先行	X_1	0.376	−2	先行	X_{18}	0.279	−2
先行	X_7	0.374	−2	先行	X_{26}	0.255	−2
先行	X_{23}	0.373	−2	先行	X_4	0.247	−2
先行	X_{21}	0.367	−2	同步	X_{27}	0.641	0
先行	X_5	0.361	−2	同步	X_3	0.547	0
先行	X_{13}	0.360	−2	同步	X_2	−0.392	0
先行	X_8	0.352	−2	滞后	X_{29}	−0.549	1
先行	X_{17}	−0.349	−2	滞后	X_{28}	−0.276	1
先行	X_{19}	−0.345	−2	滞后	X_6	0.275	1
先行	X_9	0.338	−2	滞后	X_{25}	0.260	1
先行	X_{12}	0.336	−2	滞后	X_{24}	0.259	1
先行	X_{10}	0.331	−2	滞后	X_{20}	−0.375	3
先行	X_{22}	−0.328	−2				

分析表 6-2，蔬菜价格相对应的指标预警系统涵盖的警兆指标数量为 29 个，其中先行指标有 20 个，涵盖了城镇居民家庭恩格尔系数、原油价格、物质费用投入、农村劳动力受教育程度、城镇居民蔬菜需求量、蔬菜出口量、城市化水平、城镇人口数量、蔬菜年产量、农村人口数量、农村居民家庭恩格尔系数、蔬菜种植面积、农用机械总动力、蔬菜进口量、农村居民蔬菜需求量、城镇居民家庭人均可支配收入、GDP、农村居民家庭人均纯收入、货币供应量、市场化程度。同步指标涵盖了以下几个，首先就是劳动力投入，其次是蔬菜生产的成本利润率，最后是 CPI；而滞后指标涵盖了基础交通的情况、相关替代品价格、农业方面的固定资产投资、国家支农支出、人民币汇率、蔬菜成灾面积。

3. 非经济波动性因素分析

非经济波动性因素反映出经济长时间的波动情况，涵盖了自然、政治、心理等方面的因素。预测难度很大，同时与农业生产存在非常大的关联性。

自然因素涵盖了危害性极大的气象情况、病虫害及工业污染，表现出突发性等特征，难以预防，影响巨大。尤其是极端天气发生的频率越来越密集，在一定时间内导致农产品市场价格存在非常大的波动。

政治因素涵盖了多方面，包括炒作与投机行为、联合做价、战争等，其与市

场存在非常大的关联性。农产品市场可以理解为类似于完全竞争市场。农户掌握的信息非常少，对市场变化不够敏感，而市场信息就代表了市场机会。对于政府管理部门来讲，其技术比较落后，知识体系不健全，无法全面地管理市场信息，在进行模型推演的过程中过于滞后，这样就会使得调控存在非常大的滞后性。政府也存在监管不到位的地方，制度不完善，市场监管者行为不规范甚至远远超出法律的范畴，从而导致农产品的市场价格出现非正常波动，对于供给者及消费者来讲都是非常不利的。

人们为了追求更高的生活品质，在农产品方面，社会资本开始介入此领域，频繁展开针对农产品价格的炒作，其对象特点如下：第一，产地聚集。从全国的范围来看，在某个区域拥有大部分的销量，所以其价格非常具有代表性。第二，是人们必需的农产品。第三，有着非常长的保质期。第四，在心理预期方面表现为劳动者所存在的主观活动会影响产品的价格。例如，喜好、习惯等对个体的工作态度有着非常大的影响，最终对经济活动也会造成一定的影响。劳动者在掌握信息的基础上，其产品质量可能会非常高，通过收听到的相关新闻选择农产品的种植品种，这样会使得产量获得提高。

蔬菜消费习惯有地域性差异，同时表现出民族差异。我国国土面积大，跨度大，气候多样，地区与地区之间存在非常大的差异性。北方蔬菜消费量要偏多一些，但是费用不高，南方的蔬菜消费量要偏低一些，但是费用要多一些。对于城镇居民来讲，依据消费量，蔬菜的排名依次为油菜、茄子、大白菜、西红柿、芹菜、黄瓜。对于北方居民来讲，依据消费量，蔬菜的排名依次为大白菜、黄瓜、西红柿、甘蓝、茄子、芹菜、马铃薯。对于南方居民来讲，依据消费量，蔬菜的排名依次为油菜、甘蓝、大白菜、黄瓜、茄子、芥菜、西红柿。不同民族之间也存在一定差异，在少数民族地区，尤其是牧区或者是半农半牧区，其食物中肉类占很大比重，蔬菜占比不高。对于蔬菜种植地区的居民来讲，如果其民族食品涵盖了大量的蔬菜，那么其蔬菜消费比重就会非常高。随着人们的购买力逐渐增强，在外就餐的比重越来越高，从超级市场购买鲜切蔬菜的比重在下降，成品菜需求上升，这使得蔬菜消费需求受到一定的影响。

6.3.3 样本特征指标独立性分析

本小节所进行的样本特征指标独立性分析涵盖了多个方面，包括均方差、相关性及主成分等方面的分析。在分析准备阶段，针对样本需要完成归一化处理，这将使得数据提取更加简单。实际中样本特征指标较多，所有的特征指标都会存在独立的量纲。在相同量纲范围内，为了获得特征间所存在的内外关系，针对样本完成归一化处理就显得十分必要,在程序运行过程中的收敛速度需要保持在比较高的水平上。归一化方法有两种:一种方法为将数据转变为小数,其具体范围为[0,1];另一种方法是对有量纲表达式进行转变,从而转变为无量纲表达式。本小节选择前一种。下面如果没有用单位指标量值,那么就是应用了归一化处理后所获得的数值。

1. 指标均方差分析

方差分析主要是针对至少两个样本均数差别所进行的显著性检验(邢航,2008)。形状数据会存在波动的情况,其主要原因有两种:第一种是随机相对应的不可控因素;第二种是研究中所存在的不可控因素。均方差分析的首要任务是计算各个指标的均方差结果。

对于 29 个指标完成的均方差分析结果,可以理解为所有数据偏离平均数距离的均值,其作为偏离均差平方及平均后所获得的方根,将其看作 σ。标准差具体就是方差所对应的算术平方根。标准差使得数据集所存在的离散程度得到充分的展现。计算如下。

设定数值具体为 $X_1, X_2, X_3, \cdots, X_n$(都是实数),相应的平均值具体为:

$$\mu = \frac{1}{N}\sum_{i=1}^{N} x_i$$

那么均方差计算具体为

$$\sigma = \sqrt{\frac{1}{N}\sum_{i=1}^{N}(x_i - \mu)^2} \tag{6-3}$$

针对 29 个指标完成全面的均方差计算,详见图 6-31。

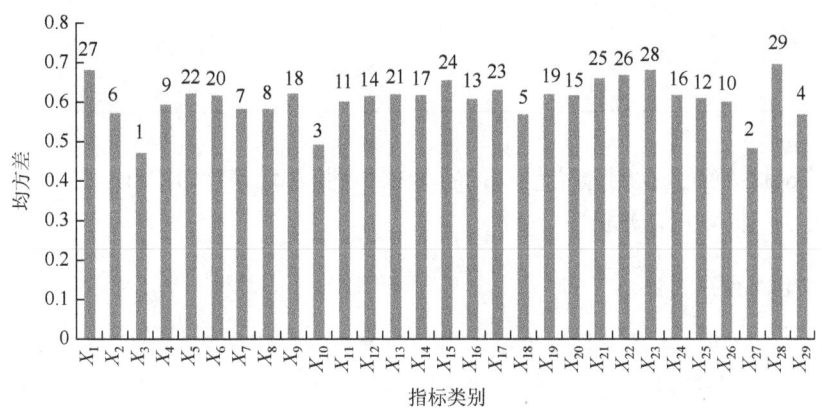

图 6-31　特征指标均方差大小与排序

对均方差所获得的结果进行排序,先小后大。图 6-31 柱线上面所对应的数字就是序号,很多指标的均方差值要比 0.5 大,也就是说其变化是非常显著的。其中许多指标的均方差大于 0.6,说明这些数值在一直增加或者减小,并且这些值增加或减小的幅度也比较明显,或者说曲线变化速率较快。

2. 相关性分析

相关性分析是指分析至少两个变量所存在的相互关联程度,也就是关系的紧密程度。对于相关性元素进行分析需要达到一定的条件,需要它们之间存在一定程度的联系。我们不可以将相关性看作因果关系,也不可以将其理解为个性化。相应的相关关系形式表现为多种类型,首先是因果关系,其次是互为因果的关系,最后是非因果关系(黄志文,2010)。

相关关系的类型如下:①建立在相关性及很多相关变量数目的基础之上进行分类;②建立在数据间所存在的变化基础之上进行分类,包括了线性相关性,其次就是非线性相关性,呈现变量之间存在的关联性,也就是依赖程度;③建立在变量变化方向的基础之上进行划分,一种是正相关,另一种是负相关;④建立在变量间所存在的关系紧密度的基础之上进行划分,包括三种,即完全相关、不相关、不完全相关。

皮尔逊积矩相关系数具有比较重要的现实意义,根据两个变量所存在的协方差及标准差相除来定义,详见表 6-3。

表 6-3 相关程度表

相关系数	相关程度
(0, 0.30]	微相关
(0.30, 0.50]	实相关
(0.50, 0.80]	显著相关
(0.80, 1.00]	高度相关

图 6-32 中,X_2 为劳动力投入;X_3 为成本利润率;X_{27} 为 CPI。它们与蔬菜价格指数存在非常大的关联性。

3. 主成分分析法

主成分分析法本质上是作为统计方法而存在的,可完成事物所对应的特征方面的描述,尤其是针对比较复杂的初始问题,可以使其有效简化,依托降维法,可以通过多元事物完成关键影响因子的提取工作,从而充分了解事物的内在本质。主成分计算就是为了完成高维数据投射,从而将其投射到低维空间。例如,确定 n 个变量，选择 m 个变量将其作为观察值，观察值形成 $n\times m$ 排列方式的数据矩阵（n 一般会比较大）。描述复杂事物的过程中有可能会涉及众多的变量，这样认识起来会存在一定的难度，因此在分析的时候需要集中在关键方面，从而将其转变成某些关键变量，这样只要提取关键变量就可以了，然后进行有效的分析。不过在提取关键变量的时候无法直接获得，需要使用变量相对应的数学组合，从而展现出事物特性所存在的关键点，主成分分析法就是基于此种原理来进行分析的（吕向东等，2005）。

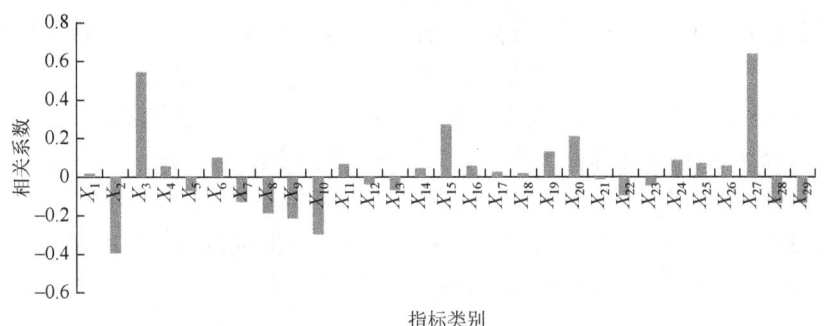

图 6-32 指标与蔬菜价格指数的相关性分析结果

主成分分析法在数据降维方面有着非常多的应用，可以非常顺利地完成一组多元素、多维向量的构建工作，其成果对于元素所存在的性质并不会进行区分，如果全部例子元素具体为 1 或者存在的差异非常小，那么使用这个元素来描述特性就会无法起到应有的效果，基本无法区分特征。主成分分析法的重要目标就是获得满足条件的变化，如识别出方差非常大的维度元素，同时还需要去除变化不大的维度元素，这样所获得的特征向量，就是我们希望得到的主成分特征，也可以大大减少计算量。例如，k 维特征向量，其所有维的特征向量与其他维存在正交关系，那么通过改变维度相对应的坐标系，就可以使得特征向量出现相应的变化，从而实现维度方差大小的改变。基于此就可以获得 k 维投影矩阵，实现多维特征的改变，并获得由高维度到低维度的变化。投影矩阵通俗来讲就是变换矩阵。这里所获得的低维特征所存在的所有维度都是正交的，出现这种情况的重要原因就是特征向量表现为正交。构建投影矩阵过程如下：第一步，获得样本矩阵所存在的协方差矩阵；第二步，计算出协方差矩阵相对应的特征向量，获得的特征向量即构成了投影矩阵。据此我们可以看到特征向量构建的过程是由基于协方差矩阵所存在的特征值的大小来确定的。

主成分分析法的分析过程如下。

（1）首先，完成矩阵 X 所属的样本相对应的协方差矩阵 S 的计算。

（2）其次，完成协方差矩阵 S 所存在的特征向量相对应的特征值的计算，将其由大到小完成排序。

（3）最后，将数据投影到本特征值所对应的空间中。

主成分分析方法存在新变量维度 r 的确定工作，其本质是个两难问题，计算比较复杂，为实现其简化，有必要缩减 r，假如 r 非常小，这样数据所存在的维数就会非常低，从而使得含有众多信息的数据被忽略。基于此种情况需要针对所有的主元素完成相应的信息贡献率方面的分析。

贡献率是一个百分比，用于表示所定义的主成分在整个数据分析中占据的比重，如果选择 r 个主成分，从而将原先的全部变量完成替代，那么贡献率相对应的大小就可以表现出此种取代所存在的可靠性。贡献率与信息量之间呈现正比关系。

依托 SPSS 软件完成 29 个指标相对应的主成分计算，过程如下。①需要完成 29 个指标数据的输入工作；②需要针对数据完成标准化的处理；③完成主成分方面的分析及计算；④完成特征向量的获取工作；⑤针对结果进行分析。

表 6-4 给出了按顺序排列的主成分得分的方差，其数值与相关系数矩阵所对应的特征根 λ 相同，因此可以直接根据特征，据此算出每一个主成分的方差百分比。

表 6-4 总解释方差

成分	初始特征值			平方载荷的提取和		
	总计	方差百分比	累计百分比	总计	方差百分比	累计百分比
1	22.472	77.490	77.490	22.472	77.490	77.490
2	3.429	11.823	89.313	3.429	11.823	89.313
3	1.345	4.638	93.950	1.345	4.638	93.950
4	0.785	2.707	96.657	0.785	2.707	96.657
5	0.433	1.493	98.150	0.433	1.493	98.150
6	0.204	0.704	98.854	0.204	0.704	98.854
7	0.147	0.507	99.361	0.147	0.507	99.361
8	0.086	0.296	99.657	0.086	0.296	99.657
9	0.041	0.143	99.799	0.041	0.143	99.799
10	0.024	0.083	99.882	0.024	0.083	99.882
11	0.017	0.059	99.941	0.017	0.059	99.941
12	0.008	0.028	99.969	0.008	0.028	99.969
13	0.006	0.021	99.990	0.006	0.021	99.990
14	0.001	0.005	99.995	0.001	0.005	99.995
15	0.001	0.004	99.999	0.001	0.004	99.999
16	0.000	0.001	100.000	0.000	0.001	100.000
17	5.118×10^{-16}	1.765×10^{-15}	100.000			

续表

成分	初始特征值			平方载荷的提取和		
	总计	方差百分比	累计百分比	总计	方差百分比	累计百分比
18	4.081×10^{-16}	1.407×10^{-15}	100.000			
19	3.179×10^{-16}	1.096×10^{-15}	100.000			
20	2.122×10^{-16}	7.318×10^{-16}	100.000			
21	1.438×10^{-16}	4.958×10^{-16}	100.000			
22	8.063×10^{-17}	2.780×10^{-16}	100.000			
23	-6.983×10^{-17}	-2.408×10^{-16}	100.000			
24	-1.146×10^{-16}	-3.952×10^{-16}	100.000			
25	-2.045×10^{-16}	-7.053×10^{-16}	100.000			
26	-3.010×10^{-16}	-1.038×10^{-15}	100.000			
27	-3.579×10^{-16}	-1.234×10^{-15}	100.000			
28	-6.436×10^{-16}	-2.219×10^{-15}	100.000			
29	-8.001×10^{-16}	-2.759×10^{-15}	100.000			

成分矩阵可提供主成分所对应的载荷矩阵，这样所有列的载荷值都显示了各个变量与主成分所对应的相关系数。表 6-5 第一列中，0.964 为物质费用投入与首个主成分所对应的相关系数。从 Composition Matrix，也就是主成分载荷表中，可以看出，大部分指标在第一主成分上载荷较大，即与第一主成分的相关系数较高，这些指标的数量占比较高，主要是 X_1、X_4、X_5、X_6、X_7、X_8、X_9、X_{10}、X_{11}、X_{12}、X_{13}、X_{14}、X_{16}、X_{17}、X_{18}、X_{19}、X_{21}、X_{22}、X_{23}、X_{24}、X_{25}、X_{26} 和 X_{28}；X_{15}（城镇居民家庭的恩格尔系数）、X_{20}（相关替代品的价格）、X_{27}（CPI）和 X_{29}（蔬菜成灾面积）在第二主成分上的载荷绝对值较大，也就是存在较大的负相关；X_3（成本利润率）在第三主成分方面所存在的载荷较大，也就是具有较高的相关度。主成分分析主要针对显示的数据相对应的变化特征进行有效的分析，使得数据变化全程趋势得到有效的综合，同时还将类似的信息有效地集合在一起。

表 6-5　各指标主要特征成分分量

指标	成分分量		
	1	2	3
X_1	0.964	0.162	−0.012
X_2	−0.775	−0.359	−0.030
X_3	−0.270	0.400	0.659
X_4	0.967	0.176	−0.124

续表

指标	成分分量		
	1	2	3
X_5	0.985	−0.135	0.071
X_6	0.958	0.243	−0.114
X_7	0.948	−0.277	0.066
X_8	0.938	−0.301	0.092
X_9	0.865	−0.407	0.217
X_{10}	0.886	−0.274	−0.013
X_{11}	0.925	0.223	0.015
X_{12}	0.998	−0.044	0.008
X_{13}	0.986	−0.127	0.067
X_{14}	0.989	0.130	−0.054
X_{15}	−0.792	0.551	−0.229
X_{16}	0.979	0.175	−0.081
X_{17}	−0.994	0.062	−0.055
X_{18}	0.973	0.166	−0.122
X_{19}	−0.929	0.332	−0.132
X_{20}	0.268	0.638	0.561
X_{21}	0.977	−0.027	0.109
X_{22}	−0.980	−0.144	−0.011
X_{23}	0.974	−0.116	0.903
X_{24}	0.958	0.213	−0.137
X_{25}	0.950	0.225	−0.143
X_{26}	0.974	0.157	−0.102
X_{27}	−0.140	0.897	0.300
X_{28}	−0.907	−0.283	0.172
X_{29}	0.028	−0.768	0.458

由于历史样本指标为年份指标，其数量存在一定的限度，最好存在特定方法有效完成 29 个多维度数据相对应的压缩工作，从而转变为低维度类型的数据信息，并且还要保留基本的原始信息，这样就获得了主要特征成分，包括三种，详见表 6-5。该表使得原始数据得到概括性的描述，有利于后面依托低维度数据完成分析。

6.3.4 样本特征指标贡献度分析

为了有效地遴选出蔬菜价格预警系统的特征指标，本书提出了一种基于指标贡献度分析的蔬菜价格指数预警指标遴选算法（Li et al., 2015）。依然选取前面29个警兆指标，样本来源《中国统计年鉴》《中国农村统计年鉴》《全国农产品成本收益资料汇编》《中国海关统计年鉴》《中华人民共和国年鉴》。每个指标的时间跨度为1995～2014年，共20年的年度数据。具体实验步骤如下。

（1）第一步。由于29个预警指标的量纲不一样，为了消除异方差，首先对指标数据进行归一化处理。归一化公式为

$$X_i^* = \frac{X_i - X_{\min}}{X_{\max} - X_{\min}} \tag{6-4}$$

（2）第二步。因为很多指标对蔬菜价格指数影响不明显，而且指标相互之间可能产生干扰，所以我们要排除一些冗余指标，筛选出重要且可靠的指标。随机选取10个指标（经过反复的预试验，10个是比较合适的特征规模）作为输入集，利用支持向量回归机（Support Vector regression，SVR）来对蔬菜价格进行预测。其中，1995～2006年的数据为学习样本，2007～2010年的数据为测试样本，2011～2014年的数据为预测样本。采用PSO算法获取最优的SVR参数，计算出均方误差（mean square error，MSE），MSE公式为

$$\text{MSE} = \sqrt{\frac{\sum_{i=1}^{n}(P_i - R_i)^2}{n}} \tag{6-5}$$

以此作为衡量预测结果的标准。

（3）第三步。从29个指标中随机选取10个，抽样总数达到2000万个。由于运算能力和计算时间的限制，本书采取分组抽样的方法，分三组随机抽样，每次抽样5000次，合计15 000次。但为了将重要指标充分展现出来，我们将一些重要指标加入样本中。通过专家经验分析得出，对蔬菜价格指数产生影响的重要指标有X_1、X_8和X_9，次重要指标有X_{11}、X_{13}、X_{14}、X_{17}、X_{18}、X_{20}、X_{22}、X_{23}、X_{26}、X_{27}和X_{29}。随机抽样的具体分组为：①随机从29个指标中选取10个。方法是将29个指标使用Matlab中Rand函数求其对应的随机数，将29个随机数由大到小排序，取前10个随机数对应的指标进行实验，抽样5000次。②将重要指标X_1、X_8和X_9直接加入样本中，再从剩余的26个指标中随机选取7个。方法是将29个指标用Rand函数求其对应的随机数并由大到小排序，剔除指标X_1、X_8和X_9对应的随机数，选取前7个随机数对应的指标进行实验，抽样5000次。③将重要指标X_1、X_8和X_9直接加入样本中，从剩余的26个指标中随机选取7个，将次重要指标X_{11}、X_{13}、X_{14}、X_{17}、X_{18}、X_{20}、X_{22}、X_{23}、X_{26}、X_{27}和X_{29}的出现概率增加，方法是将29个指标用Rand函数求其对应的随机数，并将次重要指标对应的随机数乘以2，按随机数由大到小排序，剔除指标X_1、X_8和X_9对应的随机数，选取前7

个随机数对应的指标进行实验，抽样 5000 次。记录 15 000 次抽样中的 10 个指标及对应的 MSE，生成 15 000×11 的二维表。

（4）第四步。将以上二维表根据 MSE 值从小到大重新排序，得到新的二维表。为了方便研究，我们只统计二维表中前 100 行中各个指标出现的次数。记 C_{ij} 为二维表中前 i 行指标 j 出现的次数，其中 $i=1,2,\cdots,100$，$j=1,2,\cdots,29$。MSE 越小对应的指标就越重要。为了量化指标的重要性，我们引入指标贡献度 M_j，M_j 表示指标 j 的贡献度，计算公式 $M_j = \sum_{i=1}^{100}(C_{ij}/\text{MSE}_i)$。然后根据 M_j 的大小将指标排序，得到指标的排序序列 N_i。

（5）第五步。根据得到的指标序列 N_i，我们将指标一个一个地加入输入集中，即指标维度为 1 时，将 N_i 中第一个指标作为输入集，指标维度为 2 时，将 N_i 中前两个指标作为输入集，以此类推，指标维度为 29 时，将 N_i 中全部指标作为输入集。利用 SVR 计算出不同指标维度下的 MSE_j，MSE_j 表示指标维度为 j 时对应的 MSE。然后画出 MSE_j 的图，根据图中 MSE 的大小及变化趋势，确定出最终要选取的指标。

（6）第六步。将最终选取的指标与全部指标分别作为输入集，得到蔬菜价格指数预测结果，然后比较分析。

根据上面的实验思路，最终得到 29 个指标的贡献度，如表 6-6 所示。从表 6-6 可以看出，不同指标贡献度区别很大，按照指标贡献度大小进行排序，得到指标排序序列 $N_i = \{X_9、X_1、X_8、X_{27}、X_{22}、X_{11}、X_{26}、X_{18}、X_{20}、X_{17}、X_3、X_{23}、X_{24}、X_{15}、X_{13}、X_7、X_{14}、X_{19}、X_{16}、X_{25}、X_5、X_{12}、X_4、X_2、X_{29}、X_{21}、X_{10}、X_{28}、X_6\}$。

表 6-6 预警指标的贡献度

指标	贡献度	指标	贡献度	指标	贡献度
X_1	1 742.81	X_{11}	1 256.76	X_{21}	281.91
X_2	333.57	X_{12}	449.83	X_{22}	1 391.18
X_3	1 017.08	X_{13}	687.05	X_{23}	987.79
X_4	448.76	X_{14}	637.01	X_{24}	856.31
X_5	489.43	X_{15}	773.41	X_{25}	518.59
X_6	181.43	X_{16}	538.74	X_{26}	1 194.85
X_7	639.38	X_{17}	1 081.16	X_{27}	1 533.77
X_8	1 611.66	X_{18}	1 188.54	X_{28}	182.37
X_9	1 764.75	X_{19}	579.76	X_{29}	324.37
X_{10}	190.87	X_{20}	1 133.75		

图 6-33 为不同指标维度下的 MSE，从图 6-33 可以看出，当指标维度为 7 时，

MSE 达到最低,当指标维度继续增加时,MSE 会出现较大的变动,然后趋于稳定。所以我们最终选取的指标为前 7 个,分别为蔬菜种植面积(X_9)、物质费用投入(X_1)、蔬菜年产量(X_8)、CPI(X_{27})、农村居民蔬菜需求量(X_{22})、原油价格(X_{11})、货币供应量(X_{26})。

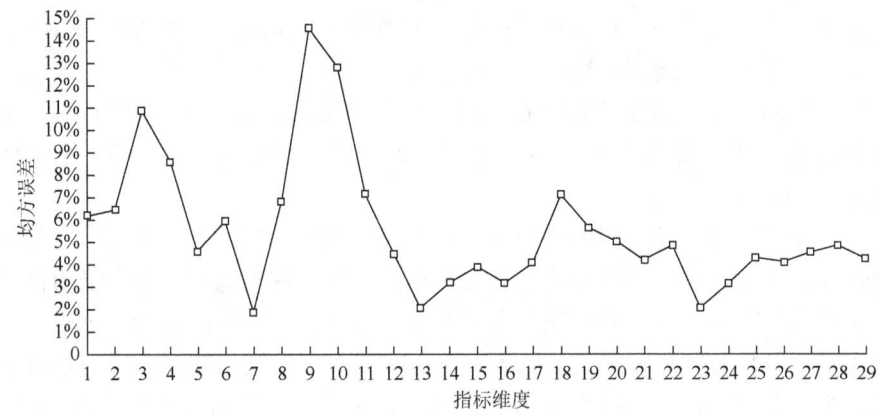

图 6-33　不同指标维度下的 MSE

从经济学分析的角度来看,利用蔬菜价格指数预警指标遴选算法提取的 7 个特征指标与蔬菜价格指数有明显的相关性。

(1)蔬菜种植面积是蔬菜供给中关键的影响因素,两者存在非常密切的关系。同时两者存在高度的相关性。数据表明,中国蔬菜种植面积与总产量每年都在增加,变化幅度相同。在蔬菜种植面积方面,对比 2010 年与 1990 年的面积,前者为后者的 3.10 倍,而在蔬菜总产量方面,对比 2010 年与 1990 年的产量,前者为后者的 3.48 倍。蔬菜年产量与种植面积存在非常大的关联性,如果蔬菜种植面积存在非常大的波动性,那么相应的下一年蔬菜年产量也会存在比较大的波动。两者呈现同比例变化,但是呈现出滞后性。

(2)物质费用投入涵盖了多方面的内容,包括种子方面的费用,农药方面的费用,肥料方面的费用,灌溉方面的费用,机械生产方面的费用,工具方面的费用,材料方面的费用,营销方面的费用,同时还包括其他方面的费用。分析 1995~2014 年的数据,相关方面费用每年都在增加,表现出与蔬菜产量的正比例关系,也是蔬菜生产成本中的关键构成,这在很大程度上决定了蔬菜价格。

(3)蔬菜年产量的变化会影响蔬菜市场供给,从而导致蔬菜价格出现相应的波动。中国蔬菜产业正处在发展的上升势头中,始于 20 世纪 90 年代,在 2010 年的时候,其总产量与 1990 年相比增长了 3 倍多。

(4)CPI 反映了居民生活消费品和服务价格水平间的对应关系,可将两者的变动情况充分地反映出来，蔬菜价格与 CPI 存在非常大的关联性，我们可以将其理解为辩证关系，分析常规农产品价格对 CPI 造成的变动可知，在所有的影响因素中，肉类和鸡蛋及鲜蔬菜零售价格指数位居前列。

（5）农村居民蔬菜需求量。中国是一个农业大国，农民所占比重较高，农村居民蔬菜需求量将对蔬菜价格有很大影响。农村居民消费从 1980 年到 2014 年的发展规律是先上升，后下降，然后趋于稳定。2010 年农村居民蔬菜需求量是 6262 万吨，庞大的需求量对蔬菜价格波动作用很大。

（6）原油价格与蔬菜价格存在正相关性，如果油价的上涨幅度为 4%，那么蔬菜种植所耗费的成本会上升 3%。油价上升，除了影响生产成本外，也会使物流成本增加。

（7）蔬菜价格波动与国内货币供应量的关联性非常大。如果中国农产品价格快速增长，那么前期货币供给量会存在类似的波动。在流通过程中，货币供应量与蔬菜价格存在正相关，两者变化方向基本保持一致。有中国学者做过研究，当流通中货币量扩大到 1 万亿元的时候，大白菜每千克上涨的幅度大约为 0.43 元，黄瓜每千克上涨的幅度大约为 0.76 元，西红柿每千克上涨的幅度大约为 0.83 元，菜椒每千克上涨的幅度大约为 1 元，四季豆每千克上涨的幅度大约为 1.2 元（宋长鸣等，2013）。

6.4 本章小结

本章首先全面分析了选取 29 个特征指标所使用的方法。阐述了预警系统特征指标选取的原则，这样就可以针对特征指标完成全面的波动及独立性方面的分析。前者涉及 29 个指标所对应的周期及变化趋势因素，同时还分析了其非经济波动方面的因素。后者涉及 29 个指标数据相对应的均方差、相关性系数及主成分等方面的分析，以及样本特征指标贡献度分析。分析差异化结果是建立在差异化的特征指标选取基础之上完成的，通过它们的对比分析，可以保证预测预警系统有着比较高的可靠度。

第7章 基于支持向量机的蔬菜价格指数预测预警

本章进行基于支持向量机的蔬菜价格指数预测预警，首先使用综合选取法，进行蔬菜价格指数预警特征指标提取。主要包括三种方法，分别为均方差法、相关系数法、主成分分析法。选定 X_3，成本利润率；X_9，蔬菜种植面积；X_{15}，城镇居民家庭恩格尔系数；X_{20}，相关替代品价格；X_{22}，农村居民蔬菜需求量；X_{28}，人民币汇率。这些指标可作为预警模型完成相应的输入。指标贡献度方面，选取物质费用投入（X_1）、蔬菜年产量（X_8）、蔬菜种植面积（X_9）、原油价格（X_{11}）、农村居民蔬菜需求量（X_{22}）、货币的供应量（X_{26}）、CPI（X_{27}）。

之后针对上述特征指标提取进行基于 BP 神经网络的蔬菜价格指数预警和基于支持向量机的蔬菜价格预警，最后对其结果进行对比，研究其精度。发现建立在指标贡献度法基础之上的支持向量机具有非常高的预警精度，适合本书研究。

7.1 蔬菜价格指数预警特征指标提取

因为一种特征选取方法所对应的数学形式过于片面，这样在预测的过程中会漏掉变化非常小，但具有关键含义的特征。这种情况下选择特征指标需要考虑众多的因素，使数学形式更加多样化，有助于展现出指标在价格指数中发挥的作用。本节的特征指标提取方法采用综合选取法，即综合均方差法、相关系数法和主成分分析法，以及前面章节提到的指标贡献度方法。

使用综合均方差法确定的指标如下：X_1，物质费用投入；X_{15}，城镇居民家庭恩格尔系数；X_{21}，蔬菜出口量；X_{22}，农村居民蔬菜需求量；X_{23}，城镇居民蔬菜需求量；X_{28}，人民币汇率。

使用相关系数法确定的指标具体如下：X_2，劳动力投入；X_3，成本利润率；X_{10}，蔬菜进口量；X_{15}，城镇居民家庭恩格尔系数；X_{20}，相关替代品价格；X_{27}，CPI。

主成分分析法本质上是作为统计方法而存在的，可完成事物所对应的特征方面的描述，尤其是针对比较复杂的初始问题时，可以使其有效简化。依托降维法，可以通过多元因子完成关键影响因子的提取工作，从而充分了解事物的内在本质。基于上述分析，可以有效划分特征指标，相应所有的特征如下：第一主成分所存在的关键指标为 X_1、X_4、X_5、X_6、X_7、X_8、X_9、X_{10}、X_{11}、X_{12}、X_{13}、X_{14}、X_{16}、

X_{17}、X_{18}、X_{19}、X_{21}、X_{22}、X_{23}、X_{24}、X_{25}、X_{26}、X_{27} 和 X_{28}。第二主成分指标涵盖了 X_{15}（城镇居民家庭恩格尔系数），X_{20}（相关替代品价格），X_{27}（CPI）和 X_{29}（蔬菜成灾面积）。第三主成分相对应的指标只有 X_3（成本利润率）。在这个过程中需要重视其全面性，上述主成分都需要考虑进去，有必要完成第一主成分的指标筛选工作。基于均方差及相关性方面的分析，针对其结果赋予其一样的权重，对指标完成排序，获得靠前的指标。将所有特征指标相对应的相关系数及均方差的排名完成叠加，获得相应的数值，得到综合性的排名。这三种主成分都需要包括在其中。第一步，选择第二主成分相对应的 X_{15}、X_{20} 及第三主成分相对应的 X_3 等特征指标；第二步，选择第一主成分相对应的指标 X_{28}、X_{22} 和 X_9。

基于以上多方面的分析，选定 X_3，成本利润率；X_9，蔬菜种植面积；X_{15}，城镇居民家庭恩格尔系数；X_{20}，相关替代品价格；X_{22}，农村居民蔬菜需求量；X_{28}，人民币汇率。将这些指标作为预警模型的输入。本部分分别采取两种模型进行预测预警，即 BP 神经网络和支持向量机，并对预测预警精度进行比较分析，遴选出一种合适的蔬菜价格指数预测预警模型。

采用指标贡献度分析遴选出的指标为物质费用投入（X_1）、蔬菜年产量（X_8）、蔬菜种植面积（X_9）、原油价格（X_{11}）、农村居民蔬菜需求量（X_{22}）、货币供应量（X_{26}）、CPI（X_{27}）。以下用 BP 神经网络及支持向量机完成针对获得的指标预测预警分析，选取出精度较高的模型。

7.2 基于 BP 神经网络的蔬菜价格指数预警

7.2.1 神经网络介绍

神经网络理论理解起来比较困难，部分研究者认为其存在科学性不足的问题，同时精度也欠缺，还可能具有较强的不可知性。另外，该理论获得的计算结果无法形象地展现出来。但其短期预测效果显著，且针对神经网络模型所存在的构造精度及稳定性有着非常好的预测效果，同时在容错、学习、纠错等方面具有超强的能力。

神经网络理论源自 McCulloch 和 Pitts（1943）。它于 20 世纪 40～60 年代起步，由于电子线路交叉存在极限困难，阻碍了对其进行深入研究。后来计算机技术的诞生为其重新注入了发展动力，出现了 Hopfield 模型（Hopfield，1982），此后发展非常迅速。

1. 神经网络预测基本原理

神经元输入模式包括以下几个部分，分别为输入、网络所存在的权值及阈值、求和单元、传递函数、输出。激励函数（activation function）逻辑可以理解为输出函数相对应的节点,权重(weight)可以理解为节点串联相对应的加权值。它们在网络连接方面存在差异。基本单元具体就是人工神经元所构成的相关网络,详见图 7-1,μ_i 为神经元 i 所对应的变量值;w_{ij} 为连接神经元 x_j 相对应的权重;x_j 为输入数值;θ_i 为阈值;s_i 为外部输入所对应的控制值;y_i 为期望值;Σ 为各输入数值的求和。

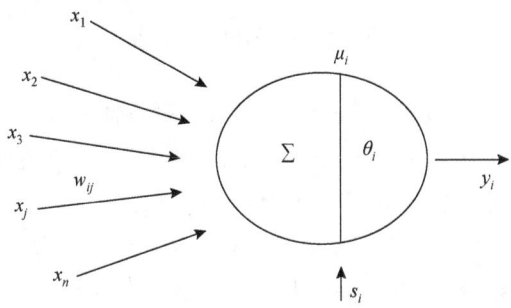

图 7-1 神经元模型

描述神经元模型一般使用一阶微分方程来进行,随后呈现出膜电位变动所存在的趋势。f 为神经元相对应的输出函数,传递函数包括 tansig、sigmoid、logsig 等。

1)阈值型,具体为阶跃函数

$$f(x) = \begin{cases} 1, & x \geqslant 0 \\ 0, & x < 0 \end{cases}$$

2)非线性型,普遍为单极性 sigmoid 函数

$$f(x) = 1/(1+e^{-x})$$

偶尔用双极性 sigmoid 函数

$$f(x) = (1-e^{-x})/(1+e^{-x})$$

3)分段线性类型的函数

$$f(x) = \begin{cases} 1, & x_c \leqslant x \\ cx, & 0 < x < x_c \\ 0, & x \leqslant 0 \end{cases}$$

4)概率类型的函数

$$P(1) = 1/(1+e^{-x/T})$$

神经元必须遵循一定的规则,结构详见图 7-2。神经元在排序的过程中,首先是输入层,其次是隐层,最后是输出层。传播顺序也是按照这个进行的,没有反馈。

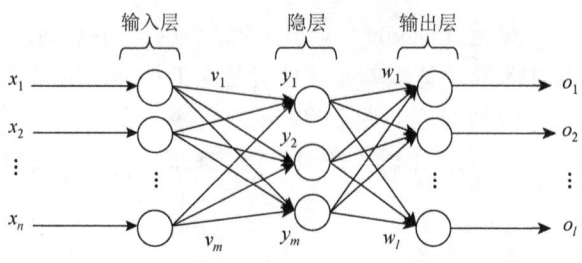

图 7-2 三层 BP 神经网络

图 7-2 所展示的三层 BP 神经网络，输入向量具体为 $X=(x_1,x_2,\cdots,x_n)^T$，隐层相对应的输入向量具体为 $Y=(y_1,y_2,\cdots,y_m)^T$，输出层相对应的输出向量具体为 $O=(o_1,o_2,\cdots,o_l)^T$，期望输出向量具体为 $D=(d_1,d_2,\cdots,d_l)^T$。在输入层和隐层间所存在的权值矩阵主要使用 V 来表示，$V=(v_1,v_2,\cdots,v_m)$，隐层与输出层间所存在的权重矩阵具体为 $W=(w_1,w_2,\cdots,w_l)$。层间函数关系如下。

（1）输出层具体为

$$o_k = f(\text{net}_k), \quad k=1,2,\cdots,l$$

$$\text{net}_k = \sum_{j=0}^{m} w_{jk} y_j, \quad k=1,2,\cdots,l$$

（2）隐层具体为

$$y_j = f(\text{net}_j), \quad j=1,2,\cdots,m$$

$$\text{net}_j = \sum_{i=0}^{n} v_{jk} x_i, \quad j=1,2,\cdots,m$$

其转移函数 $f(x)$ 为单极性 sigmoid 函数。上述完成了数学模型的构建，用来有效描述三层 BP 神经网络。

2. BP 神经网络的学习方法

分析 BP 神经网络相对应的学习算法，误差 E 相对应的详细描述如下（韩力群，2002）：

$$E = \frac{1}{2}(D-O)^2 = \frac{1}{2}\sum_{k=1}^{l}(d_k - o_k)^2 \qquad (7\text{-}1)$$

展开上述的误差定义式，将其转移到隐层，具体为

$$E = \frac{1}{2}\sum_{k=1}^{l}[d_k - f(\text{net}_k)]^2 = \frac{1}{2}\sum_{k=1}^{l}\left[d_k - f\left(\sum_{j=0}^{m} w_{jk} y_j\right)\right]^2$$

继续展开，将其转移到输入层，具体为

$$E = \frac{1}{2}\sum_{k=1}^{l}\left\{d_k - f\left[\sum_{j=0}^{m}w_{jk}f(\text{net}_j)\right]\right\}^2 = \frac{1}{2}\sum_{k=1}^{l}\left\{d_k - f\left[\sum_{j=0}^{m}w_{jk}f\left(\sum_{i=0}^{n}v_{ij}x_i\right)\right]\right\}^2 \quad (7\text{-}2)$$

$$\Delta w_{jk} = -\eta \frac{\partial E}{\partial w_{jk}}, \quad j=1,2,\cdots,m; k=1,2,\cdots,l$$

$$\Delta v_{ij} = -\eta \frac{\partial E}{\partial v_{ij}}, \quad i=1,2,\cdots,n; j=1,2,\cdots,m$$

3. 神经网络的设计

（1）根据隐层数的设计理论，在不限制隐层节点的前提条件下，具有单隐层的前馈神经网络映像全部的连续函数。因此，本书的网络设计采取了单隐层神经网络结构，网络结构即输入层、输出层和隐层。

（2）输入层节点数。

（3）输出层节点数。

（4）隐层节点数。从样本中获得，并储存自己的内部规则，每个节点都有一个砝码，用来表示每个图像增强网络功能数。一般来讲，一个涵盖了非常多的隐层相对应的神经网络，可以全面地描述输入到输出所存在的非线性的任意精度的图像。实际上，隐层节点存在一定的限制，所以需要确定需求数量的隐层节点数。在设置的过程中，节点数太少会使得训练集样本无法全面概括；如果过多，就会存在"过拟合"的情况，相应的神经网络所对应的泛化能力就会被减弱。因此在设置隐层节点个数的过程中，需要建立在训练样本数量的基础之上来确定。

首先，设置较少的隐藏节点，其次是训练网络，最后是扩大隐藏节点的数量，基于此种方法就可以获得隐层节点数。试错法是一种非常不错的选择，可以有效地完成最优隐层个数的选定（韩力群，2002）。

7.2.2 样本准备

将前面通过综合选取法选取的六个指标作为 BP 神经网络的输入。X_3，成本利润率；X_9，蔬菜种植面积；X_{15}，城镇居民家庭恩格尔系数；X_{20}，相关替代品价格；X_{22}，农村居民蔬菜需求量；X_{28}，人民币汇率。

指标贡献度分析法选取出的指标为物质费用投入（X_1）、蔬菜年产量（X_8）、蔬菜种植面积（X_9）、原油价格（X_{11}）、农村居民蔬菜需求量（X_{22}）、货币供应量（X_{26}）、CPI（X_{27}）。

需要注意数据所存在的多样性，同时还需要考虑有效提升训练效率，基于此种考量，有必要完成针对输入数据相对应的归一化处理，可以理解为数据无单位化形式的处理，然后完成样本数据相对应的映射，具体范围为[0, 1]。

训练样本数量选择的过程中需要充分考虑输入输出非线性相对应影射所存在的复杂度，如果是大型网络，那么样本数量对比网络连接权数量，前者为后者的 5～10 倍，据此可完成训练网络的构建。可构建模型系统的输入和输出就是神经网络的输入输出变量。本小节在训练和检验过程中所用到的样本取自《中国统计年鉴》《中国农村统计年鉴》《全国农产品成本收益资料汇编》《中国海关统计年鉴》。

7.2.3 BP 神经网络创建

依托神经网络工具箱（R2012bNNET 7.0）完成本书神经网络的构建工作，基于上述确定的输入及输出相对应的价格指标的数量，BP 神经网络模型相对应的输入节点数量等同于输入指标的数量，而输出节点数量为 1。

隐层节点数量具体为（输入指标的数量＋1）/2＋a，（a 为 1～10 的常数）。

基于试错法，如果隐层相对应的节点数为 8，那么网络就会具有非常高的稳定性，同时运行效率最高。

Matlab 代码如下：
```
input=[X1,Xi,L,Xn]T
output=[y1,y2,L,ym]
net=newff(input,output,11,{'tansig''purelin'},'trainlm');
%完成双隐含层神经网络的构建工作,相应的输出就是双曲正切合纯线性类型的数据
net.trainParam.epochs=200;
%训练耗时具体就是200
net.trainParam.goal=1e-30;
%训练误差具体就是1e-30
net.trainParam.mu_dec=0.00003;
%梯度模式的下降数值具体就是0.00003,其他参数不做改变
net=train(net,input,output);
%训练完成网络的构建工作
```

BP 神经网络在训练的过程中存在局部最小的情况，基于此种情况需要完成多

次迭代,这样精确度才能符合标准。代码如下:

```
while true
net=newff(input,output,8,{'tansig' 'purelin'},'trainlm');
net.trainParam.epochs=200;
net.trainParam.goal=1e-30;
net.trainParam.mu_dec=0.00003;
[net,tr]=train(net,input,output);
if tr.perf(end)<tr.goal
  break
end
end
```

input 为完成输入相对应的样本矩阵;output 为完成输出相对应的目标样本矩阵;net 为完成创建的 BP 神经网络模型。接下来需要基于此模型进行预测。

7.2.4 BP 神经网络训练

相应的训练样本时间跨度为 1995~2014 年,总共 20 年,选 19 年为训练集,将剩下的某一年作为预测验证集。

综合选取法相对应的输入指标 $input = [X_3, X_9, X_{15}, X_{20}, X_{22}, X_{28}]^T$;指标贡献度法相对应的输入指标 $input = [X_1, X_8, X_9, X_{11}, X_{22}, X_{26}, X_{27}]^T$。

完成 $6 \times 8 \times 1$ 和 $7 \times 8 \times 1$ 神经网络结构的构建,根据模型训练情况选择 Levenberg-Marquardt 算法。

如果训练走到第 15 步的时候,网络性能正好符合标准,同时满足训练误差的要求。完成第 2 次迭代后,训练收敛过程以一个曲率下降,直至达到目标精度值。

7.2.5 BP 神经网络预测结果

蔬菜价格指数时间跨度为 1995~2014 年,总共 20 年,将某年相关特征指标数值筛选出来,就是 BP 神经网络相对应的输入参数,从而完成预测。

通过综合选取法完成特征指标的选取工作,并进行预测,相应的结果详见图 7-3,训练神经网络与原始变化曲线相对应的变化趋势高度拟合,具有强烈的一致性。

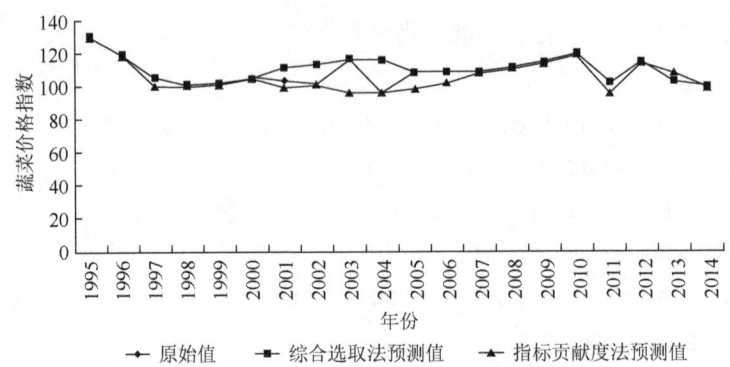

图 7-3 基于综合选取法与指标贡献度法的蔬菜价格指数预测值对比图

根据原始值、综合选取法预测值、指标贡献度法预测值，我们可以很容易算出预测值与原始值的 MSE，分别是 32.8 与 31.2。由此，我们得出基于指标贡献度法的预测精度较高，下面我们基于指标贡献度法的预测结果进行预警分析。

7.2.6 BP 神经网络预警

1）蔬菜价格指数预警相对应的警区及警限

一般利用系统化方法确定警情指标变量的警限，根据一些客观原则进行研究，涵盖了物价原则、均数原则、多数原则及负数原则等多方面的原则。根据这些原则，有效利用其结果，可以使得结论更合理（王蕾，2011）。

物价原则是指需要保证蔬菜价格指数高于 CPI，如果无法实现，证明蔬菜种植效益均值不增反降，这样菜农容易变得比较消极，警情有可能会出现。1995～2014 年，该阶段中国 CPI 均值是 103。均数原则可以理解为使用警情指标均值作为无警警限的下限，如果蔬菜价格指数与警情平均值相比偏低，表明蔬菜价格存在下降的情况，也就说明出现了警情。1995～2014 年，该阶段中国蔬菜平均价格指数为 107.9。负数原则可以理解为在选择重警警限时，选取的是零增长及负增长，其表明经济意义出现绝对下降的情况。建立在负数原则的基础上，相应的重警警限上限为 100。因为蔬菜价格指数需要保持在合理的范围内，如果太高，那么蔬菜种植规模就会过大，相应的产量就会过高，可能导致市场价格降低，所以在选择无警警限上限的时候，应为 150。警限划分详见表 7-1。

表 7-1 蔬菜价格风险预警警区及警限

项目	无警警区	轻警警区	中警警区	重警警区
蔬菜价格指数	(107.9, 150]	(103, 107.9]	(100, 103]	(0, 100]

2）BP 神经网络预警结果

输入向量（X_i）为此前的 7 个指标，蔬菜价格指数为输出向量（Y）。时间跨度为 1995～2014 年，筛选某年数据，然后将其视为测试样本相对应的数据集，而将其他 19 个年份视为训练样本相对应的数据集。采用 BP 神经网络训练结果基础上的数学模型，首先需要进行最优化处理，其次就是学习，最后就是预测，从而完成针对模型相对应的预测及预警检验，详见表 7-2。

表 7-2 BP 神经网络综合特征值预警结果

年份	实际值	指标贡献度法预测值	预测警度	实际警度	预测误差
1995	129.3	129.3000	无警	无警	无
1996	118.4	118.4000	无警	无警	无
1997	99.5	99.5000	重警	重警	无
1998	100.3	100.3000	中警	中警	无
1999	100.4	100.4000	中警	中警	无
2000	105.3	105.3000	轻警	轻警	无
2001	103.3	98.4978	重警	轻警	有
2002	100.8	100.8000	中警	中警	无
2003	116.3	95.5384	重警	无警	有
2004	95.2	95.2097	重警	重警	无
2005	108.1	98.6661	重警	无警	有
2006	108.1	101.7949	中警	无警	有
2007	107.9	107.9090	无警	无警	无
2008	110.4	110.4020	无警	无警	无
2009	113.2	113.9841	无警	无警	无
2010	119	118.9750	无警	无警	无
2011	101	94.6492	重警	中警	有
2012	113.7	113.7000	无警	无警	无
2013	108	108.0000	无警	无警	无
2014	98.8	98.8000	重警	重警	无

依托指标贡献度法完成特征指标的选择，分析其模型检验相对应的结果，可以了解到预警的精准度非常高，超过 75%，表明模型预测具有非常好的效果，可以实现蔬菜价格指数的预警，而综合选取法所对应的精准度要低一些，具体为 65%。

7.3 基于支持向量机的蔬菜价格指数预警

7.3.1 支持向量机分析方法

支持向量机相对应的数学模型可理解为约束二次规划方面的问题,具体就是依托有效工具解决新的模式识别方面的问题。它基于统计学习理论,针对问题进行有效分类及预测。

1. 支持向量机的原理介绍

支持向量机从本质上来讲就是作为限制性非线性规划问题而存在的(崔建明等,2013)。

$$\text{Minimize} \quad \Phi(w,b) = \frac{1}{2}\|w\|^2$$
$$y_i(x_i \cdot w + b) - 1 \geq 0, \quad i = 1, 2, \cdots, l$$

其中,x_i 为文本向量;y_i 为分类标记;$\|w\|$ 为向量 w 的范数,范数是对向量长度的一种度量。

这是一个严格的凸规划,目标函数是严格凹二次约束函数中呈现凹的函数。满足约束的 w 就是最优分类超平面的法向量。根据最优化理论及凸二次规划方法,可以将其转换为沃尔夫双重问题:

$$\text{Maxmize} \quad W(\alpha) = \sum_{i=1}^{l} \alpha_i - \frac{1}{2} \sum_{i,j}^{l} \alpha_i \alpha_j y_i y_j x_i x_j$$
$$\text{s.t.} \quad \sum_{i=1}^{l} \alpha_i y_i = 0$$
$$\alpha_i \geq 0, \quad i = 1, 2, 3, \cdots, l$$

其中,α_i 为每个样本对应的拉格朗日乘子。

代替对偶问题中的点积,主要使用卷积核函数 $K(x_i, x_j)$ 来完成。

模型具体为

$$\text{Minimize} \quad \text{Wolf } e(\alpha) = \frac{1}{2} \alpha^\mathrm{T} H \alpha - [1,1,\cdots,1]_l \alpha$$
$$\text{s.t.} \quad \sum_{i=1}^{l} \alpha_i y_i = 0$$
$$0 \leq \alpha_i \leq C, \quad i = 1, 2, 3, \cdots, l$$

H 为半正定相对应的对称阵 $[y_i y_j K(x_i,x_j)]_{i,j=1}^{l}$,线性为 $(XY)^T(XY)$,$X=[x_1,x_2,\cdots,x_l]$,$Y=\text{diag}(y_1,y_2,\cdots,y_l)$,$\alpha=[\alpha_1,\alpha_2,\cdots,\alpha_l]^T$。

针对 Kuhn-Tucker,对偶问题从本质上来讲依然是带有限制的二次规划,等价地相应为

$$\alpha_i = 0 \Leftrightarrow y_i u_i \geq 1$$
$$0 < \alpha_i < C \Leftrightarrow y_i u_i = 1$$
$$\alpha_i = C \Leftrightarrow y_i u_i \leq 1$$

其中,u_i 为分类平面函数作用在 x_i 上的输出:

$$u_i = \sum_{j=1}^{l} y_j \alpha_j K(x_j,x_i) - b \tag{7-3}$$

2. 支持向量机的回归过程

1) 线性回归

获得线性函数 f,可以完成数据相对应的建模,其本质是线性回归方面的问题,对训练集 S,$x_i \in X \subseteq R^n$:

$$y = f(x) = (wx) + b$$

高斯和勒让德在这方面具有非常高的知名度,其阐述了两点:一点是训练点误差平方,另一点是最小二乘法(刘俊娥等,2013)。

确定参数 (w,b) 相对应的数据偏离法:

$$L(w,b) = \sum_{i=1}^{l} [y_i - (wx_i) - b]^2$$

特定参数选择带米的损失通过平方和度量,而相应的函数 L 具体为平方损失函数。

Vapnik 用了一种新的损失函数表达,也就是 ε 不敏感损失函数:

$$L(y,f(w,b)) = L(|y-f(w,b)|_\varepsilon) \tag{7-4}$$

其中,

$$|y-f(w,b)|_\varepsilon = \begin{cases} 0, & |y-f(w,b)| \leq \varepsilon \\ |y-f(w,b)|-\varepsilon, & \text{其他} \end{cases}$$

假设预测值和实际值差值与 ε 相比要小一些,那么相应的损失就是 0,依托损失函数完成 ε 不敏感模型有效的描述。如果全部训练样例相对应的实际值 y_i 所存在的偏差小于等于 ε,这种情况下获得光滑函数 $f(x)$,其就是 ε-Sv 回归相对应的目标。将 $\|w\|^2$ 最小化使得此问题得到有效的解决。

2）非线性回归

如果研究数据功能比较抽象，这样目标概念建立在简化线性函数基础之上的组合生成的属性就无法得到。核函数增强了线性学习者的计算能力，其提供了另一种方式将数据映射到高维空间。使用非线性映射 $\phi(\cdot)$，对于非线性回归问题，这个空间存在一个线性回归函数，具体为

$$f(x) = w \cdot \phi(x) + b \tag{7-5}$$

可以得到约束优化问题，根据结构风险的最小化原理

$$\min \quad \frac{1}{2}\|w\|^2 + C\sum_{i=1}^{l}(\xi_i + \xi_i^*)$$

$$\text{约束} \quad \begin{cases} y_i - (w \cdot \phi(x_i)) - b \leqslant \varepsilon + \xi_i \\ (w \cdot \phi(x_i)) + b - y_i \leqslant \varepsilon + \xi_i^* \\ \xi_i, \xi_i^* \geqslant 0, \quad i = 1, 2, 3, \cdots, l \end{cases}$$

对偶优化问题的求法可模仿线性支持向量，由拉格朗日乘子法定义函数

$$\begin{aligned} L = & \frac{1}{2}w^{\mathrm{T}}w + C\sum_{i=1}^{l}(\xi_i + \xi_i^*) - \sum_{i=1}^{l}\alpha_i((w \cdot \phi(x_i)) + b - y_i + \varepsilon + \xi_i) \\ & - \sum_{i=1}^{l}\alpha_i^*(y_i - (w \cdot \phi(x_i)) - b + \varepsilon + \xi_i) - \sum_{i=1}^{l}(v_i\xi_i + v_i^*\xi_i^*) \end{aligned} \tag{7-6}$$

3. 支持向量机的学习算法

很多学者比较重视支持向量机方法，它涵盖了统计与机器学习的算法及模型，支持向量机理论基础非常好，具有全方位的泛化性能。但是，该计算算法也有很多不足，如算法过于复杂，执行起来存在比较大的难度，效率比较低，计算量非常大等。

样本数据相对应的计算方法如下。

1）Chunking 算法

Chunking 算法对于支持向量机所存在的二次规划问题可以有效地解决，筛选出全部不是零的拉格朗日乘子法，这是求解二次规划问题的终极目标，同时删除所有零拉格朗日乘数。分块算法过程如下。

（1）首先获取训练样本集。

（2）将其最优化状态解出，同时获得支持向量相对应的分类。

（3）应用分类测试集所存在的 N 个样本，可以使得偏离最佳程度所对应的秩序成为备用工作集 C 相对应的最佳条件。

（4）非支持向量样本在 B 中剔除，添加 C 以形成一个新的工作集合 B，则返回到步骤 2。

该算法使得内存需求得到有效降低，矩阵的大小发生了变化，从 l^2 变成 s^2（s

是支持向量所存在的数目），在获取支持向量的过程中，理想结果是很难获得的。

2）分解算法

算法步骤如下。

（1）将训练样本集 Q 中样本形成的工作集 B 去除，这样会留下样本 N，标记为 q。

（2）获得支持向量分类，对 B 求解最优化问题，使用的主要方法为二次规划法。

（3）使用分类器完成针对集合 N 中所存在的样本测试工作，这样就可以获得最优化的条件或者 N 为空集。

3）序列最小优化算法

尽管二次规划问题比原问题要少一些，不过在解决的过程中需要依托数字方法来进行，通过前面两种算法，可有效解决二次规划问题。序列最小优化（sequential minimum optimization，SMO）算法从本质上来讲就是作为分解算法而存在的，在迭代的过程中不再需要都调用一次数值，从而完成二次规划问题所对应的复杂函数的求解，取而代之的是非常简单的程序代码。从中可以看到计算效率提升非常大，虽然 SMO 算法二次规划问题数目增长，不过节省了存储空间。对于大的支持向量机训练问题，单人计算机即可处理，可避免针对巨量完整矩阵的处理，基于此，SMO 算法是一种得到很多人认同的算法。

传统支持向量机优化算法存在很多种类，涵盖了块算法及固定工作样本集法，我们将其与 SMO 算法作对比，相同之处是都完成了大问题的分解。SMO 算法将优化问题进行压缩，使其达到最小的程度。在使用二次规划数值解法的过程中，其迭代过程是非常复杂的，而使用 SMO 算法则完全没有这样的问题，其优势就是能够解析问题。SMO 算法非常节省存储空间，但是 SMO 算法不太适合非线性，不过却非常适用于线性支持向量机。

7.3.2 样本准备

依然采用前面综合选取法提取的 6 个指标作为支持向量机预警模型的输入，分别为 X_3，成本利润率；X_9，蔬菜种植面积；X_{15}，城镇居民家庭恩格尔系数；X_{20}，相关替代品价格；X_{22}，农村居民蔬菜需求量；X_{28}，人民币汇率。

指标贡献度分析法选取出的指标为：物质费用投入（X_7）、蔬菜年产量（X_8）、蔬菜种植面积（X_9）、原油价格（X_{11}）、农村居民蔬菜需求量（X_{22}）、货币供应量（X_{26}）、CPI（X_{27}）。

考虑到数据多样性，同时为了使训练效率获得有效地提高，针对输入数据完成全面、有效的无量纲处理，归一化处理所选取的数据，从而保证其特征数据范围具体为[0, 1]。

因为网络训练在选择样本数量的时候，其根据输入输出非线性映像所存在的复杂情况进行选择，映像关系与样本噪声存在正比例关系。为了使得映像精度高，则与之匹配的样本数就要多，相应的网络就会变大。样本数对比网络连接权中所存在的总数，前者为后者的 5～10 倍（崔建明等，2013）。一个待建模系统的输入-输出就是神经网络的输入输出变量。本小节训练和检验过程中的样本均来自《中国统计年鉴》《中国农村统计年鉴》《全国农产品成本资料收益汇编》《中国海关统计年鉴》。

7.3.3 支持向量机模型训练

本书使用 Libsvm 软件包完成建立在支持向量机基础之上的蔬菜价格指数相对应的预测模型的构建。支持向量机网络相对应的训练样本的时间跨度为 1995～2014 年，筛选某年数据，然后将其视为测试样本相对应的数据集，而将其他 19 个年份视为训练样本相对应的数据集。针对 29 个特征指标完成归一化的处理，获得相应的数值，基于此构建输入向量相对应的分量（X_i），在这种情况下蔬菜价格指数值具体就是输出向量（Y）。

由于 Libsvm 详细的参数设计存在非常大的复杂性，需要对其进行说明，说明如下：

-d degree：核函数所存在的 degree 设置（主要就是多项式核函数）（默认数值为 3）

    -s svm 类：SVM 完成类型的设置（默认数值为 0）
    0 —C-SVC
    1 —v-SVC
    2——类 SVM
    3—epsilon-SVR （用 SVM）
    4—nu-SVR
    -t 核函数种类：完成核函数的类型设置工作（默认数值为 2）
    0—线性：$u'v$
    1—多项式：$(ru'v + coef\ 0)$^degree
    2—RBF 函数：exp（$-gamma|u-v|$^2）（用 SVM）
    3—sigmoid：tanh（$ru'v + coef\ 0$）
    -g r（gamma）：核函数所存在的 gamma 函数方面的设置（主要是多项式/rbf/sigmoid 相对应的核函数）（默认数值为 1/k）

    -g 选项所存在的 k 具体就是输入数据所存在的属性数

    -c cost：设置 C-SVC，e-SVR 以及 v-SVR 相应的参数（也就是损失函数）（默认数值为 1）

-r coef 0：核函数相对应的 coef 0 设置（主要就是多项式/sigmoid 核函数）（默认数值为 0）

-n nu：设置 v-SVC，一类 SVM 以及 v-SVR 相对应的参数（默认数值为 0.5）

-p p：设置 C-SVC，e-SVR 所存在的损失函数 p 的具体数值（默认数值为 0.1）

-m cachesize：设置 cacge 所存在的存储，单位：MB（默认数值为 40）

-e eps：设置相应的标准终止判据（默认数值为 0.001）

-h shrinking：应用启发式有无可能，0 或者是 1（默认数值为 1）

-wi weight：完成第几类相对应的参数 C 的设置，具体为 weight×C（C-SVC 为 C）（默认数值为 1）

-v n：n-fold 交互检验形式，n 具体就是 fold 所存在的数量，至少为 2

option -v 针对数据完成随机部分，转变为 n 部分，进而获得交互检验准确度及相应的均方根误差。

参数设置过程中对支持向量机类型及核函数参数进行随意的组合，对于参数函数或支持向量机类型来讲，如果没有影响，那么相应的程序就无法接受；存在参数设置错误的情况时，自动使用默认值。

在训练学习阶段，使用评价标准函数从而完成参数效果的评价，通常为估计误差方差，其网络结果如果处在比较好的情况时，那么 MSE 值就会处在最小的范围内。当匹配到真实值的时候就结束，否则就持续地进行参数调试。公式具体为 $\text{MSE} = \dfrac{1}{l-1}\sum_{i=1}(\alpha_i - p_i)^2$，$\alpha_i$ 为历史值，p_i 为预测值。

综合特征方面的训练如下。

（1）输入相应的特征指标 input = $[X_3, X_9, X_{15}, X_{20}, X_{22}, X_{28}]^T$。

（2）指标贡献度相应的输入指标 input = $[X_1, X_8, X_9, X_{11}, X_{22}, X_{26}, X_{27}]^T$。

（3）试用 Matlab 调用 libsvm 重复进行计算，参数设置确定如下：
model=svmtrain(output,input,'-s 3 -t 2 -p 0.01 -g 30 -c 22 -n 0.52')

从表 7-3 可以看出，训练迭代次数具体为 40 次，相应的网络性能符合标准，基本达到训练误差。网络参数详见表 7-4，各参数的含义见表 7-4 中的注释。

表 7-3　基于综合特征的支持向量机网络训练结果

Optimization finished，#iter = 40

nu = 0.312 912

obj = −632.626 072

tho = −108.036 148

nSV = 17

nBSV = 0

表 7-4 基于综合特征的支持向量机训练结果网络结构

参数	网络结构	含义
Parameters:	[5x1 double]	结构体变量，依次保存的是-s-t-d-g-r 等参数
nr_class:	2	分类的个数
totalSV:	17	总的支持向量个数
rho:	−108.0361	b = model.rho
Lable:	[]	—
sv_indices:	[17x1 double]	—
ProbA:	[]	—
ProbB:	[]	—
nSV:	[]	每一类支持向量的个数
sv_coef:	[17x1 double]	支持向量的系数
SVs:	[17x6 double]	具体的支持向量，以系数矩阵的形式存储

7.3.4 支持向量机的预测结果

表 7-5 为蔬菜价格指数的综合选取法预测值、指标贡献度法预测值与原始值的对比结果。

表 7-5 蔬菜价格指数的综合选取法预测值、指标贡献度法预测值与原始值的对比结果

年份	价格指数原始值	综合选取法预测值	指标贡献度法预测值
1995	129.300	128.34	128.6185
1996	118.400	118.39	118.3899
1997	99.500	99.51	99.5098
1998	100.300	100.31	100.3104
1999	100.400	99.01	99.4099
2000	105.300	105.31	105.3101
2001	103.300	103.29	103.3102
2002	100.800	100.81	100.8095
2003	116.300	116.29	116.2899
2004	95.210	95.22	95.2197
2005	108.114	108.10	108.1038
2006	108.149	108.16	108.1589

续表

年份	价格指数原始值	综合选取法预测值	指标贡献度法预测值
2007	107.909	107.90	107.9192
2008	110.402	110.39	110.3915
2009	113.229	113.24	113.2192
2010	118.975	118.97	118.9654
2011	101.000	101.01	101.0101
2012	113.700	113.69	113.6905
2013	108.000	108.01	107.9897
2014	98.800	98.81	98.8099

根据原始值与综合选取法预测值、指标贡献度法预测值对比，我们可以很容易算出预测值与原始值的 MSE，分别是 0.04 与 0.02。由此，我们得出基于指标贡献度法的预测精度较高，下面我们采用基于指标贡献度法的预测结果进行预警分析。

7.3.5 支持向量机的预警

输入向量（X_i）为此前的 7 个指标，蔬菜价格指数为输出向量（Y）。时间跨度为 1995~2014 年，筛选某年数据，然后将其视为测试样本相对应的数据集，而将其他 19 个年份视为训练样本相对应的数据集。采用支持向量机结果基础之上的数学模型，首先需要进行最优化处理，其次就是学习，最后就是预测，从而完成针对模型相对应的预测及预警检验，详见表 7-6。

表 7-6 基于指标贡献度法的支持向量机预警结果

年份	原始值	指标贡献度法预测值	预测警度	实际警度	预测误差
1995	129.300	128.6185	无警	无警	无
1996	118.400	118.3899	无警	无警	无
1997	99.500	99.5098	重警	重警	无
1998	100.300	100.3104	中警	中警	无
1999	100.400	99.4099	重警	中警	有
2000	105.300	103.3102	轻警	轻警	无
2001	103.300	103.3102	轻警	轻警	无
2002	100.800	100.8095	中警	中警	无
2003	116.300	116.2899	无警	无警	无
2004	95.210	95.2197	重警	重警	无

续表

年份	原始值	指标贡献度法预测值	预测警度	实际警度	预测误差
2005	108.114	108.1038	无警	无警	无
2006	108.149	108.1589	无警	无警	无
2007	107.909	107.9192	无警	无警	无
2008	110.402	110.3916	无警	无警	无
2009	113.229	113.2192	无警	无警	无
2010	118.975	118.9654	无警	无警	无
2011	101.000	101.0102	中警	中警	无
2012	113.700	113.6905	无警	无警	无
2013	108.000	107.9879	无警	无警	无
2014	98.800	98.8099	重警	重警	无

从使用指标贡献度方法完成特征指标的选择来看，分析其模型检验相对应的结果，可以了解到预警的精准度非常高，超过95%，表明模型预测具有非常好的效果，可以实现蔬菜价格指数的预警。综合 BP 神经网络和支持向量机使用指标贡献度法预警来看，准确率分别为75%和95%，由此我们可以看出基于支持向量机的蔬菜价格指数预警更精确。

7.4 BP 神经网络与支持向量机方法的比较

对比支持向量机与 BP 神经网络所获得的预测结果，了解到支持向量机在现实学习方面具有非常强的能力，这点比 BP 神经网络好得多。支持向量机在理论学习方法方面优势明显，非常适合小样本，这方面也比 BP 神经网络更优。它与概率测度及大数定律均没有关联性，因而计算回归问题时会非常简单。

支持向量机不管是理论方面抑或是现实情况中都有着非常不错的表现。支持向量机的推广能力非常强，尤其在非线性分类及函数逼近方面，除此之外还包括模式识别等方面，突破了传统网络学习结构构建过程中存在的一些限制。另外，它的适用性非常强，建立在支持向量机基础之上的快速迭代方法和简化算法也可以得到充分的优化。支持向量机计算具有整体性最好的求解结果，而 BP 神经网络则存在很多不足，往往会存在局部最优的情况。

从细节上看，BP 神经网络具有以下缺陷。第一，BP 神经网络在训练过程中存在局部最小的情况。第二，BP 神经网络具有较差的泛化能力，可以理解为其对外推广的能力是非常差的。BP 神经网络相对应的训练网络能够实现针对训练数据非常优质的拟合，不过，如果数据处在训练集的范围之外，会非常容易发生过拟合的情况。数据集是在指定的样本年份相应的时间点基础之上的结果，BP神经网络针对其结果可以有效地完成学习。不过如果样本点是未知的，其情况就会不同，与利用平缓曲线得到的原始图形变化存在较大差异，会使得不同学习或者训练情况可能对未知结果的预测产生较大差异。第三，隐层的节点数和层数存在不确定性。隐层节点数无法通过严谨的数学推导得出，从而使得训练和预测结果无法达到较优的效果。

通过分析两者前面预测及预警所获得的结果可以了解到，支持向量机表现出针对样本点及趋势相对应的精准学习，而BP神经网络的学习能力在样本变化趋势方面表现较差，这个结论我们可以从曲线拟合程度方面了解到。BP神经网络预测所获得的结果相对应的图形与原始图形存在较大偏差。当然，未知数据相对应的预测缺乏精准的理论，无法说明未来蔬菜价格指数与平滑波形的变化类似。但是从历史样本中，我们可以了解到真实结果没有展现出跳跃性，因此对于未知数据来讲，与平滑波形变化存在很大的相似性。

不过，BP神经网络也存在一些优点。如果样本数据非常多，非线性模型优化又有着非常高的要求，主要表现在计算及存储等方面，这样将导致预测目标很难达成，如果使用线性预测，得到的结果会很差，在这种情况下采用BP神经网络进行预测是一种比较好的选择。

7.5 本章小结

本章使用综合选取法完成了特征指标的选择。主要包括三种方法：均方差法、相关系数法、主成分分析法。选定X_3，成本利润率；X_9，蔬菜种植面积；X_{15}，城镇居民家庭恩格尔系数；X_{20}，相关替代品价格；X_{22}，农村居民蔬菜需求量；X_{28}，人民币汇率。这些指标作为预警模型的输入。指标贡献度分析法选取出的指标为，物质费用投入（X_1）、蔬菜年产量（X_8）、蔬菜种植面积（X_9）、原油的价格（X_{11}）、农村居民蔬菜需求量（X_{22}）、货币供应量（X_{26}）、CPI（X_{27}）。

本章针对上述两种方法完成BP神经网络及支持向量机预测预警，对其结果进行对比，研究其精度。发现建立在指标贡献度法基础之上的支持向量机具有非常高的预警精度，适合本书的研究。

第 8 章　基于神经网络和 HP 滤波混合模型的蔬菜时间序列价格预警

本章选取人们经常消费的蔬菜品种价格进行预测预警研究。由于很难获取影响某种蔬菜价格的因素，以及相应数据，选取基于神经网络和 HP 滤波的时间序列混合模型预警方法对具体品种蔬菜价格进行预测预警（Li et al., 2014）。时间序列混合模型预警方法重点对蔬菜时间序列价格数据进行趋势和周期分解，然后分别用神经网络进行预测，该方法与前面蔬菜价格指数预警不同的是，不需要对自变量因素进行研究，该方法对于探寻影响蔬菜的价格因素比较困难时较为适用（康艺芝等，2014）。当前线性预测和神经网络不是很适合解决时间序列数据预测的问题。线性预测模型无法处理非线性关系，而单独的神经网络模型不能够在同一时间处理线性和非线性关系。但是，线性的 HP 滤波模型能够提取时间序列数据中的趋势和周期性分量。我们可以结合线性和非线性式样来预测数据。本章提出了一种神经网络和 HP 滤波的混合模型，它能单独学习趋势和季节模式。本章实证研究采用五种蔬菜价格数据来进行评估。最后本章将该模型预测方法与 ARIMA 预测方法进行比较，研究结果表明该混合模型方法预测的精度更高。

对神经网络和 HP 滤波混合模型预警研究过程中，采集西红柿、黄瓜、大白菜、四季豆、菜椒月度历史价格数据，数据来源于全国集贸市场蔬菜月度价格数据，从 2002 年 1 月到 2015 年 2 月，总共包括 158 个月。

8.1　神经网络和 HP 滤波混合模型

本节我们结合神经网络和 HP 滤波的特点，建立一个混合的预测模型。图 8-1 为建议的时间序列预测框架。它包括三个阶段：数据分解、数据预测和数据结合。

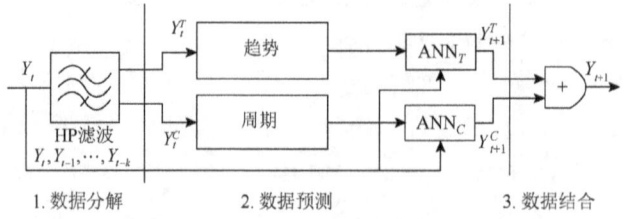

图 8-1　基于神经网络和 HP 滤波混合模型的预测框架

Y_t 为蔬菜时间序列价格；Y_t^T 为蔬菜时间序列价格趋势成分；Y_t^C 为蔬菜时间序列价格周期成分

第一步，时间序列数据通过 HP 滤波模型，产生趋势和周期。由于 HP 滤波是线性模型，预测完毕后我们将趋势和周期结合起来。使用神经网络分别学习趋势和周期。第二步，在人工神经网络（artificial neural network，ANN）模型中选取合适的特征，分别预测每个成分。第三步，使用线性模型将趋势和周期成分的预测结果进行结合。

蔬菜价格预测很难通过单一模型来进行，因为时间序列价格数据包含很多，如季节性、异方差性等特征。本书采用混合模型的目的是降低原始数据的维度。单纯的神经网络需要更多的节点和层去学习，效率很低，并且预测结果的精度也低。

本章推荐模型的训练流程见图 8-2。

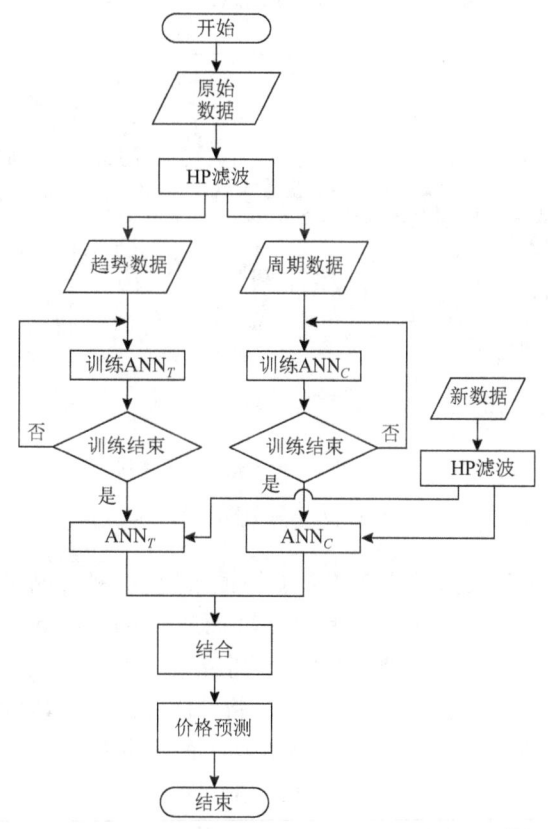

图 8-2　基于神经网络和 HP 滤波混合预测模型的整体流程图

第一步，准备蔬菜价格时间序列原始数据，使用傅里叶变换计算周期 T。
第二步，使用 HP 滤波处理原始数据，产生两组数据，即趋势数据和周期数据。
第三步，根据周期数据 T，建立神经网络训练集。

第四步，使用启发式算法，选择神经网络的优化神经元，初始化神经网络参数。
第五步，使用反向传播算法，训练神经网络。
第六步，重复步骤四和步骤五，选择合适的值以满足最低要求。

8.2 基于神经网络和 HP 滤波混合模型的蔬菜价格预警

选取大白菜、菜椒、黄瓜、四季豆和西红柿 2002 年 1 月～2015 年 2 月的月度历史价格数据。所有实验使用 Matlab R2013b 和 Windows 7 平台进行。首先将每个品种蔬菜的原始数据在 Matlab 中运行，用 HP 滤波提取出每种蔬菜的趋势和周期成分。数据选取的是前述全国集贸市场价格数据。图 8-3 为大白菜 HP 滤波结果图。

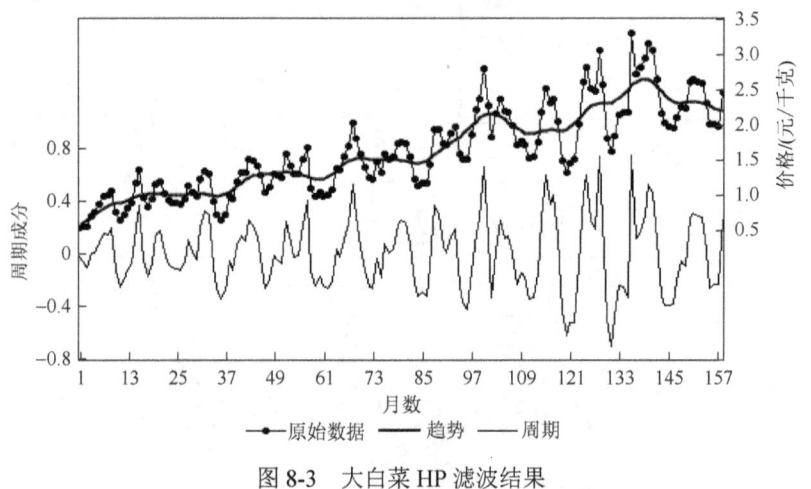

图 8-3 大白菜 HP 滤波结果

得到了每种蔬菜的趋势和周期数据，下面采用 BP 神经网络分别对原始数据、趋势数据和周期数据进行预测。将趋势 T 和周期 C 的预测 o1 值相加得到推荐算法的最终预测值。在进行 BP 神经网络预测前要经过处理，将 2002 年 1～12 月，2003 年 1 月数据分为一组，以此类推，即将前面 12 个月数据加上下个月份的数据，合计 146 组，保存为 CSV 文件。例如，四季豆的第一组数据为：2002 年 1～12 月＋2003 年 1 月，即[3.601∶3.262∶3.673∶3.274∶2.945∶2.356∶1.657∶1.458∶1.909∶1.9810∶2.0311∶2.5012∶2.790]。然后将这 146 组数据分为两个 CSV 文件，即训练文件和测试文件。训练文件选取前面 146 组数据中的前 134 组，测试文件选取后面的 12 组。BP 神经网络调取数据和预测的部分代码如下：

```
clc;
clear;
[tray,trax]=libsvmread('data_tom_train.csv');
```

```
[tsty,tstx]=libsvmread('data_tom_test.csv');
input1=full(trax)';output1=full(tray)';
input2=full(tstx)';output2=full(tsty)';
net=newff(input1,output1,8,{'tansig''purelin'},'trainlm');
net.trainParam.goal=1e-16;
[net,tr]=train(net,input1,output1);
o1=sim(net，input2);
plot(1：12,output2,'.-',1：12,o1,'--');
```

经过计算和整理，BP 神经网络和 HP 滤波混合模型的预测结果见表 8-1～表 8-5。

表 8-1 大白菜的预测结果

日期	实际值	预测值	日期	实际值	预测值
2014 年 3 月	2.11	2.380 385 554	2014 年 9 月	2.59	2.447 307 200
2014 年 4 月	2.26	2.325 903 477	2014 年 10 月	2.31	2.429 070 075
2014 年 5 月	2.23	2.539 265 977	2014 年 11 月	2.00	2.255 536 306
2014 年 6 月	2.60	2.499 955 936	2014 年 12 月	2.00	2.003 272 842
2014 年 7 月	2.64	2.554 187 240	2015 年 1 月	1.98	2.046 429 547
2014 年 8 月	2.61	2.477 425 572	2015 年 2 月	2.46	2.108 716 497

表 8-2 黄瓜的预测结果

日期	实际值	预测值	日期	实际值	预测值
2014 年 3 月	6.17	6.041 326 894	2014 年 9 月	4.22	4.546 476 090
2014 年 4 月	4.45	4.929 532 889	2014 年 10 月	4.27	4.754 938 788
2014 年 5 月	3.33	3.356 836 108	2014 年 11 月	5.43	5.083 139 682
2014 年 6 月	3.09	3.034 215 479	2014 年 12 月	6.53	7.291 272 284
2014 年 7 月	3.20	2.790 135 314	2015 年 1 月	6.42	7.647 353 878
2014 年 8 月	3.51	3.391 253 952	2015 年 2 月	8.08	7.168 090 812

表 8-3 菜椒的预测结果

日期	实际值	预测值	日期	实际值	预测值
2014 年 3 月	7.55	8.121 882 138	2014 年 9 月	4.45	4.849 901 103
2014 年 4 月	6.58	6.433 156 974	2014 年 10 月	4.71	5.442 646 247
2014 年 5 月	5.29	5.959 030 111	2014 年 11 月	5.18	6.559 372 269
2014 年 6 月	4.47	5.311 909 471	2014 年 12 月	6.25	7.945 732 202
2014 年 7 月	4.24	5.107 347 751	2015 年 1 月	7.57	8.580 959 456
2014 年 8 月	4.17	4.889 644 104	2015 年 2 月	9.66	7.935 328 136

表 8-4　四季豆的预测结果

日期	实际值	预测值	日期	实际值	预测值
2014 年 3 月	11.24	11.381 903 350	2014 年 9 月	6.47	7.061 193 002
2014 年 4 月	8.82	11.556 171 900	2014 年 10 月	6.28	7.226 628 499
2014 年 5 月	6.57	8.760 922 894	2014 年 11 月	7.55	8.144 064 174
2014 年 6 月	6.12	5.939 139 578	2014 年 12 月	8.71	8.993 854 662
2014 年 7 月	5.27	6.176 179 943	2015 年 1 月	9.57	9.291 122 498
2014 年 8 月	6.14	6.552 648 214	2015 年 2 月	11.88	9.923 351 566

表 8-5　西红柿的预测结果

日期	实际值	预测值	日期	实际值	预测值
2014 年 3 月	6.98	7.790 116 616	2014 年 9 月	4.16	4.216 980 233
2014 年 4 月	6.18	6.539 776 095	2014 年 10 月	4.42	4.465 060 907
2014 年 5 月	5.23	5.132 325 055	2014 年 11 月	4.78	4.649 308 310
2014 年 6 月	4.37	4.354 162 206	2014 年 12 月	5.31	5.423 776 254
2014 年 7 月	4.01	4.678 429 366	2015 年 1 月	5.67	5.867 928 676
2014 年 8 月	3.94	4.455 046 663	2015 年 2 月	7.24	5.575 518 959

1. 警情确定与警限划分

选取蔬菜价格波动率作为蔬菜价格风险预警的警情指标。计算公式为

$$R_t = (\ln P_t - \ln P_{t-1}) \times 100$$

P_t 和 P_{t-1} 分别为第 t 月和第 $t-1$ 月的价格；R_t 为价格波动率。然后计算每个品种价格波动率（包含正向和负向）的均值和标准差（表 8-6）。

表 8-6　蔬菜价格波动率均值与标准差

蔬菜品种	蔬菜价格波动率均值		蔬菜价格波动率标准差	
	正向	负向	正向	负向
大白菜	12.426 398 03	−10.421 432 73	9.007 534 273	9.523 896 612
黄瓜	15.391 588 46	−19.184 817 58	10.186 653 820	12.223 961 800
菜椒	13.579 218 64	−15.635 212 89	8.969 608 978	12.306 655 520
四季豆	12.292 494 96	−16.380 255 42	7.593 479 846	14.023 991 790
西红柿	10.756 425 95	−14.920 843 77	7.585 790 253	11.077 372 790

第 8 章 基于神经网络和 HP 滤波混合模型的蔬菜时间序列价格预警

本书通过蔬菜价格波动率（包含正向和负向）均值与蔬菜价格波动率标准差的倍数来划分蔬菜价格预警的警限（表 8-7）。共分为七种警限，正向重警、正向中警、正向轻警、无警、负向轻警、负向中警、负向重警。根据实际工作需要，本书定义七种警限价格波动幅度边界对应的置信概率，当为 50%时，即有 50%的蔬菜价格月度波动幅度点落在 $u+z\delta$ 边界之外，出现轻警；置信概率为 70%时，即有 30%的点落在 $u+z\delta$ 边界之外，出现中警；置信概率为 90%时，即有 10%的点落在 $u+z\delta$ 边界之外，出现重警。对于 z 值的确定，可以查正态分布表得到，在 75%、85%和 95%的概率下，单侧置信区间中的 z 值分别为 0.675、1.035 和 1.645（农产品市场监测预警工作手册，2010）。

表 8-7 蔬菜价格时间序列预警警限划分标准

警度	价格波动率	蔬菜价格涨跌情况
正向重警	$[u_1+1.645\delta_1, +\infty)$	价格重度上涨
正向中警	$[u_1+1.035\delta_1, u_1+1.645\delta_1)$	价格中度上涨
正向轻警	$[u_1+0.675\delta_1, u_1+1.035\delta_1)$	价格轻度上涨
无警	$[u_2-0.675\delta_2, u_1+0.675\delta_1)$	价格正常
负向轻警	$[u_2-1.035\delta_2, u_2-0.675\delta_2)$	价格轻度下跌
负向中警	$[u_2-1.645\delta_2, u_2-1.035\delta_2)$	价格中度下跌
负向重警	$(-\infty, u_2-1.645\delta_2)$	价格重度下跌

注：其中 u_1 和 u_2 分别为蔬菜价格的正向平均波动率和负向平均波动率，其中正向平均波动率包含 0，δ_1 和 δ_2 分别为正向价格波动的标准差和负向价格波动的标准差

表 8-8 为五种蔬菜价格的预警警限和警度划分。

表 8-8 蔬菜价格预警警限和警度划分

警度	大白菜	黄瓜	菜椒	四季豆	西红柿	含义
正向重警	$[27.24\%, +\infty)$	$[32.15\%, +\infty)$	$[28.33\%, +\infty)$	$[24.78\%, +\infty)$	$[23.24\%, +\infty)$	价格上升幅度过大
正向中警	$[21.75\%, 27.24\%)$	$[25.93\%, 32.15\%)$	$[22.86\%, 28.33\%)$	$[20.15\%, 24.78\%)$	$[18.61\%, 23.24\%)$	价格上升幅度大
正向轻警	$[18.51\%, 21.75\%)$	$[22.27\%, 25.93\%)$	$[19.63\%, 22.86\%)$	$[17.42\%, 20.15\%)$	$[15.88\%, 18.61\%)$	价格上涨幅度较大
无警	$[-16.85\%, 18.51\%)$	$[-27.44\%, 22.27\%)$	$[-23.94\%, 19.63\%)$	$[-25.85\%, 17.42\%)$	$[-22.40\%, 15.88\%)$	价格平稳
负向轻警	$[-20.28\%, -16.85\%)$	$[-31.84\%, -27.44\%)$	$[-28.37\%, -23.94\%)$	$[-30.90\%, -25.85\%)$	$[-26.39\%, -22.40\%)$	价格下降幅度较大
负向中警	$[-26.09\%, -20.28\%)$	$[-39.29\%, -31.84\%)$	$[-35.88\%, -28.37\%)$	$[-39.45\%, -30.90\%)$	$[-33.14\%, -26.39\%)$	价格下降幅度大
负向重警	$(-\infty, -26.09\%)$	$(-\infty, -39.29\%)$	$(-\infty, -35.88\%)$	$(-\infty, -39.45\%)$	$(-\infty, -33.14\%)$	价格下降幅度过大

2. 基于神经网络和 HP 滤波混合模型的预警结果

从使用神经网络和 HP 滤波混合模型检验的结果（表 8-9）来看，大白菜价格预警的正确率为 90.9%以上，预警的准确度较高。

表 8-9　大白菜价格预警结果（一）

日期	实际值	混合模型预测值	预测警度	实际警度	预测误差
2014 年 4 月	2.26	2.325 903 477	无警	无警	无
2014 年 5 月	2.23	2.539 265 977	无警	无警	无
2014 年 6 月	2.60	2.499 955 936	无警	无警	无
2014 年 7 月	2.64	2.554 187 240	无警	无警	无
2014 年 8 月	2.61	2.477 425 572	无警	无警	无
2014 年 9 月	2.59	2.447 307 200	无警	无警	无
2014 年 10 月	2.31	2.429 070 075	无警	无警	无
2014 年 11 月	2.00	2.255 536 306	无警	无警	无
2014 年 12 月	2.00	2.003 272 842	无警	无警	无
2015 年 1 月	1.98	2.046 429 547	无警	无警	无
2015 年 2 月	2.46	2.108 716 497	无警	正向轻警	有

从使用神经网络和 HP 滤波混合模型检验的结果（表 8-10）来看，黄瓜价格预警的正确率为 45.5%以上，预警的效果较差。

表 8-10　黄瓜价格预警结果（一）

日期	实际值	混合模型预测值	预测警度	实际警度	预测误差
2014 年 4 月	4.45	4.929 532 889	无警	负向中警	有
2014 年 5 月	3.33	3.356 836 108	负向中警	负向轻警	有
2014 年 6 月	3.09	3.034 215 479	无警	无警	无
2014 年 7 月	3.2	2.790 135 314	无警	无警	无
2014 年 8 月	3.51	3.391 253 952	无警	无警	无
2014 年 9 月	4.22	4.546 476 090	正向中警	无警	有
2014 年 10 月	4.27	4.754 938 788	无警	无警	无
2014 年 11 月	5.43	5.083 139 682	无警	正向轻警	有
2014 年 12 月	6.53	7.291 272 284	正向重警	无警	有
2015 年 1 月	6.42	7.647 353 878	无警	无警	无
2015 年 2 月	8.08	7.168 090 812	无警	正向轻警	有

第 8 章 基于神经网络和 HP 滤波混合模型的蔬菜时间序列价格预警

从使用神经网络和 HP 滤波混合模型检验的结果（表 8-11）来看，菜椒价格预警的正确率为 90.9%以上，预警的准确度较高。

表 8-11 菜椒价格预警结果（一）

日期	实际值	混合模型预测值	预测警度	实际警度	预测误差
2014 年 4 月	6.58	6.433 156 974	无警	无警	无
2014 年 5 月	5.29	5.959 030 111	无警	无警	无
2014 年 6 月	4.47	5.311 909 471	无警	无警	无
2014 年 7 月	4.24	5.107 347 751	无警	无警	无
2014 年 8 月	4.17	4.889 644 104	无警	无警	无
2014 年 9 月	4.45	4.849 901 103	无警	无警	无
2014 年 10 月	4.27	5.442 646 247	无警	无警	无
2014 年 11 月	5.43	6.559 372 269	无警	无警	无
2014 年 12 月	6.53	7.945 732 202	无警	无警	无
2015 年 1 月	6.42	8.580 959 456	无警	无警	无
2015 年 2 月	8.08	7.935 328 136	无警	正向中警	有

从使用神经网络和 HP 滤波混合模型检验的结果（表 8-12）来看，四季豆价格预警的正确率为 72.7%以上，预警的准确度一般。

表 8-12 四季豆价格预警结果（一）

日期	实际值	混合模型预测值	预测警度	实际警度	预测误差
2014 年 4 月	8.82	11.556 171 900	无警	无警	无
2014 年 5 月	6.57	8.760 922 894	负向轻警	负向轻警	无
2014 年 6 月	6.12	5.939 139 578	负向中警	无警	有
2014 年 7 月	5.27	6.176 179 943	无警	无警	无
2014 年 8 月	6.14	6.552 648 214	无警	无警	无
2014 年 9 月	6.47	7.061 193 002	无警	无警	无
2014 年 10 月	6.28	7.226 628 499	无警	无警	无
2014 年 11 月	7.55	8.144 064 174	无警	正向轻警	有
2014 年 12 月	8.71	8.993 854 662	无警	无警	无
2015 年 1 月	9.57	9.291 122 498	无警	无警	无
2015 年 2 月	11.88	9.923 351 566	无警	正向中警	有

从使用神经网络和 HP 滤波混合模型检验的结果（表 8-13）来看，西红柿价格预警的正确率为 81.8%以上，预警的准确度较高。

表 8-13　西红柿价格预警结果（一）

日期	实际值	混合模型预测值	预测警度	实际警度	预测误差
2014 年 4 月	6.18	6.539 776 095	无警	无警	无
2014 年 5 月	5.23	5.132 325 055	负向轻警	无警	有
2014 年 6 月	4.37	4.354 162 206	无警	无警	无
2014 年 7 月	4.01	4.678 429 366	无警	无警	无
2014 年 8 月	3.94	4.455 046 663	无警	无警	无
2014 年 9 月	4.16	4.216 980 233	无警	无警	无
2014 年 10 月	4.42	4.465 060 907	无警	无警	无
2014 年 11 月	4.78	4.649 308 310	无警	无警	无
2014 年 12 月	5.31	5.423 776 254	无警	无警	无
2015 年 1 月	5.67	5.867 928 676	无警	无警	无
2015 年 2 月	7.24	5.575 518 959	无警	正向重警	有

8.3　蔬菜价格的 ARIMA 预测预警

前面章节基于神经网络和 HP 滤波混合模型对时间序列价格数据进行预测预警。为了验证该模型的优势，本节探讨采用另一种时间序列预测方法，并与前述的模型比较。选择 ARIMA 来对时间序列数据所存在的变动趋势进行全面的模拟。本节首先阐述了 ARIMA；其次完成了平稳性方面的检验；最后构建了 ARIMA，并完成了相应操作。

8.3.1　ARIMA 简介与平稳性检验

1. ARIMA 的说明

通过 EViews 对本书选取的蔬菜产品价格相对应的 ADF 单位根检验获得结果分析来看，原始数据的序列都是不平稳的。但是 ARIMA 建模的基础为平稳时间序列，因此有必要完成一阶差分操作，完成一阶差分后的 ARIMA 具体就是差分自回归移动平均模型。本书使用的是带季节的 ARIMA。所以带季节的 ARIMA 形式为

$$\phi_p(B)\Phi_p(B^s)(1-B)^d(1-B^s)^D y_t = \theta_q(B)\Theta_Q(B^s)u_t$$

上述，$\phi_p(B) = 1 - \phi_1 B - \phi_2 B^2 - \cdots - \phi_p B^p$ 和 $\theta_q(B) = 1 + \theta_1 B + \theta_2 B^2 + \cdots + \theta_q B^q$ 为非季节的自回归及相应的移动平均算子；$\Phi_p(B^s) = 1 - \Phi_1 B^s - \Phi_2 B^{2s} - \cdots - \Phi_p B^{Ps}$ 和 $\Theta_Q(B^s) = 1 + \Theta_1 B^s + \Theta_2 B^{2s} + \cdots + \Theta_Q B^{Qs}$ 为季节的自回归及相应的移动平均算子；u_t 是均值为 0、方差为 σ^2 的白噪声序列；B^s 为滞后算子，$B^k y_t = y_{t-k}$。模型通常为

ARIMA$(p,d,q)(P,D,Q)^s$ 模型，d、D 为逐期及季节差分所对应的阶数，p、q 为非季节自回归及相应的移动平均阶数，P、Q 为季节自回归及相应的移动平均阶数。

2. 蔬菜价格序列方面的平稳性检验

首先需要对序列所存在的平稳特性进行分析，可依托 ARIMA 来实现。自协方差函数处在固定状态，意味着序列作为平稳序列存在。对于均值或自协方差函数来讲，与时间存在变动关系，那么可以理解为此序列作为不平稳时间序列存在。如果是平稳序列则可使用 ARIMA；如果是非平稳序列，则需要实施差分处理，从而完成转换。在检验时间序列平稳性的过程中主要基于单位根进行，所以本书使用 ADF 单位根检验，并使用 EViews 6.0 来检验，在这个过程中需要保证 AIC 及 SC 相对应的值处于最小，作为选择滞后阶数的标准。分析表 8-14 ADF 单位根检验所获得的结果来看，本书的蔬菜月度价格序列为非平稳序列。表 8-15 完成了一阶差分处理，进而通过 ADF 单位根检验，说明一阶差分处理后均为平稳序列，基于此来构建 ARIMA。

表 8-14　主要蔬菜产品价格的 ADF 单位根检验结果

模型类型	大白菜		菜椒		黄瓜		四季豆		西红柿	
	t 统计量	p	t 统计量	p	t 统计量	p	t 统计量	p	t 统计量	p
含截距，无趋势	−0.77	0.82	−0.48	0.89	0.24	0.97	1.42	0.99	0.86	0.99
含截距，含趋势	−6.66	0.00	−2.80	0.19	−2.19	0.49	−1.56	0.8	−1.52	0.82
无截距，无趋势	1.94	0.98	1.98	0.99	2.63	0.99	4.84	1.00	3.84	1.00

表 8-15　主要蔬菜产品价格一阶差分的 ADF 单位根检验结果

模型类型	大白菜		菜椒		黄瓜		四季豆		西红柿	
	t 统计量	p	t 统计量	p	t 统计量	p	t 统计量	p	t 统计量	p
含截距，无趋势	−7.05	0.00	−9.59	0.00	−7.15	0.00	−4.14	0.00	−11.16	0.00
含截距，含趋势	−7.02	0.00	−9.55	0.00	−7.18	0.00	−9.07	0.00	−11.26	0.00
无截距，无趋势	−7.45	0.00	−4.17	0.00	−6.46	0.00	−2.98	0.00	−3.31	0.00

8.3.2　蔬菜价格的 ARIMA 参数估计

针对蔬菜产品价格序列完成一阶差分处理，这样就可以获得平稳序列，分析一阶单位根检验所获得的结果，相应的逐期差分阶数为 $d=1$。相应的参数为 $s=12$，从月度序列角度来看，针对其自相关函数及偏相关函数，重复操作，这样就可以获得最优的模型，如果想要实现这一点，那么有必要考虑模型相对应的解释力、参数相对应的显著性、AIC 值和 SC 值，以及非季节自回归及移动平均阶数 p、q，季节自回归及移动平均阶数 P、Q。

1. 大白菜的 ARIMA

第一步，针对大白菜所存在的历史价格序列完成全面的参数预估分析，得到相应的历史价格序列处在 $k=12,24,36$ 的情况下，自相关图及偏相关图表现为显著非 0，存在非常强的季节性特征。第二步，对其完成一阶季节差分，从而获得崭新的序列，表示为 ccab。ccab 相对应的自相关函数图及偏相关函数图详见图 8-4。

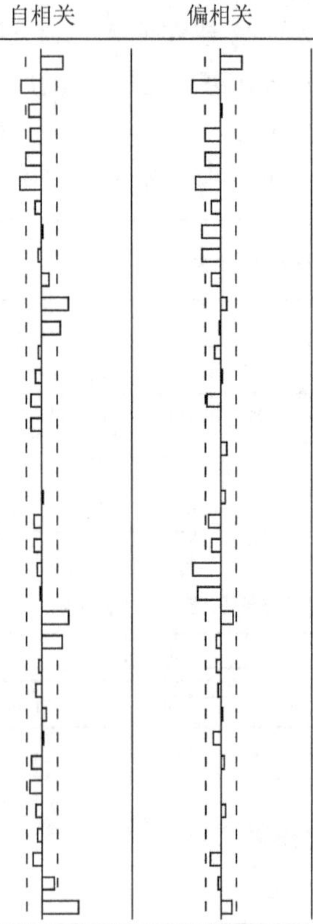

自相关	偏相关	阶数	自相关系数	偏相关系数	q统计量	概率
		1	0.247	0.247	8.3883	0.004
		2	−0.242	−0.323	16.482	0.000
		3	−0.150	0.011	19.606	0.000
		4	−0.119	−0.180	21.598	0.000
		5	−0.185	−0.174	26.454	0.000
		6	−0.246	−0.280	35.066	0.000
		7	−0.077	−0.105	35.911	0.000
		8	0.019	−0.212	35.961	0.000
		9	−0.025	−0.227	36.050	0.000
		10	0.089	−0.108	37.223	0.000
		11	0.298	0.073	50.408	0.000
		12	0.218	−0.011	57.529	0.000
		13	−0.044	−0.072	57.820	0.000
		14	−0.074	0.019	58.656	0.000
		15	−0.132	−0.162	61.340	0.000
		16	−0.120	−0.005	63.573	0.000
		17	0.003	0.081	63.575	0.000
		18	−0.002	−0.006	63.576	0.000
		19	0.022	0.065	63.653	0.000
		20	−0.098	−0.151	65.173	0.000
		21	−0.089	−0.105	66.459	0.000
		22	−0.062	−0.334	67.088	0.000
		23	−0.022	−0.269	67.167	0.000
		24	0.303	0.150	82.400	0.000
		25	0.233	−0.055	91.454	0.000
		26	−0.048	−0.062	91.837	0.000
		27	−0.080	−0.048	92.925	0.000
		28	0.062	0.009	93.582	0.000
		29	0.012	−0.086	93.605	0.000
		30	−0.125	0.034	96.332	0.000
		31	−0.144	0.003	99.986	0.000
		32	−0.080	0.064	101.12	0.000
		33	−0.062	0.006	101.81	0.000
		34	−0.113	−0.130	104.16	0.000
		35	0.150	−0.027	108.28	0.000
		36	0.415	0.118	140.27	0.000

图 8-4 大白菜 ccab 序列自相关函数图和偏相关函数图

它们均表现为拖尾。ccab 相对应的自相关函数 1～5 阶不断走低，在第 6 阶的时候开始上升，在这种情况下设定 q 值为 5。因为 $k=12$ 时，相应的偏相关系数及自相关系数都表现出显著非 0，因此 $P=Q=1$。ccab 相对应的偏相关函数 1～2 阶表现出非常强的显著关系，第 3 阶后，降幅非常大，设定 p 值为 2。设置 $d=1$，$D=1$ 的原因在于序列是滞后 1 期及一次季节性两个方面的差分。针对原始大白菜所存在的价格序列,构建 ARIMA(2,1,5)(1,1,1)^{12} 模型。

分析表 8-16 可以看到,除 MA(1)和 MA(3)外,其他解释变量的系数估计值在 15% 的显著性水平下都是显著的。

表 8-16 大白菜 ARIMA(2,1,5)(1,1,1)^{12} 模型的参数估计结果

自变量	参数	参数估计值的标准误差	t 统计量	t 统计量的相伴概率
AR(1)	0.181 60	0.096 162	1.888 416	0.061 6
AR(2)	−0.745 10	0.078 156	−9.533 017	0.000 0
SAR(12)	0.968 64	0.037 643	25.732 200	0.000 0
MA(1)	−0.115 60	0.131 200	−0.881 331	0.380 0
MA(2)	0.302 19	0.078 683	3.840 554	0.000 2
MA(3)	−0.106 80	0.076 439	−1.397 289	0.165 1
MA(4)	−0.587 50	0.072 195	−8.137 098	0.000 0
MA(5)	−0.262 60	0.117 322	−2.238 453	0.027 2
SMA(12)	−0.851 20	0.032 678	−26.047 120	0.000 0
模型检验				
决定系数 R^2	0.556 418	因变量的均值	0.008 333	
修正的 R^2	0.524 448	因变量的标准差	0.242 519	
回归标准差	0.167 242	AIC	−0.666 711	
残差平方和	3.104 659	施瓦茨信息准则	−0.457 649	
对数似然比	49.002 650	DW 统计量	2.010 354	

注:AR(autoregression)为自回归;SAR(seasonal autoregression)为季节自回归;MA(moving average)为移动平均线;SMA(seasonal moving average)为季节移动平均线

2. 菜椒的 ARIMA

第一步,针对菜椒所存在的历史价格序列完成全面的参数预估分析,得到相应的历史价格序列处在 $k=12,24,36$ 的情况下,对于自相关图及偏相关图表现为显著非 0,存在非常强的季节性特征。第二步,对其完成一阶季节差分,从而获得崭新的序列,表示为 bpep。bpep 相对应的自相关函数及偏相关函数,均表现为拖尾,可看作 ARMA 流程。bpep 相应的自相关函数 1~2 阶非常显著,在第 3 阶的时候降幅较大,在这种情况下设定 q 值为 2。因为 $k=12$ 时,$P=Q=1$,那么相应的偏相关系数及自相关系数都表现出显著非 0,$d=1$,$D=1$,原因在于序列是滞后 1 期及一次季节性两个方面的差分。针对原始菜椒所存在的价格序列,构建 ARIMA(2,1,2)(1,1,1)^{12} 模型。bpep 相对应的自相关函数图及偏相关函数图详见图 8-5。

分析表 8-17 可以看到,除 AR(2)和 MA(1)外,其他解释变量的系数估计值在 15% 的显著性水平下都是显著的。

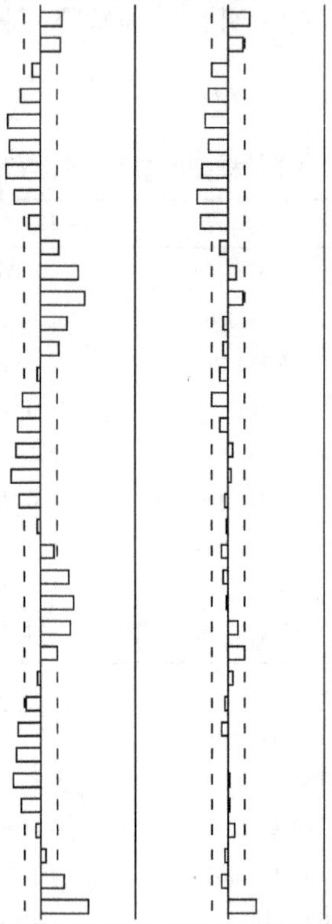

自相关	偏相关	阶数	自相关系数	偏相关系数	q 统计量	概率
		1	0.236	0.236	7.6498	0.006
		2	0.207	0.160	13.569	0.001
		3	−0.087	−0.180	14.611	0.002
		4	−0.218	−0.221	21.296	0.000
		5	−0.361	−0.260	39.706	0.000
		6	−0.352	−0.214	57.361	0.000
		7	−0.374	−0.289	77.454	0.000
		8	−0.293	−0.342	89.858	0.000
		9	−0.120	−0.316	91.967	0.000
		10	0.197	−0.091	97.664	0.000
		11	0.402	0.085	121.63	0.000
		12	0.485	0.156	156.76	0.000
		13	0.294	−0.057	169.76	0.000
		14	0.193	−0.054	175.39	0.000
		15	−0.029	−0.086	175.52	0.000
		16	−0.203	−0.183	181.89	0.000
		17	−0.254	−0.092	191.98	0.000
		18	−0.275	0.047	203.83	0.000
		19	−0.323	0.030	220.40	0.000
		20	−0.244	−0.038	229.93	0.000
		21	−0.036	−0.023	230.14	0.000
		22	0.143	−0.075	233.46	0.000
		23	0.311	−0.049	249.37	0.000
		24	0.359	−0.010	270.68	0.000
		25	0.330	0.114	288.89	0.000
		26	0.187	0.184	294.80	0.000
		27	−0.040	0.055	295.07	0.000
		28	−0.163	−0.042	299.65	0.000
		29	−0.248	−0.079	310.34	0.000
		30	−0.271	0.006	323.25	0.000
		31	−0.297	0.013	338.84	0.000
		32	−0.205	0.013	346.37	0.000
		33	−0.050	0.073	346.83	0.000
		34	0.063	−0.026	347.55	0.000
		35	0.260	−0.079	359.96	0.000
		36	0.525	0.306	411.20	0.000

图 8-5 菜椒 bpep 序列自相关函数图和偏相关函数图

表 8-17 菜椒 ARIMA（2，1，2）（1，1，1）[12] 模型的参数估计结果

自变量	参数	参数估计值的标准误差	t 统计量	t 统计量的相伴概率
AR（1）	−0.544 708	0.504 139	−1.080 472	0.282 2
AR（2）	0.105 853	0.219 460	0.482 335	0.630 5
SAR（12）	1.066 772	0.019 903	53.599 560	0.000 0
MA（1）	0.087 921	0.490 408	0.179 281	0.858 0
MA（2）	−0.345 205	0.208 511	−1.655 572	0.100 6
SMA（12）	−0.895 389	0.030 012	−29.833 960	0.000 0
模型检验				
决定系数 R^2	0.624 478		因变量的均值	0.028 833
修正的 R^2	0.608 007		因变量的标准差	0.851 622
回归标准差	0.533 195		AIC	1.628 848
残差平方和	32.409 850		施瓦茨信息准则	1.768 222
对数似然比	−91.730 860		DW 统计量	1.995 227

注：AR（autoregression）为自回归；SAR（seasonal autoregression）为季节自回归；MA（moving average）为移动平均线；SMA（seasonal moving average）为季节移动平均线

3. 黄瓜的 ARIMA

第一步，针对黄瓜所存在的历史价格序列完成全面的参数预估分析，得到相应的历史价格序列处在 $k=12$，24，36 的情况下，自相关图及偏相关图表现为显著非 0，存在非常强的季节性特征。第二步，对其完成一阶季节差分，从而获得崭新的序列，表示为 cucum。cucum 相对应的自相关函数及偏相关函数，均表现为拖尾，可看作 ARMA 流程。cucum 相应的自相关函数 1 阶非常显著，在第 2 阶的时候降幅较大，数值显著性较差，在这种情况下设定 p 值为 1。因为 $k=12$ 时，$P=Q=1$，那么可以得到相应的偏相关系数及自相关系数都表现出显著非 0。对于 $d=1$，$D=1$，原因在于序列是滞后 1 期及一次季节性两个方面的差分。针对原始黄瓜所存在的价格序列，构建 ARIMA（1，1，1）（1，1，1）^{12} 模型。cucum 相对应的自相关函数图及偏相关函数图详见图 8-6。

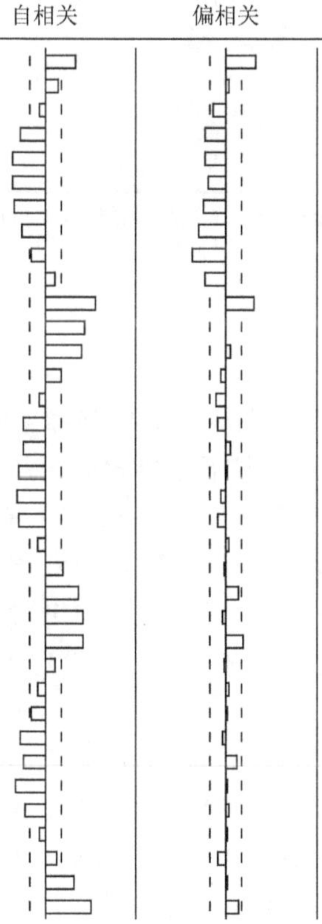

自相关	偏相关	阶数	自相关系数	偏相关系数	q 统计量	概率
		1	0.348	0.348	16.618	0.000
		2	0.145	0.027	19.505	0.000
		3	−0.077	−0.154	20.332	0.000
		4	−0.279	−0.246	31.271	0.000
		5	−0.379	−0.237	51.569	0.000
		6	−0.373	−0.201	71.383	0.000
		7	−0.352	−0.262	89.210	0.000
		8	−0.267	−0.296	99.515	0.000
		9	−0.166	−0.383	103.55	0.000
		10	0.112	−0.242	105.38	0.000
		11	0.571	0.318	153.67	0.000
		12	0.447	0.001	183.49	0.000
		13	0.418	0.064	209.82	0.000
		14	0.182	−0.052	214.88	0.000
		15	−0.082	−0.108	215.90	0.000
		16	−0.246	−0.088	225.28	0.000
		17	−0.247	0.058	234.81	0.000
		18	−0.307	0.009	249.60	0.000
		19	0.322	−0.053	266.00	0.000
		20	−0.316	−0.085	281.95	0.000
		21	−0.084	0.030	283.07	0.000
		22	0.195	−0.016	289.26	0.000
		23	0.383	0.132	313.31	0.000
		24	0.430	−0.039	343.95	0.000
		25	0.428	0.200	374.61	0.000
		26	0.100	−0.020	376.29	0.000
		27	−0.084	0.028	377.49	0.000
		28	−0.161	0.014	381.95	0.000
		29	−0.282	−0.046	395.75	0.000
		30	−0.262	0.120	407.75	0.000
		31	−0.337	0.021	427.81	0.000
		32	−0.233	0.040	437.51	0.000
		33	−0.071	0.024	438.42	0.000
		34	0.121	−0.088	441.10	0.000
		35	0.316	0.015	459.45	0.000
		36	0.528	0.150	511.27	0.000

图 8-6　黄瓜 cucum 序列自相关函数图和偏相关函数图

分析表 8-18，所有的解释变量相对应的系数估计值在 15%显著性水平下均表现出显著。

表 8-18　黄瓜 ARIMA（1，1，1）(1，1，1)^{12}模型的参数估计结果

自变量	参数	参数估计值的标准误差	t 统计量	t 统计量的相伴概率
AR（1）	0.240 239	0.110 304	2.177 973	0.031 4
SAR（12）	1.067 527	0.016 318	65.418 260	0.000 0
MA（1）	−0.846 572	0.061 485	−13.768 650	0.000 0
SMA（12）	−0.888 069	0.030 853	−28.783 640	0.000 0
模型检验				
决定系数 R^2	0.682 507		因变量的均值	0.026 860
修正的 R^2	0.674 367		因变量的标准差	0.681 331
回归标准差	0.388 797		AIC	0.980 979
残差平方和	17.686 050		施瓦茨信息准则	1.073 402
对数似然比	−55.349 210		DW 统计量	1.953 521

注：AR（autoregression）为自回归；SAR（seasonal autoregression）为季节自回归；MA（moving average）为移动平均线；SMA（seasonal moving average）为季节移动平均线

4. 四季豆的 ARIMA

第一步，针对四季豆所存在的历史价格序列完成全面的参数预估分析，得到相应的历史价格序列处在 $k=12$，24，36 的情况下，自相关图及偏相关图表现为显著非 0，存在非常强的季节性特征。第二步，对其完成一阶季节差分，从而获得崭新的序列，表示为 gbean。gbean 相对应的自相关函数及偏相关函数，均表现为拖尾，可看作 ARMA 流程。gbean 相对应的自相关函数 1 阶非常显著，在第 2 阶的时候降幅非常大，数值显著性较差，在这种情况下设定 q 值为 1。序列 gbean 所对应的偏相关函数在 1~2 阶情况下表现十分显著，第 3 阶后持续增加，所以设定 p 的值为 2。因为 $k=12$ 时，$P=Q=1$，那么相应的偏相关系数及自相关系数都表现出显著非 0，对于 $d=1$，$D=1$，原因在于序列是滞后 1 期及一次季节性两个方面的差分。针对原始四季豆所存在的价格序列，构建 ARIMA（2，1，1）(1，1，1)^{12}模型。gbean 相对应的自相关函数图及偏相关函数图详见图 8-7。

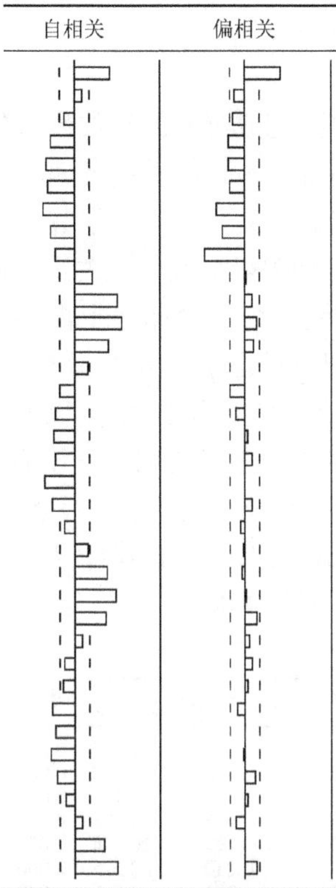

自相关	偏相关	阶数	自相关系数	偏相关系数	q统计量	概率
		1	0.430	0.430	25.301	0.000
		2	0.083	−0.124	26.261	0.000
		3	−0.130	−0.145	28.604	0.000
		4	−0.280	−0.194	39.580	0.000
		5	−0.352	−0.199	57.127	0.000
		6	−0.331	−0.174	72.716	0.000
		7	−0.380	−0.348	93.409	0.000
		8	−0.282	−0.266	104.88	0.000
		9	−0.237	−0.495	113.06	0.000
		10	0.206	0.015	119.28	0.000
		11	0.517	0.087	158.82	0.000
		12	0.572	0.150	207.62	0.000
		13	0.418	0.113	233.96	0.000
		14	0.158	−0.001	237.75	0.000
		15	−0.175	−0.188	242.46	0.000
		16	−0.240	−0.100	251.39	0.000
		17	−0.252	0.040	261.25	0.000
		18	−0.239	0.087	270.21	0.000
		19	−0.353	0.007	289.99	0.000
		20	−0.278	0.098	302.35	0.000
		21	−0.126	−0.060	304.91	0.000
		22	0.172	−0.012	309.72	0.000
		23	0.392	−0.033	334.95	0.000
		24	0.505	0.023	377.13	0.000
		25	0.375	0.145	400.61	0.000
		26	0.091	0.043	402.01	0.000
		27	−0.121	0.083	404.53	0.000
		28	−0.155	0.029	408.65	0.000
		29	−0.265	−0.091	420.85	0.000
		30	−0.245	0.006	431.39	0.000
		31	−0.285	−0.020	445.75	0.000
		32	−0.225	0.131	454.79	0.000
		33	−0.109	0.028	456.94	0.000
		34	0.083	−0.100	458.20	0.000
		35	0.357	0.002	481.66	0.000
		36	0.526	0.152	533.05	0.000

图 8-7　四季豆 gbean 序列自相关函数图和偏相关函数图

分析表 8-19，除 AR（2）外，其他解释变量的系数估计值在 15% 的显著性水平下都是显著的。

表 8-19　四季豆 ARIMA（2, 1, 1）(1, 1, 1)^{12} 模型的参数估计结果

自变量	参数	参数估计值的标准误差	t统计量	t统计量的相伴概率
AR（1）	−0.137 487	0.179 754	−0.764 860	0.445 9
AR（2）	−0.331 608	0.116 789	−2.839 370	0.005 3
SAR（12）	1.105 627	0.012 863	85.955 530	0.000 0
MA（1）	−0.372 409	0.189 202	−1.968 314	0.051 4
SMA（12）	−0.857 273	0.031 960	−26.823 350	0.000 0
模型检验				
决定系数 R^2	0.760 156	因变量的均值		0.044 167
修正的 R^2	0.751 814	因变量的标准差		0.831 446
回归标准差	0.414 212	AIC		1.115 895
残差平方和	19.730 720	施瓦茨信息准则		1.232 041
对数似然比	−61.953 720	DW 统计量		1.889 038

注：AR（autoregression）为自回归；SAR（seasonal autoregression）为季节自回归；MA（moving average）为移动平均线；SMA（seasonal moving average）为季节移动平均线

5. 西红柿的 ARIMA

第一步，针对西红柿所存在的历史价格序列完成全面的参数预估分析，得到相应的历史价格序列处在 $k=12, 24, 36$ 的情况下，自相关图及偏相关图表现为显著非 0，存在非常强的季节性特征。第二步，对其完成一阶季节差分，从而获得崭新的序列，表示为 toma。toma 相对应的自相关函数及偏相关函数，均表现为拖尾，可看作 ARMA 流程。toma 相应的自相关函数 1 阶非常显著，在第 2 阶的时候降幅非常大，数值显著性较差，在这种情况下设定 q 值为 1。序列 toma 所对应的偏相关函数 1 阶情况下表现十分显著，第 2 阶后降幅非常大，所以设定 p 的值为 1。因为 $k=12$ 时，$P=Q=1$，那么相应的偏相关系数及自相关系数都表现出显著非 0。对于 $d=1$，$D=1$，原因在于序列是滞后 1 期及一次季节性两个方面的差分。针对原始西红柿所存在的价格序列，构建 ARIMA $(1, 1, 1)(1, 1, 1)^{12}$ 模型。toma 相对应的自相关函数图及偏相关函数图详见图 8-8。

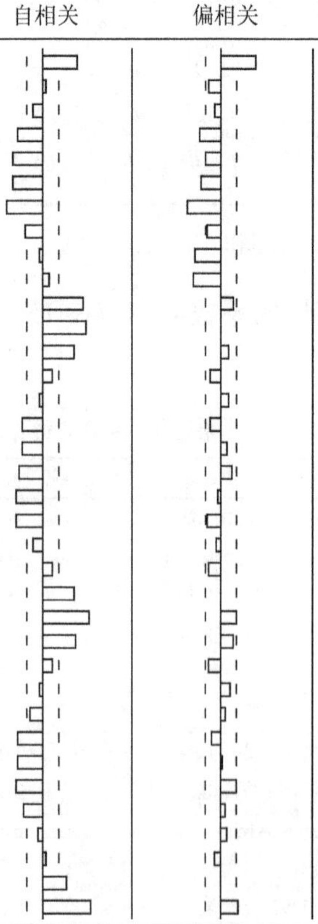

自相关	偏相关	阶数	自相关系数	偏相关系数	q统计量	概率
		1	0.399	0.399	21.857	0.000
		2	0.040	−0.142	22.077	0.000
		3	−0.099	−0.073	23.442	0.000
		4	−0.280	−0.246	34.401	0.000
		5	−0.338	−0.175	50.494	0.000
		6	−0.343	−0.230	67.275	0.000
		7	−0.419	−0.394	92.509	0.000
		8	−0.203	−0.162	98.479	0.000
		9	−0.039	−0.307	98.704	0.000
		10	0.077	−0.320	99.576	0.000
		11	0.468	0.132	132.03	0.000
		12	0.515	0.004	171.60	0.000
		13	0.366	0.089	191.75	0.000
		14	0.112	−0.133	193.66	0.000
		15	−0.040	0.096	193.90	0.000
		16	−0.239	−0.126	202.75	0.000
		17	−0.239	0.080	211.68	0.000
		18	−0.278	0.128	223.84	0.000
		19	−0.316	−0.032	239.70	0.000
		20	−0.304	−0.163	254.46	0.000
		21	−0.109	−0.054	256.37	0.000
		22	0.104	−0.141	258.15	0.000
		23	0.369	0.004	280.49	0.000
		24	0.537	0.175	328.33	0.000
		25	0.374	0.143	351.69	0.000
		26	0.101	−0.152	353.43	0.000
		27	−0.033	0.109	353.62	0.000
		28	−0.141	0.047	357.06	0.000
		29	−0.285	−0.106	371.11	0.000
		30	−0.290	0.024	385.87	0.000
		31	−0.307	0.183	402.57	0.000
		32	−0.212	0.048	410.63	0.000
		33	−0.050	0.071	411.09	0.000
		34	0.036	−0.076	411.33	0.000
		35	0.276	0.006	425.40	0.000
		36	0.561	0.205	483.90	0.000

图 8-8　西红柿 toma 序列自相关函数图和偏相关函数图

分析表 8-20，所有的解释变量相对应的系数估计值全部在 15%的显著性水平下表现出显著。

表 8-20　西红柿 ARIMA（1，1，1）(1，1，1)^{12} 模型的参数估计结果

自变量	参数	参数估计值的标准误差	t 统计量	t 统计量的相伴概率
AR（1）	0.482 851	0.133 522	3.616 276	0.004
SAR（12）	1.029 501	0.019 875	51.797 590	0.000
MA（1）	−0.809 004	0.095 993	−8.427 750	0.000
SMA（12）	−0.845 319	0.036 096	−23.418 440	0.000
模型检验				
决定系数 R^2	0.687 479		因变量的均值	0.024 050
修正的 R^2	0.679 466		因变量的标准差	0.499 060
回归标准差	0.282 547		AIC	0.342 552
残差平方和	9.340 407		施瓦茨信息准则	0.434 975
对数似然比	−16.724 400		DW 统计量	1.861 887

注：AR（autoregression）为自回归；SAR（seasonal autoregression）为季节自回归；MA（moving average）为移动平均线；SMA（seasonal moving average）为季节移动平均线

8.3.3　蔬菜价格的 ARIMA 预测结果

分析模型的拟合效果，依托以下统计指标有效评价模型拟合所获得的结果。
（1）误差平方和（sum square error，SSE）：

$$\text{SSE} = \sum_{t=1}^{N}(x_t - \hat{x}_t)^2$$

（2）均方根误差（root mean square error，RMSE）：

$$\text{RMSE} = \sqrt{\frac{1}{N}\sum_{t=1}^{N}(x_t - \hat{x}_t)^2}$$

（3）平均绝对误差（square absolute error，MAE）：

$$\text{MAE} = \frac{1}{N}\sum_{t=1}^{N}|x_t - \hat{x}_t|$$

N 为样本。用以上指标评价预测的结果，使用 ARIMA 完成针对精度的拟合，详见表 8-21。

表 8-21 ARIMA 的拟合精度指标

统计指标	大白菜	菜椒	黄瓜	四季豆	西红柿
SSE	1.3185	14.00	5.31	4.72	7.25
RMSE	0.3315	1.07	0.66	0.62	0.77
MAE	0.1099	1.15	0.44	0.39	0.60

1. 大白菜价格波动预测结果

使用 ARIMA（2，1，5）（1，1，1）^{12} 模型，预测 2014 年 3 月到 2015 年 2 月的大白菜价格，详见表 8-22。

表 8-22 大白菜 ARIMA（2，1，5）（1，1，1）^{12} 模型的预测结果对比（单位：元/千克）

日期	实际值	预测值	日期	实际值	预测值
2014 年 3 月	2.11	2.19	2014 年 9 月	2.59	2.52
2014 年 4 月	2.26	2.66	2014 年 10 月	2.31	1.97
2014 年 5 月	2.23	2.12	2014 年 11 月	2.00	1.74
2014 年 6 月	2.60	2.60	2014 年 12 月	2.00	1.96
2014 年 7 月	2.64	2.78	2015 年 1 月	1.98	1.96
2014 年 8 月	2.61	2.76	2015 年 2 月	2.46	2.94

2. 菜椒价格波动预测结果

利用 ARIMA（2，1，2）（1，1，1）^{12} 模型，对 2014 年 3 月到 2015 年 2 月菜椒价格进行了预测，结果见表 8-23。

表 8-23 菜椒 ARIMA（2，1，2）（1，1，1）^{12} 模型的预测结果对比（单位：元/千克）

日期	实际值	预测值	日期	实际值	预测值
2014 年 3 月	7.55	8.16	2014 年 9 月	4.45	4.84
2014 年 4 月	6.58	6.09	2014 年 10 月	4.71	4.99
2014 年 5 月	5.29	3.83	2014 年 11 月	5.18	5.63
2014 年 6 月	4.47	3.24	2014 年 12 月	6.25	7.06
2014 年 7 月	4.24	3.92	2015 年 1 月	7.57	9.21
2014 年 8 月	4.17	4.24	2015 年 2 月	9.66	9.86

3. 黄瓜价格波动预测结果

利用 ARIMA（1，1，1）(1，1，1)^{12} 模型，对 2014 年 3 月到 2015 年 2 月黄瓜价格进行了预测，结果如表 8-24 所示。

表 8-24　黄瓜 ARIMA（1，1，1）(1，1，1)^{12} 模型的预测结果对比（单位：元/千克）

日期	实际值	预测值	日期	实际值	预测值
2014 年 3 月	6.17	5.85	2014 年 9 月	4.22	4.45
2014 年 4 月	4.45	3.32	2014 年 10 月	4.27	4.65
2014 年 5 月	3.33	2.13	2014 年 11 月	5.43	6.14
2014 年 6 月	3.09	2.32	2014 年 12 月	6.53	7.39
2014 年 7 月	3.2	3.35	2015 年 1 月	6.42	7.55
2014 年 8 月	3.51	4.04	2015 年 2 月	8.08	8.31

4. 四季豆价格波动预测结果

利用 ARIMA（2，1，1）(1，1，1)^{12} 模型，对 2014 年 3 月到 2015 年 2 月四季豆价格进行了预测，结果如表 8-25 所示。

表 8-25　四季豆 ARIMA（2，1，1）(1，1，1)^{12} 模型的预测结果对比（单位：元/千克）

日期	实际值	预测值	日期	实际值	预测值
2014 年 3 月	11.24	11.54	2014 年 9 月	6.47	6.85
2014 年 4 月	8.82	7.80	2014 年 10 月	6.28	6.48
2014 年 5 月	6.57	4.47	2014 年 11 月	7.55	8.55
2014 年 6 月	6.12	4.13	2014 年 12 月	8.71	9.87
2014 年 7 月	5.27	5.32	2015 年 1 月	9.57	11.54
2014 年 8 月	6.14	6.76	2015 年 2 月	11.88	12.60

5. 西红柿价格波动预测结果

利用 ARIMA（1，1，1）(1，1，1)^{12} 模型，对 2014 年 3 月到 2015 年 2 月西红柿价格进行了预测，结果见表 8-26。

表 8-26　西红柿 ARIMA（1，1，1）（1，1，1）^{12} 模型的预测结果对比（单位：元/千克）

日期	实际值	预测值	日期	实际值	预测值
2014 年 3 月	6.98	6.68	2014 年 9 月	4.16	4.57
2014 年 4 月	6.18	6.09	2014 年 10 月	4.42	4.84
2014 年 5 月	5.23	4.14	2014 年 11 月	4.78	5.05
2014 年 6 月	4.37	3.32	2014 年 12 月	5.31	5.68
2014 年 7 月	4.01	3.87	2015 年 1 月	5.67	6.53
2014 年 8 月	3.94	4.28	2015 年 2 月	7.24	7.48

从使用 ARIMA 预测模型检验的结果来看，大白菜价格预警的正确率为 54.5% 以上，预警的准确度较低（表 8-27）。

表 8-27　大白菜价格预警结果（二）

日期	实际值	预测值	预测警度	实际警度	预测误差
2014 年 4 月	2.26	2.66	正向轻警	无警	有
2014 年 5 月	2.23	2.12	负向中警	无警	有
2014 年 6 月	2.60	2.60	正向轻警	无警	有
2014 年 7 月	2.64	2.78	无警	无警	无
2014 年 8 月	2.61	2.76	无警	无警	无
2014 年 9 月	2.59	2.52	无警	无警	无
2014 年 10 月	2.31	1.97	负向中警	无警	有
2014 年 11 月	2.00	1.74	无警	无警	无
2014 年 12 月	2.00	1.96	无警	无警	无
2015 年 1 月	1.98	1.96	无警	无警	无
2015 年 2 月	2.46	2.94	正向重警	正向轻警	有

从使用 ARIMA 预测模型检验的结果来看，黄瓜价格预警的正确率为 54.5% 以上，预警的准确度较低（表 8-28）。

表 8-28　黄瓜价格预警结果（二）

日期	实际值	预测值	预测警度	实际警度	预测误差
2014 年 4 月	4.45	3.32	负向重警	负向中警	有
2014 年 5 月	3.33	2.13	负向重警	负向轻警	有
2014 年 6 月	3.09	2.32	无警	无警	无
2014 年 7 月	3.20	3.35	正向重警	无警	有
2014 年 8 月	3.51	4.04	无警	无警	无

续表

日期	实际值	预测值	预测警度	实际警度	预测误差
2014 年 9 月	4.22	4.45	无警	无警	无
2014 年 10 月	4.27	4.65	无警	无警	无
2014 年 11 月	5.43	6.14	正向中警	正向轻警	有
2014 年 12 月	6.53	7.39	无警	无警	无
2015 年 1 月	6.42	7.55	无警	无警	无
2015 年 2 月	8.08	8.31	无警	正向轻警	有

从使用 ARIMA 预测模型检验的结果来看，菜椒价格预警的正确率为 54.5% 以上，预警的准确度较低（表 8-29）。

表 8-29 菜椒价格预警结果（二）

日期	实际值	预测值	预测警度	实际警度	预测误差
2014 年 4 月	6.58	6.09	负向中警	无警	有
2014 年 5 月	5.29	3.83	负向重警	无警	有
2014 年 6 月	4.47	3.24	无警	无警	无
2014 年 7 月	4.24	3.92	无警	无警	无
2014 年 8 月	4.17	4.24	无警	无警	无
2014 年 9 月	4.45	4.84	无警	无警	无
2014 年 10 月	4.71	4.99	无警	无警	无
2014 年 11 月	5.18	5.63	无警	无警	无
2014 年 12 月	6.25	7.06	正向轻警	无警	有
2015 年 1 月	7.57	9.21	正向中警	无警	有
2015 年 2 月	9.66	9.86	无警	正向中警	有

从使用 ARIMA 预测模型检验的结果来看，四季豆价格预警的正确率为 45.5% 以上，预警的准确度较低（表 8-30）。

表 8-30 四季豆价格预警结果（二）

日期	实际值	预测值	预测警度	实际警度	预测误差
2014 年 4 月	8.82	7.80	负向中警	无警	有
2014 年 5 月	6.57	4.47	负向重警	负向轻警	有
2014 年 6 月	6.12	4.13	无警	无警	无
2014 年 7 月	5.27	5.32	正向重警	无警	有

续表

日期	实际值	预测值	预测警度	实际警度	预测误差
2014年8月	6.14	6.76	正向中警	无警	有
2014年9月	6.47	6.85	无警	无警	无
2014年10月	6.28	6.48	无警	无警	无
2014年11月	7.55	8.55	正向重警	正向轻警	有
2014年12月	8.71	9.87	无警	无警	无
2015年1月	9.57	11.54	无警	无警	无
2015年2月	11.88	12.60	无警	正向中警	有

从使用 ARIMA 预测模型检验的结果来看，西红柿价格预警的正确率为 81.8% 以上，预警的准确度较高（表 8-31）。

表 8-31 西红柿价格预警结果（二）

日期	实际值	预测值	预测警度	实际警度	预测误差
2014年4月	6.18	6.09	无警	无警	无
2014年5月	5.23	4.14	负向重警	无警	有
2014年6月	4.37	3.32	无警	无警	无
2014年7月	4.01	3.87	无警	无警	无
2014年8月	3.94	4.28	无警	无警	无
2014年9月	4.16	4.57	无警	无警	无
2014年10月	4.42	4.84	无警	无警	无
2014年11月	4.78	5.05	无警	无警	无
2014年12月	5.31	5.68	无警	无警	无
2015年1月	5.67	6.53	无警	无警	无
2015年2月	7.24	7.48	无警	正向重警	有

综上所述，采用基于 BP 神经网络和 HP 滤波混合模型的时间序列蔬菜价格预警法，与 ARIMA 进行比较，从五个蔬菜品种的平均预警正确率来看，基于时间序列混合模型预警法的平均正确率为 76.3%，ARIMA 预测模型的平均正确率为 58.2%，基于时间序列混合模型预警法的平均正确率明显高于 ARIMA 预测模型，因此可以采用基于 BP 神经网络和 HP 滤波混合模型进行时间序列价格预警。

8.4 本章小结

当前线性预测和神经网络不能很精确地解决时间序列数据预测问题。线性预测模型无法处理非线性关系,而单独的神经网络模型不能够在同一时间处理线性和非线性关系,基于此本章提出了一种神经网络和 HP 滤波的混合模型,选取该方法对五种蔬菜的时间序列价格进行预测预警,并与 ARIMA 的预测预警结果进行了比较,研究表明,采用神经网络和 HP 滤波的混合模型预测精度更高,可以用来对缺失警兆信息的蔬菜时间序列价格进行预警。

第9章 蔬菜价格指数预测预警系统的设计

人工神经网络借鉴人的神经元，使其具有比较强的学习能力、比较能力、推理能力、总结能力及联想能力。它可以建立非线性函数模型，可以同时处理多项信息，具有非常强的容错性。

本章主要基于 BP 神经网络及实用性非常高的支持向量机进行预测预警系统设计。蔬菜价格指数波动特征众多，范围广，所以涉及的方案也比较复杂，因此本章设计的预测预警系统对于不熟悉模型和编程的人员来说，简单易用，便于蔬菜价格指数预测预警系统的应用与推广。本章描述了设计目标、系统架构和模块功能及操作。该设计主要包含七大模块：用户请求、指标选取、BP 神经网络、支持向量机、蔬菜价格指数预测、预警区间选取和预警结果呈现。

9.1 系统设计目标

本节构建了蔬菜价格指数预测预警系统，该系统设计目标如下。

（1）集成多种指标选取方法，如遴选 29 个指标数据的均方差、相关性系数及主成分方法；集成多种预警模型，如 BP 神经网络及支持向量机预测预警模型。

（2）数据管理能力强，实现了训练和测试数据的分离，并可以导入，方便用户及时更新数据，从而获得最新的预测预警结果。

（3）界面使用方便，特征类别和预警结果可以清晰、直观地表现出来。

9.2 系统架构与系统功能设计

本系统建立在 Matlab 平台基础之上进行开发，应用 libsvm 工具包，面向对象设计，单机运行，对 Windows 版本有很大适应性，可以离线工作，选用 Matlab 语言。本系统设计原则如下：首先，在模块化方向方面，其分为 BP 神经网络预测和支持向量机预测，以及指标选取模块；其次，在面向对象方面，选取面向对象的编程工具进行开发；最后，在通用性方面，能适合在多种不同平台上进行操作运行。

9.2.1 总体架构

根据前述的设计原则，本小节主要从系统的功能性和流程性方面描述蔬菜价格指数预测预警系统的总体结构。系统框架详见图 9-1。数据从左边开始进行，包括以下关键部分，首先是参数输入，其次是两种模型的网络导入，再次是指数预测，最后是预警输出。矩形内容代表功能模块，整个系统共分为六个模块，分别为用户预测请求、特征指标类别、支持向量机、蔬菜价格指数预测结果、预警区间阈值和预警结果。预测由 BP 神经网络及支持向量机来实现。这两个模型中间，是对应的已经训练好的网络数据库文件，预测过程基于设定特征指标类别来进行，确定相应的数据库文件，完成导入，从而完成网络结构的重新构建。

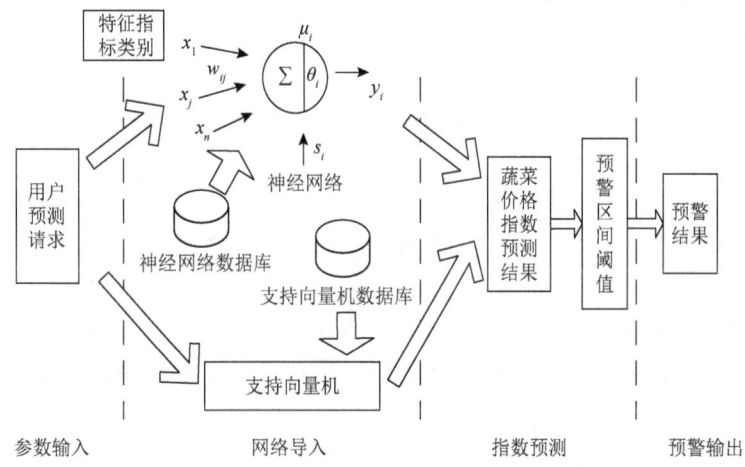

图 9-1　蔬菜价格指数预测预警系统的总体框架图

μ_i 为神经元 i 所对应的变量值；w_{ij} 为连接神经元 x_j 相对应的权重；x_j 为输入数值；θ_i 为阈值；s_i 为外部输入所对应的控制值；Σ 为各输入数值求和

9.2.2　参数输入模块

本系统输入参数包括三种类型的特征指标：其一，依托均方差获得；其二，依托相关系数获得；其三，依托主成分分析法获得。根据用户需要选取指标类型，基于以上三种类型指标完成训练的 BP 神经网络及支持向量机，进而导入预测系统。两种网络可以在 Matlab 中完成二次训练，并进行保存，可方便以后的预测导入。代码详细情况如下：

```
function m_file_loa dbp_Callba ck(hObject,eventdata, handles)
% hObject handle to m_file_loa dbp(see GCBO)
% eventdata reserved-to be defined in a future version of
```

```
MATLAB
    % handles structure with handles and user data(see GUIDATA)
    %完成BP神经网络的导入
    global net;
    net=[];
    [filename,pathname]=uigetfile(...
    {'*.mat','Model Files(*.mat)';'*.*','All Files(*.*)'},...'
Load BP network');
    if isequal(filename,0)
    return
    end
    tmp=load('-mat',[pathname filename]);
    net=tmp.net;
    %---------------------------------------------------------
    function m_file_loadsvm_Callback(hObject,eventdata,
handles)
    % hObject handle to m_file_loadsvm(see GCBO)
    % eventdata reserved-to be defined in a future version of
MATLAB
    % handles structure with handles and user data(see GUIDATA)
    %完成SVM支持向量机导入网络
    global model;model=[];
    [filename,pathname]=uigetfile(...
    {'*.mat','Model          Files(*.mat)';'*.*','All
Files(*.*)'},...'Load svm network');
    if isequal(filename,0)
    return end
    model=loadmodel([pathname filename],6);
```

9.2.3 价格预测模块

本系统选择 BP 神经网络及支持向量机对蔬菜价格指数进行预测。基于用户差异化需求，将训练的网络结果进行导入，将差异化的特征指标相对应的量值完成输入，针对差异化预测方法基础之上的预测函数进行调用，从而实现蔬菜价格指数的预测，详见图 9-2。

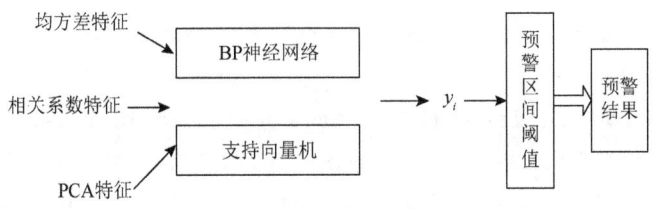

图 9-2 价格预测过程

价格预测模块代码，详细情况如下：
```
function bpPredicti on_Callbac k(hObject,eventdata, handles)
% hObject handle to bpPredicti on(see GCBO)
% eventdata reserved-to be defined in a future version of MATLAB
% handles structure with handles and user data(see GUIDATA)
%BP 神经网络进行相应的预测
global X;
global net;
[filename, pathname]=uigetfile(...
{'*.*','All Files(*.*)'},...
'Pickup Prediction data');
if isequal(filename,0)
return
end
[predy,predx]=libsvmread([pathname filename]);
x=[];
option=getRadioButtonValue(handles);typeSelect(option, handles);
for i=1:29
if isequal(X(i),1)
x=[x predx(:,i)];
end
end
input=x';
o1=sim(net,input);
alarm(handles, o1',predy);
```

```
%---Executes on button press in svmPrediction.
function svmPrediction_Callback(hObject,eventdata,handles)
% hObject handle to svmPrediction(see GCBO)
% eventdata reserved-to be defined in a future version of MATLAB
% handles structure with handles and user data(see GUIDATA)
%SVM支持向量机进行相应的预测
global X;
global model;
[filename,pathname]=uigetfile(...
{'*.*','All Files(*.*)'},...
'Pickup Prediction data');
if isequal(filename,0)
return
end
[predy,predx]=libsvmread([pathname filename]);
x=[];
option=getRadioButtonValue(handles);
typeSelect(option, handles);
for i=1:29
if isequal(X(i),1)
x=[x predx(:,i)];
end
end
tstx=x;
py=svmpredict(predy,tstx,model);
alarm(handles,py,predy);
```

9.2.4 数据呈现模块

系统通过预测模块,得到预测的结果,也就是蔬菜价格指数的具体数值,我们根据不同的预警阈值区间,计算出当前的预警警值。相关阈值区间代码如下:

```
function alarm(handles,py,predy)
%108.5-150 103-108.5 100-103 0-100
```

```
%white
%预警阈值区间
status=0;
if py>=107.9 && py<150
status=0;
set(handles.resultColor,'BackgroundColor',[0.5 0.5 0.5]);
elseif py>=103&& py<107.9
status=1;
set(handles.resultColor,'BackgroundColor',[1.01.0 0]);
elseif py>=100&& py<103
status=2;
set(handles.resultColor,'BackgroundColor',[10.559 0.12]);
elseif py>=0&& py<100
status=3;
set(handles.re sultColor,'Background Color',[1 0 0]);
end
set(handles.re s_edit,'String',[num2str(py)(''num2str(predy)')']);
```

9.3 系统界面设计

本节对系统界面设计进行阐述。在系统运行阶段，完成数据预处理后，考虑到预测与预警精度等方面的问题，需配合进行归一化处理。基于上述数据，如果存在新加入的年份数据，需要对历史样本数据相对应的特征指标的数据范围进行考虑，然后将其纳入新的样本数据中。如果超过此范围，则依托前面的网络训练方法来实现，再次完成训练，然后将以前的网络文件进行替换，这样就成了训练网络所存在的数据库资料。

9.3.1 主界面设计

主界面设计包括6个区域，分别是菜单"File"、指标选取"Choose X"、BP神经网络参数设置"BP Params"、支持向量机参数设置"SVM Params"、输入指标类型"Input Type"、结果显示"Result"。"Choose X"为特征指标当前的类别，其中"Input Type"为特征指标相对应的提取模式，主要有三种提取模式，可以由用户勾选相应的指标。"BP Params"为 BP 神经网络所存在的训练误差参数值，可完成 BP 神经网络预测所获数据集的导入。"SVM Params"为支持向量机所存在的训练相关参数，可完成支持向量机所获得的预测数据集的导入。界面最下面为差异化特征指标提取模式下，相应的预测所获得的结果，可以理解为蔬菜价格指数各类预测的详细数值，背景颜色为差异化价格指数相对应的警情颜色。预警颜色可以用绿色表示无警、红色表示重警、浅红色表示轻警。

9.3.2 输入参数界面设计

指标选取"Choose X"中，共有 29 个特征指标 X_i。特征指标的选取方式上，共有三种输入类型"Mean Sq""Correlate""PCA"可供选择。接着导入不同的已经训练好的数据集，或者导入新训练的数据集。在不同特征指标选取方式下，用已经训练好的数据文件来进行预测。依托"loadBP"或者"loadSVM"完成结果导入，紧接着确定特征指标选取模式，依托相应的预测方法完成预测数据集相对应的特征指标文件的读取工作，这样就可以完成预测及预警。

9.3.3 预测预警界面设计

用户导入训练完成的数据，确定特征指标相应的选取模式，应用测试数据集，预测新出现的价格指数，其结果将呈现在输出结果框中。文字为其详细的数值，可以用不同的背景颜色表示预警警情状况，绿色表示为无警、红色表示为重警、浅红色表示为轻警，这将给操作者带来非常直观的显示。

9.4 本章小结

人工神经网络借鉴人的神经元，使其具有比较强的学习能力、比较能力、推理能力、总结能力及联想能力，并且还具有能够逼近任意的非线性函数，并行化处理信息，容错能力强等许多特点。本章主要基于 BP 神经网络及实用性非常高的支持向量机进行预测预警系统设计，主要包含六大模块：用户预测请求、特征指标类别、支持向量机、蔬菜价格指数预测结果、预警区间阈值和预警结果。蔬菜价格指数波动特征众多，范围广，所以涉及的方案也比较复杂，因此本章设计的预测预警系统对于不熟悉模型和编程的人员来讲，简单、易用，便于蔬菜价格预测预警系统的应用与推广。

第 10 章 蔬菜价格稳定机制与调控政策研究

通过之前的研究，我们对蔬菜价格的波动、传导及预警三大方面进行了系统、全面的分析，确定了最优的预警方法，并实现了预测预警系统的设计。作为一个完整的研究，还应该对蔬菜价格的稳定提出合理的政策建议。本章首先对稳定蔬菜价格提出建议，提出要从确保蔬菜供需平衡，建立价格补贴机制，提高消费者家庭收入，使消费结构趋于多元化，降低流通成本，减少产销价差等方面努力。其次，对加强蔬菜价格监测预警提出了相关建议，包括构建全面的蔬菜价格数据采集系统，加大针对蔬菜价格预警理论和相关分析方法的研究力度，开展预警过程中有效使用预测预警结果，完善预警信息发布通道等。

10.1 稳定蔬菜价格波动的政策建议

1. 确保蔬菜供需平衡

稳定蔬菜价格最主要在于蔬菜市场供求关系的平衡，所以要建立蔬菜价格预警模型，提高蔬菜生产信息流通效率，同时加入政府的宏观调控，以确保蔬菜供需平衡，进而稳定蔬菜价格，保障消费者福利。

2. 建立价格补贴机制

价格补贴机制可以采用两种形式：首先，对消费者进行货币补贴。当蔬菜价格急剧上涨时，政府可以对消费者直接给予货币补贴来弥补价格上涨时消费者所需多消费的货币量。其次，对消费者进行实物补贴。在消费者福利受损情况下，政府可以向消费者发放一些生活必需品来减少消费者的其他支出。

3. 提高消费者家庭收入

为了避免蔬菜价格上涨对消费者生活产生较大的影响，最有效的办法是提高消费者的家庭收入。现在许多居民存在就业难的现象，国家在提供更多的就业岗位的同时应对低收入群体提供免费的职业技能培训，以提高低收入群体的职业竞争力。另外，国家应加大对自主创业的鼓励，从而带动经济发展，提高居民的家庭收入。

4. 使消费结构趋于多元化

如果消费者的消费结构比较单一，且某类商品在消费者的消费结构中所占比重比较大，那么当该类商品的价格出现大幅度波动时会严重影响消费者的福利效应。如果用其他消费品代替则可以缓解价格波动所带来的福利变化。所以如果使消费者的消费结构趋于多元化，使其他商品可以替代消费者对蔬菜的消费需求，那么当蔬菜价格急剧上涨时，消费者的福利受损情况就会改善。

5. 降低流通成本，减少产销价差

一是加快蔬菜合作社发展，大力开展蔬菜基地建设，实现"小农户"与"大市场"的对接；二是发展冷链物流，减少蔬菜损耗，降低流通成本；三是大力发展"农超对接"、"农社对接"、"农校对接"、蔬菜电子商务等新型流通模式，减少中间环节。

10.2 加强蔬菜价格监测预警的保障措施

构建预测预警系统意义重大，有利于完成对蔬菜价格及指数相关的监测及预警，维护蔬菜价格的稳定，使得蔬菜生产者、经营者、消费者等多方利益得到保障，促进相关产业平稳发展。实现在短期内蔬菜价格的预测预警，这一问题困扰了很多国家，难度比较大。因为蔬菜市场涉及复杂的经济规律及政府政策，同时与气候等自然条件也存在密切的关系。政府部门应该对蔬菜价格预警的实现给予支持，尤其在政策、人力及物力等方面。另外，预警系统结果的发布十分关键，同时需要考虑预警数据方面的研究。借鉴美国农业信息预警系统方面的经验，有效开展蔬菜价格预警的相关举措如下。

1. 构建全面的蔬菜价格数据采集系统

数据是研究项目的基础，关系到蔬菜市场运行稳定。美国农业信息预警系统所需要的原始基准数据由专门的机构采集，其国内数据来源于国家农业统计局，国际数据来源于海外农业服务局。前者包括了农业普查及经常性调查两种类型的数据库，涉及50个州、超过2800个相关合作社、超过200万个农场，以及200万名农业工作人员及批发市场、零售市场和期货市场渠道等。基于美国经验，需设置全国数据采集机构，完成对主产区、各个蔬菜销售渠道的价格信息收集。本书选择29个指标，涵盖了供需、国家经济、政府政策、自然条件等方面，其准确性方面十分关键。如果数据准确度比较低，那么相应的系统预测将非常糟糕。为此需要全面采集蔬菜历史价格方面的数据，然后完成初步的处理，以构建相关数据库，

在分类过程中依年、月、日、季度等进行划分,这样可以保证粒度的差异性,方便后续预测。

2. 加大针对蔬菜价格预警理论和相关分析方法的研究力度

中国国土面积大,区域差异明显,构建合理的预测和预警理论与模型十分复杂。相关预测预警理论和模型方面的研究对于构建蔬菜价格预测与预警系统具有重要意义,可以为其提供理论支持。借鉴美国的经验,美国相关的模型分析工具是非常先进的,基于其理论知识体系,构建了两种模型:一种为多个国家的商品连接模型;另一种为食物与农业政策模拟模型。另外,美国的相关从业人员素质和学历非常高,为相关专业博士毕业生,精通经济学、计量经济学和统计学理论,对农业问题有着丰富的经验。所以基于美国经验,模型选择十分重要,需保证先进性,最好完成多个模型的精度对比,这样有利于更好地进行决策。同时,预测预警模型还需存在柔性和可扩展性,以减轻突发事件及宏观环境变动的冲击。另外,其配套软件应简单方便,界面简洁,容易上手。

3. 开展预警过程中有效使用预测预警结果,完善预警信息发布通道

构建专门岗位和机构,针对潜在警情定期进行检测及跟踪,对其来源做好充足的把握,提前做好防范准备。美国农业信息发布机制有着非常不错的效果,其机制健全,渠道广阔。世界农业展望局和美国国家农业统计局第一时间发布预警信息。美国农业信息的预警报告发布渠道多样,有网络、纸质媒体、邮件等多种形式。同时构建联络点,使得咨询工作更容易开展。完善我国预警信息发布通道,首先需要构建预警报告制度,涵盖预警结果及警情缘由,同时还包括相应对策。其次,构建预警信息发布平台,类似于极端天气发布平台,从而第一时间完成预警信息发布。最后,还需要建立蔬菜价格预警网站和开发手机应用软件,方便民众查询及官方信息发布,以使得多级用户需求得到有效满足。考虑到贫困偏远地区情况,应增加微信、手机短信、电视、纸媒、发布会及广播等多种发布渠道。

第 11 章 总结与展望

蔬菜是日常生活必需品，其价格波动与人们生活有非常大的关联性。党中央、国务院十分关注蔬菜市场价格波动情况，各地区构建了"菜篮子"市长负责制度，拓展供应渠道，避免蔬菜市场价格过度波动，维持相对稳定。本书对蔬菜价格波动、传导及预测预警展开研究，以期为制定稳定蔬菜市场价格政策提供参考和支持。本书的主要结论，以及不足与展望如下。

11.1 研究结论

本书选择人们主要食用的大白菜、菜椒、黄瓜、四季豆及西红柿等五种基本蔬菜，研究其价格波动所存在的特征；研究五种基本蔬菜的周期性、季节性及所存在的随机性，有效应用 HP 滤波法，着重从供需、国家经济、政府政策、自然条件等角度了解蔬菜价格干扰因素；研究蔬菜价格波动对生产者及消费者福利效应的影响；选择大白菜、西红柿和菜椒等主要蔬菜，针对其生产、批发及零售等方面的数据进行研究，在此过程中主要使用 TAR 模型进行研究，研究角度有三个：一是传导方向；二是幅度；三是滞后性。研究重点是市场间所存在的关联性，同时还重点研究其传导的机制。另外，针对中国蔬菜纵向不对称价格传导缘由进行研究。

在蔬菜价格指数相关理论基础之上，研究主要从两方面入手：一方面是蔬菜价格指数中所存在的众多蔬菜价格变化的状况，同时研究相应的特性。在分析的过程中主要依托 HP 滤波周期性分析法来进行，使得蔬菜价格所存在的波动特性得到充分的呈现。然后，针对蔬菜时间序列价格完成预警工作，方式有两个，一个是神经网络和 HP 滤波混合模型的时间序列预测，另一个是 ARIMA，同时进行这两种模型的对比。另一方面，针对蔬菜价格指数所存在的众多特征指标（29 个）完成全方位的特征分析，在预警的过程中指标选取的方法有两种，一种为综合选取法，另一种为指标贡献度法，最后完成预警精度的对比。通过本次研究能够得出如下结论。

（1）运用 HP 滤波法来研究不同蔬菜的价格情况，得出大部分蔬菜的价格变化表现出极强的周期性特征，并计算不同蔬菜的价格变化周期，以获得相应的结果。本次研究筛选大白菜、菜椒、黄瓜、四季豆和西红柿等价格时间序列，具体时间为 2002 年 1 月到 2015 年 2 月，获得该阶段的月度零售市场价格，指出这几种蔬菜的价格变化都呈上升趋势，并带有明显的周期性特点。

(2) 从消费者的角度进行研究，其长、短期福利的变化情况都与蔬菜价格变化情况呈现反比例的关系。也就是蔬菜价格上升的情况下，消费者的长期或短期福利都会受到负面的影响；而蔬菜价格降低的情况下，消费者的长期或短期福利都会有所增加。蔬菜价格的变化对消费者的长期福利及短期福利所带来的影响基本一致，只是长期福利所产生的效应始终表现出比短期福利所产生的效应要优。从生产者的角度来看，其福利的变化情况与蔬菜价格变化情况呈现正相关关系。也就是当蔬菜价格升高的情况下，其福利相对增加，反之则减少，而且，生产者的长期福利所产生的效应始终优于短期福利所产生的效应。

(3) 蔬菜的生产价格与批发价格及批发价格与零售价格间会相互产生非对称传导效应，同时表现出双向特征。其中，批发价格对零售价格所造成的正向冲击要大于负向冲击，而零售价格对批发价格所造成的负向冲击大于正向冲击。生产价格与批发价格的相互作用关系中，生产价格对批发价格的负向冲击调整效应较大，而批发价格对生产价格的正向冲击调整效应较大。

(4) 在研究过程中主要运用了 29 个影响因素来分析蔬菜价格指数所具有的特点。根据影响因素的差异将 29 个影响因素进行划分，涵盖了供需、国家经济、政府政策、自然条件等蔬菜价格干扰因素，不同因素给蔬菜价格指数所造成的影响具有函数性特点。首先，研究了 29 个影响因素所具有的波动性，得出的结论表明多数影响因素不存在周期性特点，存在周期性特点的影响因素为 X_3，成本利润率；X_{20}，相关替代品价格。其次，分析了 29 个影响因素的趋势变化情况，得出不同影响因素与蔬菜价格指数的相关变化情况，它们之间的关系有三种：同步、先行及滞后。时差相关法得到的结果显示，先行蔬菜价格指数变化的影响因素有 20 个；同步蔬菜价格指数变化的影响因素 3 个；滞后蔬菜价格指数变化的影响因素有 6 个。最后，分析了 29 个影响因素的独特性，在分析的过程中主要从均方差、相关性及主成分等角度出发。综合运用三种分析方式，最终得出能够进行价格预警的指标有 X_3，成本利润率；X_9，蔬菜种植总面积；X_{15}，城镇居民家庭恩格尔系数；X_{20}，相关替代品价格；X_{22}，农村居民蔬菜需求量；X_{28}，人民币汇率。使用指标贡献度获得指标：物质费用投入（X_1）、蔬菜年产量（X_8）、蔬菜种植面积（X_9）、原油价格（X_{11}）、农村居民蔬菜需求量（X_{22}）、货币供应量（X_{26}）、CPI（X_{27}）。

(5) 运用综合选取法及指标贡献度法挑选出影响指标，并结合 BP 神经网络及支持向量机预测方式等来完成预测过程，得出的结论显示运用指标贡献度法所得到的预测结果具有更高的准确性。因此，应该采用指标贡献度法并结合支持向量机模型等来完成预测及预警。通过对蔬菜价格指数的预警范围进行划分来保证针对价格警情完成定量预警。本次研究设定了定量预警的相关指标，并划分出不同警情相对应的阈值。当蔬菜价格指数处在[107.9，150)的范围内代表无警，处在[103，107.9)的范围内则代表轻警，处在[100，103)的范围内代表中警，处在[0，100)的范围内则代表重警。经研究得出，建立在指标贡献度法基础之上的支持向量机预警具有非常高的精度，因此可以优先选用来进行蔬菜价格预警。

（6）运用神经网络及HP滤波时间序列混合模型等预警方法来对蔬菜时间序列价格进行预测。选取蔬菜价格波动率作为蔬菜价格风险预警的警情指标，采用蔬菜价格波动率（涵盖了正向及负向）均值与蔬菜价格波动率标准差相对应的倍数，从而完成蔬菜价格预警警限的有效划分，主要包括正向重警、正向中警、正向轻警、正向无警，以及负向轻警、负向中警、负向重警。将该预警结果与运用ARIMA所得出的结果进行对比，得出使用神经网络及HP滤波混合模型在预测的过程中展现了更高的精度。

11.2　研究的不足与展望

本次的研究虽然在理论及实践等方面针对蔬菜价格波动、传导及预测预警等有一定的贡献，但依然存在以下几点不足，在今后应做更进一步的分析。

首先，在研究的过程中对蔬菜价格指数和时间序列价格，采用各种不同模型和指标选取方法进行了设计。但是经济市场较为复杂，因此要将预测预警系统完全应用到市场中去还需要进行大量数据的实验，并且对于蔬菜价格指数未来的预测预警，需要精准预测出警兆指标的数据。另外，当前所获取的蔬菜价格信息全面性不足，缺乏具有系统性、可靠性、及时性的蔬菜价格信息采集系统，这就意味着多数信息采集工作由人工完成，这就使得数据采集工作的效率及采集精度存在非常大的局限性。基础数据的不准确性问题在当前蔬菜产业中普遍存在，比如，很难对种植面积进行精确统计，因而无法准确指导农民进行生产。这些在未来研究中需要进一步改善。

其次，在预警理论与模型方面，针对与大众生活息息相关的蔬菜价格进行预警十分复杂，作为一项社会系统项目，由于所涉及的影响因素较多，且变数较大，还会涉及不同的风险因素，在这种情况下想要得到完全准确的预警结果比较困难。因此，应基于科学方法，依托大规模的验证、优化预测和预警理论、模型，从而促进蔬菜价格相关预测和预警工作水平的提升。

参 考 文 献

柏继云,孟军,吴秋峰. 2007.黑龙江省大豆生产预警指标体系的构建[J]. 东北农业大学学报,38(4):568-572.
布拉斯维尔 R N. 1986. 傅里叶变换及其应用[M]. 杨燕昌,等译. 北京:人民邮电出版社.
陈秋好. 2012. 对中国经济适用房发展的思考与分析——以重庆市地区为例[J]. 北京城市学院学报,(6):49-53.
陈诗一. 2008. 非参数支持向量回归和分类理论及其在金融市场预测中的应用[M]. 北京:北京大学出版社.
陈磊. 2005. 中国经济周期波动的测定和理论研究[M]. 大连:东北财经大学出版社.
程国强. 2010. 粮价异常波动亟须综合调控[J]. 中国发展观察,(6):5,6.
程瑞芳. 2007. 我国农产品价格形成机制及波动效应分析[J]. 中国流通经济,(3):22-24.
崔建明,刘建明,廖周宇. 2013. 基于 SVM 算法的文本分类技术研究[J]. 计算机仿真,30(2):299-302,368.
董晓霞,李干琼,刘自杰. 2010. 农产品市场价格短期预测方法的选择及应用——以鲜奶零售价格为例[J]. 山东农业科学,(1):109-113.
邓祥周,田立新,段希波. 2007. 能源价格的动态模型及分析[J]. 统计与决策,(2):9,10.
戴家武,王秀清. 2014. 非对称价格传递——标准经济学的"漏网之鱼"[J]. 经济问题探索,(10):11-17.
董晓霞,胡冰川,于海鹏. 2014. 我国鸡蛋市场价格非对称性传导效应研究——基于非对称误差修正模型[J]. 农业技术经济,(9):52-60.
冯锋,肖相泽,张雷勇. 2013. 产学研合作共生现象分类与网络构建研究——基于质参量兼容的扩展 Logistic 模型[J]. 科学学与科学技术管理,34(2):3-11.
冯文权. 1983. 经济预测与经济决策技术[M]. 武汉:武汉大学出版社.
傅如南,林丕源,严尚维,等. 2008. 基于 ARIMA 的肉鸡价格预测建模与应用[J]. 中国畜牧杂志,44(20):17-21.
高嵘. 2010. 基于物联网的猪肉溯源及价格预警模型研究[D]. 电子科技大学博士学位论文.
顾海兵. 1997. 宏观经济预警研究:理论·方法·历史[J]. 经济理论与经济管理,(4):1-9.
顾海兵,周智高. 2005. 经济形势分析预测要有科学的范式[J]. 金融信息参考,(6):29.
顾声乐. 2013. 农产品价格波动与资本专用性[J]. 消费经济,29(2):90-93.
过新伟,胡晓. 2012. 公司治理、宏观经济环境与财务失败预警研究——离散时间风险模型的应用[J]. 上海经济研究,24(5):85-97.
高扬. 2011. 我国蔬菜价格传导非均衡性的原因及对策研究——基于市场竞争理论视角的分析[J]. 价格理论与实践,(5):30,31.
韩力群. 2002. 人工神经网络理论、设计及应用——人工神经细胞、人工神经网络和人工神经系统

[M]. 北京: 化学工业出版社.
郝利忠, 潘春玲, 李专. 2009. 辽宁省生猪生产预警分析[J]. 现代畜牧兽医, (3): 6-10.
郝勇, 范君晖. 2007. 系统工程方法与应用[M]. 北京: 科学出版社.
何启志. 2010. 国际农产品价格波动风险研究[J]. 财贸研究, 21 (5): 63-69.
何忠伟, 雷声芳, 陈艳芬. 2013. 基于供应链的北京农产品质量安全管理模式研究[M]. 北京: 中国农业出版社.
胡冰川, 徐枫, 董晓霞. 2009. 国际农产品价格波动因素分析——基于时间序列的经济计量模型[J]. 中国农村经济, (7): 86-95.
胡涛. 2005. 基于非参数的水产品价格预测系统研究[D]. 中国农业大学博士学位论文.
胡希宁. 2004. 当代西方经济学概论[M]. 北京: 中共中央党校出版社.
黄继鸿, 雷战波, 凌超. 2003. 经济预警方法研究综述[J]. 系统工程, (2): 64-70.
黄秋如. 2006. 西方供求关系理论述评[J]. 井冈山学院学报 (社会科学版), 27 (1): 92-95.
黄志文. 2010. 农村信息化与农村经济发展相关关系的实证研究[J]. 现代农业科技, (12): 332-334.
纪良纲, 王慧娟. 2008. 商品流通规模监测预警指标的筛选——基于时差相关分析法的视角[J]. 经济与管理, 22 (2): 5-7.
贾会玲, 杨晓光, 邓若鸿, 等. 2010. 基于数据的生猪价格风险分析模型研究与实证分析[J]. 数学的实践与认识, 40 (12): 53-58.
姜向荣, 司亚清, 张少锋. 2007. 景气指标的筛选方法及运用[J]. 统计与决策, (4): 119-121.
姜雅莉. 2013. 蔬菜价格波动及传导研究[D]. 西北农林科技大学博士学位论文.
姜雅莉, 陆迁, 贾金荣. 2012. 蔬菜价格波动对城镇居民福利影响的实证分析[J]. 长安大学学报, 14 (4): 54-58.
蒋宁, 肖平. 2011. 成品油价格波动对物流业的影响及对策研究[J]. 价格理论与实践, (12): 81, 82.
蒋尧明, 章丽萍, 张旭迎. 2013. 融资与可持续增长视角下的企业财务危机中长期预警模型[J]. 中央财经大学学报, (3): 84-89.
凯恩斯 J M. 2004. 就业、利息和货币通论[M]. 杨力译. 上海: 上海外语教育出版社.
康艺之, 方伟, 林伟君. 2014. 我国重要农产品价格异常波动情报预警分析[J]. 广东农业科学, 41 (7): 200-203.
李崇光, 包玉泽. 2012. 我国蔬菜价格波动特征与原因分析[J]. 中国蔬菜, (9): 1-7.
李崇光, 宋长鸣. 2016. 蔬菜水果产品价格波动与调控政策[J]. 农业经济问题, 37 (2): 17-24, 110.
李干琼, 许世卫, 李哲敏, 等. 2013. 鲜活农产品市场价格波动规律研究——基于 H-P 滤波法的周期性分析[J]. 农业展望, 9 (1): 30-34.
李干琼, 许世卫, 孙益国, 等. 2011. 中国蔬菜市场价格短期波动与风险评估[J]. 中国农业科学, 44 (7): 1502-1511.
李桂芹, 王丽丽. 2012. 蔬菜全产业链价格传递机制研究[J]. 农业经济问题, 33 (11): 30-36, 110, 111.
李桂芹, 赵翠萍, 方湖柳. 2012. 农户出售量与蔬菜生产价格之间关系的实证分析——基于 2002—2010 年的数据[J]. 北京工商大学学报 (社会科学版), 27 (4): 37-43.
李国祥. 2011. 我国农产品价格波动分析及其调控思路[J]. 农村金融研究, 8: 8-14.
李敬辉, 范志勇. 2005. 利率调整和通货膨胀预期对大宗商品价格波动的影响——基于中国市场粮价和通货膨胀关系的经验研究[J]. 经济研究, (6): 61-68.

李优柱. 2013. 我国城乡居民消费与收入的动态关联性——来自向量自回归模型的验证[J]. 中国流通经济, 27 (1): 68-72.

李优柱, 李崇光, 郑明洋. 2013. 我国棉花现货、期货及电子交易市场价格动态关系研究[J]. 华中农业大学学报 (社会科学版), (1): 25-30.

李优柱, 易新福, 郑明洋. 2012. 农业信息化投入对农业产出贡献率评价研究[J]. 科技进步与对策, 29 (24): 143-146.

李优柱, 李崇光, 李谷成. 2014. 我国蔬菜价格预警系统研究[J]. 农业技术经济, (7): 79-88.

李哲敏, 许世卫, 崔利国, 等. 2015. 基于动态混沌神经网络的预测研究——以马铃薯时间序列价格为例[J]. 系统工程理论与实践, 35 (8): 2083-2091.

李建平. 2007. 中国省域经济综合竞争力评价与预测研究[M]. 北京: 社会科学文献出版社.

李卓, 张茜. 2012. 国际油价波动与石油冲击——基于符号约束 VAR 模型实证分析[J]. 世界经济研究, (8): 10-16, 87.

林明, 杨林楠, 彭琳, 等. 2013. 基于 BFGS-NARX 神经网络的农产品价格预测方法[J]. 统计与决策, (16): 18-20.

廖楚晖, 温燕. 2012. 农产品价格保险对农产品市场的影响及财政政策研究——以上海市蔬菜价格保险为例[J]. 财政研究, (11): 16-19.

刘俊娥, 安凤平, 林大超, 等. 2013. 采煤工作面瓦斯涌出量的固有模态 SVM 建模预测[J]. 系统工程理论与实践, 33 (2): 505-511.

刘全, 程彬, 郑广宇, 等. 2011. 辽宁省生猪生产周期性分析及预测预警模型研究[J]. 中国畜牧杂志, 47 (10): 22-26.

刘艺卓. 2010. 汇率变动对中国农产品价格的传递效应[J]. 中国农村经济, (1): 19-27.

路云, 许珍子. 2012. 社会医疗保险基金运行平衡的预警机制研究[J]. 东南大学学报 (哲学社会科学版), 14 (6): 37-39, 133-135.

罗超平, 李伟毅, 翟琼. 2013a. 外部冲击对蔬菜价格波动的影响——基于面板向量自回归模型 (PVAR) 的实证分析[J]. 中国蔬菜, (10): 16-22.

罗超平, 王钊. 2012. 波动频率、季节性上涨与蔬菜价格演进机理: 1978~2010 年[J]. 改革, (5): 94-100.

罗超平, 王钊, 翟琼. 2013b. 蔬菜价格波动及其内生因素——基于 PVAR 模型的实证分析[J]. 农业技术经济, (2): 22-30.

骆祚炎. 2011. 资产价格波动、经济周期与货币政策调控研究进展[J]. 经济学动态, (3): 121-126.

吕向东, 王济民, 吕新业. 2005. 我国农业综合生产能力的指标体系及其评价[J]. 农业经济问题, (S1): 27-33.

马建华, 张星奇, 张辉. 2012. 参数优化支持向量机的人参价格预测模型[J]. 吉林大学学报 (信息科学版), 30 (2): 218-222.

马孝斌, 王婷, 董霞, 等. 2007. 向量自回归法在生猪价格预测中的应用[J]. 中国畜牧杂志, 43 (23): 4-6.

马雄威, 朱再清. 2008. 灰色神经网络模型在猪肉价格预测中的应用[J]. 内蒙古农业大学学报 (社会科学版), (4): 91-93.

苗珊珊. 2014. 中国粮食价格波动的农户福利效应研究[J]. 资源科学, 36 (2): 370-378.

聂思玥. 2014. 门限自回归模型的理论与应用研究[D]. 南开大学博士学位论文.
农业部市场与经济信息司. 2010. 农产品市场监测预警工作手册[M]. 北京：中国农业出版社.
欧阳敏华, 雷钦礼. 2013. 一般门限非对称误差修正模型的估计与检验[J]. 统计研究, 30（10）：97-107.
潘凤杰, 穆月英. 2011. 北京市蔬菜价格变动的特征及影响因素[J]. 中国蔬菜,（1）：1-7.
邱海平. 2008. 马克思的市场价值与市场价格理论及其与西方经济学相关理论的比较[J]. 教学与研究,（10）：70-77.
任永泰, 李丽. 2011. 哈尔滨市水资源预警模型研究——基于时差相关分析法的区域水资源预警指标体系构建[J]. 东北农业大学学报, 42（8）：136-141.
宋长鸣, 李崇光. 2012. 季节调整后的蔬菜价格波动——兼论货币供应量的影响[J]. 统计与信息论坛, 27（3）：83-92.
宋长鸣, 徐娟, 李崇光. 2013. 货币供应量、蔬菜调控政策与蔬菜价格波动分析[J]. 统计观察, 22：105-108.
宋敏, 刘学敏. 2012. 西北地区能源—环境—经济可持续发展预警研究——以陕西省为例[J]. 中国人口资源与环境, 22（5）：133-138.
孙立行. 2012. 开放条件下中国金融风险预警指标体系研究[J]. 世界经济研究,（12）：30-37, 85.
唐江桥. 2011. 中国畜产品价格预测预警研究[D]. 福建农林大学博士学位论文.
唐晓彬, 何勤英, 刘金全, 等. 2012. 基于中美股票价格波动机制转换特征与拐点识别的对比分析[J]. 预测, 31（6）：40-43, 60.
陶新民, 张冬雪, 郝思媛, 等. 2012. 基于谱聚类欠取样的不均衡数据SVM分类算法[J]. 控制与决策, 27（12）：1761-1768, 1775.
童明荣, 薛恒新, 林琳. 2007. 基于Holt-Winter模型的铁路货运量预测研究[J]. 铁道运输与经济, 29（1）：79-81, 86.
同海梅, 陆迁. 2014. 论粮食价格波动对城镇居民的福利影响[J]. 西北农林科技大学学报, 14（3）：100-105.
汪浩瀚. 2002. 不确定性理论：现代宏观经济分析的基石[J]. 财经研究,（12）：30-36.
王川, 赵友森. 2011. 基于风险价值法的蔬菜市场风险度量与评估——以北京蔬菜批发市场为例[J]. 中国农村观察,（5）：45-54, 77, 96.
王吉恒, 王新利. 2003. 农产品市场风险与市场预测研究[J]. 农业技术经济,（3）：1-5.
王家显. 2011. 稳定我国蔬菜价格的对策分析[J]. 经济导刊,（12）：44, 45.
王蕾. 2011. 基于SVM的食糖市场风险预警研究[J]. 兰州学刊,（6）：72-76.
王楠, 汪琛德. 2015. 郑商所农产品期货对通货膨胀的预警作用——基于VAR模型的分析[J]. 系统管理学报, 24（6）：854-858.
王舒鸿. 2008. 灰色预测模型在鸡蛋价格预测中的应用[J]. 中国禽业导刊,（15）：48-50.
王素雅. 2009. 农产品短期价格分析及预测方法选择——以北京新发地批发市场苹果为例[D]. 中国农业科学院硕士学位论文.
王学龙, 杨文. 2012. 中国的土地财政与房地产价格波动——基于国际比较的实证分析[J]. 经济评论,（4）：88-96, 144.
王怡, 周应恒, 赵文, 等. 2008. 中国苹果市场整合程度及价格波动规律研究[J]. 南京农业大学学报, 31（1）：112-117.

吴旭东. 2012. 沪深 300 股指期货波动性分析[D]. 华南理工大学硕士学位论文.
吴滨. 2008. 基于全球视角的国际工程承包市场研究[D]. 天津财经大学硕士学位论文.
武拉平. 2000. 农产品地区差价和地区间价格波动规律研究——以小麦、玉米和生猪市场为例[J]. 农业经济问题, (10): 54-58.
席广永, 岳建平, 周保兴. 2012. 基于 Holt-Winter 的电离层延迟预报模型[J]. 测绘通报, (9): 7-10.
夏玉莲, 曾福生. 2010. 主要农产品价格对 CPI 的贡献分析——基于 VAR 和 VEC 模型的实证分析[J]. 价格月刊, 9: 1-5.
邢航. 2008. 独立样本均数差异的显著性检验及应用[J]. 中国集体经济, (18): 27-29.
熊彼特 J A. 1990. 经济发展理论：对于利润、资本、信贷、利息和经济周期的考察[M]. 何畏, 易家详, 等译. 北京: 商务印书馆.
熊巍, 祁春节. 2010. 基于扩散指数的中国柑橘生产预警研究[J]. 福建农林大学学报（哲学社会科学版）, 13（5）: 52-56.
熊巍, 祁春节. 2011. 水果类农产品产销预警指标体系的构建[J]. 统计与决策, (22): 15-18.
徐国祥. 2012. 统计预测与决策[M]. 上海: 上海财经大学出版社.
徐雪高. 2008a. 新一轮农产品价格波动周期：特征、机理及影响[J]. 财经研究, 34（8）: 110-119.
徐雪高. 2008b. 猪肉价格高位大涨的原因及对宏观经济的影响[J]. 农业技术经济, (3): 4-9.
徐迎军, 李东. 2010. 基于马尔柯夫模型的商品房价格波动研究[J]. 统计研究, 27（6）: 17-21.
徐章勇. 2007. 马克思的价值转形和市场价格理论——兼论马克思作为资本产品的商品理论意义[J]. 江汉论坛, (1): 87-90.
阎晓军, 赵安平. 2011. 北京市蔬菜市场预警研究——基于数量供应安全角度的探讨[J]. 农业现代化研究, 32（5）: 581-584.
杨瑢. 2011. 基于结构方程模型的生猪价格预警研究[J]. 中国畜牧杂志, 47（18）: 6-9, 14.
杨为燕. 2008. 基于蛛网理论的生猪价格波动性分析[J]. 江西社会科学, (6): 81-84.
叶焕倬, 杨青, 汪勇华. 2013. 智能财务危机预警与原因诊断方法研究——基于自适应贝叶斯网络模型 SABNM 的探析[J]. 审计与经济研究, 28（3）: 74-82.
易丹辉. 2008. 数据分析与 Eviews 应用[M]. 北京: 中国人民大学出版社.
于爱芝, 郑少华. 2013. 我国猪肉产业链价格的非对称传递研究[J]. 农业技术经济, (9): 35-41.
战金艳, 林英志, 葛全胜, 等. 2011. 自然灾害对农产品市场价格影响研究——以汶川地震为例[J]. 地理研究, 30（8）: 1449-1456.
张才杰. 2010. 论商品房价格的超调规律[J]. 现代经济探讨, (5): 79-83.
张冬平, 白菊红. 2003. 农村劳动力受教育水平差异分析[J]. 中国农村观察, (1): 2-9, 22-80.
张海燕, 董小刚. 2011. 经济周期波动的动态模型与计量分析方法[M]. 北京: 科学出版社.
张俊红, 刘昱, 马文朋, 等. 2012. 基于 GAPSO-SVM 的航空发动机典型故障诊断[J]. 天津大学学报, 45（12）: 1057-1061.
张立杰, 寇纪淞, 李敏强, 等. 2013. 基于自回归移动平均及支持向量机的中国棉花价格预测[J]. 统计与决策, (6): 30-33.
张利庠, 张喜才, 陈姝彤. 2010. 游资对农产品价格波动有影响吗——基于大蒜价格波动的案例研究[J]. 农业技术经济, (12): 60-67.
张峭, 王川, 王克. 2010. 我国畜产品市场价格风险度量与分析[J]. 经济问题, (3): 90-94.
张雯丽, 李秉龙. 2009. 我国棉花短期价格波动研究——基于时间序列. 技术经济[J], 28（4）:

88-93.

张曦, 王剑雨. 2013. 原油价格对股票市场影响的国际比较[J]. 价格理论与实践, (1): 75, 76.

张玉, 何佳, 尹腾飞. 2012. 改进的支持向量机石油期货价格预测模型研究[J]. 计算机仿真, 29 (3): 375-377, 388.

张有望, 李崇光, 宋长鸣. 2015. 我国蔬菜产业链价格的非对称传递研究[J]. 价格理论与实践, (11): 88-90.

章章. 1991. 利用时差相关分析确定超前、一致、滞后指标时应注意的一个问题[J]. 预测, (3): 39, 40.

赵翠萍. 2012. 我国城乡蔬菜价格联动机制实证分析[J]. 农业技术经济, (6): 80-86.

赵美华, 温变英, 兰创业, 等. 2011. 建立稳定蔬菜价格长效机制的对策研究[J]. 山西农业科学, 39 (9): 1029-1031, 1034.

赵瑞莹. 2006. 农产品市场风险预警管理研究[D]. 山东农业大学博士学位论文.

赵瑞莹, 陈会英, 杨学成. 2008. 生猪价格风险预警模型的建立与应用[J]. 运筹与管理, (4): 128-131.

赵仕红. 2012. 蔬菜价格上涨及波动的成因分析[J]. 企业经济, 31 (6): 100-103.

赵友森, 赵安平, 王川. 2011. 北京蔬菜市场价格报警方法研究[J]. 价格月刊, (9): 33-37.

赵晓飞. 2015. 蔬菜价格波动的规律、影响因素与调控对策研究[J]. 当代经济管理, 37 (2): 37-42.

周敏, 黄福华. 2013. 资源和环境约束下的共同物流运作风险 SVM 预测模型[J]. 财经论丛, (1): 101-105.

周振亚, 李建平, 张晴, 等. 2012. 我国蔬菜价格问题及其成因分析[J]. 农业经济问题, 33 (7): 91-95.

朱纪明, 朱纪亮. 2013. 基于供求关系理论视角下的警惕城镇化过热探讨[J]. 区域经济评论, (4): 103-106.

朱学红, 沈玉芳, 邵留国. 2012. 石油和汇率冲击下的中国金属价格波动行为[J]. 系统工程, 30 (11): 30-36.

綦颖. 2008. 中国生猪市场价格波动研究[D]. 沈阳农业大学博士学位论文.

Alexandratos N. 2008. Food price surges: possible causes, past experience, and longer term relevance[J]. Population and Development Review, 34 (4): 663-697.

Alquist R, Kilian L. 2010. What do we learn from the price of crude oil futures? [J]. Journal of Applied Econometrics, 25 (4): 539-573.

Anderson K, Nelgen S. 2012. Trade barrier volatility and agricultural price stabilization[J]. World Development, 40 (1): 36-48.

Barnett R C, Bessler D A, Thompson R L. 1983. The money supply and nominal agricultural prices[J]. American Journal of Agricultural Economics. 65 (2): 303-307.

Beaver W H. 1966. Financial ratios as predictors of failure[J]. Journal of Accounting Research, 4: 71-111.

Benzing C. 2000. Using discriminant analysis to predict financial distress[J]. International Advances in Economic Research, 6 (3): 591.

Blaser L, Ohrnberger M, Krüger F, et al. 2012. Probabilistic tsunami threat assessment of 10 recent earthquakes offshore Sumatra[J]. Geophysical Journal International, 188 (3): 1273-1284.

Bourke I J. 1979. Comparing the box-jenkins and econometric techniques for forecasting beef prices[J]. Review of Marketing and Agricultural Economics, 47 (2): 95-106.

Burns A F, Mitchell W C.1946. Measuring Business Cycles[M]. New York: National Bureau of Economic Research.

Byerlee D, Jayne T S, Myers R J. 2006. Managing food price risks and instability in a liberalizing market environment: overview and policy options[J]. Food Policy, 31 (4): 275-287.

Cao Y, Chen X H, Wu D D, et al. 2011. Early warning of enterprise decline in a life cycle using neural networks and rough set theory[J]. Expert Systems with Applications, 38 (6): 6424-6429.

Colman D. 2010. Agriculture's terms of trade: issues and implications[J]. Agricultural Economics, 41 (S1): 1-15.

Cortes C, Vapnik V. 1995. Support-vector networks[J]. Machine Learning, 20 (3): 273-297.

Dawe D. 2001. How far down the path to free trade? The importance of rice price stabilization in developing Asia[J]. Food Policy, 26 (2): 163-175.

de Meo E. 2013. Are commodity prices driven by fundamentals? [J]. Economic Notes, 42 (1): 19-46.

Ericsson N R. 1992. Parameter constancy, mean square forecast errors, and measuring forecast performance: an exposition, extensions, and illustration[J]. Journal of Policy Modeling, 14 (4): 465-495.

Ericsson N R, Marquez J. 1993. Encompassing the forecasts of US trade balance models[J]. The Review of Economics and Statistics, 75 (1): 19-31.

Ezekiel M. 1927. Two methods of forecasting hog prices[J]. Journal of the American Statistical Association, 22 (157): 22-30.

Fafchamps M. 1992. Cash crop production, food price volatility, and rural market integration in the third world[J]. American Journal of Agricultural Economics, 74 (1): 90-99.

Follmer H. 1994. Stock price fluctuation as a diffusion in a random environment [J]. Philosophical Transactions of the Royal Society of London Series A: Physical and Engineering Sciences, 347: 471-483.

Foote R J, Roy S K, Sadler G. 1976. Quarterly prediction models for live hog prices[J]. Journal of Agricultural and Applied Economics, 8 (1): 123-129.

Friedman J, Levinsohn J. 2002. The distributional impacts of Indonesia's financial Crisis on household welfare: a "rapid response" methodology[J]. The World Bank Economic Review, 16 (3): 397-423.

Giot P. 2003. The information content of implied volatility in agricultural commodity markets[J]. Journal of Futures Markets, 23 (5): 441-454.

Goodwin B K. 1992. Forecasting cattle prices in the presence of structural change[J]. Journal of Agricultural and Applied Economics, 24 (2): 11-22.

Gopikrishnan P, Plerou V, Gabai X, et al. 2001. Price fluctuations and market activity[J]. Physica A: Statistical Mechanics and its Applications, 299 (1/2): 137-143.

Gordon K E. 2010. The market sets the price: determining prices in a Bolivian marketplace[J]. Journal of the Royal Anthropological Institute, 16 (4): 853-873.

Granger C W J, Newbold P. 1973. Some comments on the evaluation of economic forecasts[J]. Applied Economics, 5 (1): 35-47.

Granger C W J, Newbold P. 1974. Spurious regressions in econometrics[J]. Journal of Econometrics, 2 (2): 111-120.

Goodwin B K, Holt M T. 1999. Price transmission and asymmetric adjustment in the US beef sector[J]. American Journal of Agricultural Economics, 81 (3): 630-638.

Haavelmo T. 1944. The probability approach in econometrics[J]. Econometrica: Journal of the Econometric Society, 12: 112-115.

Hawtrey R G. 1919. Currency and Credit[M]. London: Longmans.

Hayek F A V. 1966. Monetary Theory and the Trade Cycle[M]. Warsaw: Augustus M Kelley Publishers. Harcourt Brace.

Headey D, Fan S. 2008. Anatomy of a crisis: the causes and consequences of surging food prices[J]. Agricultural Economics, 39 (1): 375-391.

Hildebrandt P, Kirchlechner P, Hahn A, et al. 2010. Mixed species plantations in Southern Chile and the risk of timber price fluctuation[J]. European Journal of Forest Research, 129 (5): 935-946.

Hodrick R J, Prescott E C. 1997. Post-war US business cycles: an empirical investigation[J]. Journal of Money, Credit and Banking, 29 (1): 1-16.

Hopfield J J. 1982. Neural networks and physical systems with emergent collective computational abilities[J]. Proceedings of the National Academy of Sciences, 79 (8): 2554-2558.

Jeong S O, Kang K H. 2009. Nonparametric estimation of value-at-risk[J]. Journal of Applied Statistics, 36 (11): 1225-1238.

Karbasi A R, Laskukalayeh S S, Fahimifard S M. 2009. Comparison of NNARX, ANN and ARIMA techniques to poultry retail price forecasting[J]. International Association of Agricultural Economists, 8 (1): 16-22.

Keynes J M. 1937. The general theory of employment[J]. The Quarterly Journal of Economics, 51 (2): 209-223.

Kilian L.2009. Not all oil price shocks are alike: disentangling demand and supply shocks in the crude oil market[J]. American Economic Review, 99 (3): 1053-1069.

Kitchin J. 1923. Cycles and trends in economic factors[J]. The Review of Economics and Statistics, 5 (1): 10-16.

Kondratieff N D. 1925. The static and the dynamic view of economics[J]. The Quarterly Journal of Economics, 39 (4), 575-583.

Lapp J S, Smith V H. 1992. Aggregate sources of relative price variability among agricultural commodities[J]. American Journal of Agricultural Economics, 74 (1): 1-9.

Leng M, Parlar M, Zhang D. 2013. The retail space-exchange problem with pricing and space allocation decisions[J]. Production and Operations Management, 22 (1): 189-202.

Li N, Wang R, Zhang J, et al. 2009. Developing a knowledge-based early warning system for fish disease/health via water quality management[J]. Expert Systems with Applications, 36 (3): 6500-6511.

Li Y, Kramer M R, Beulens A J M, et al. 2010. A framework for early warning and proactive control systems in food supply chain networks[J]. Computers in Industry, 61 (9): 852-862.

Li Y, Xia J, Li C, et al. 2015. Construction of an early-warning system for vegetable prices based on index contribution analysis[J]. Sustainability, 7 (4): 3823-3837.

Li Y, Li C, Zheng M. 2014. A hybrid neural network and H-P filter model for short-term vegetable price forecasting[J]. Mathematical Problems in Engineering, (4): 816-830.

Lins I D, Moura M D C, Zio E, et al. 2012. A particle swarm-optimized support vector machine for reliability prediction[J]. Quality and Reliability Engineering International, 28 (2): 141-158.

Liu X, Kane G, Bambroo M. 2006. An intelligent early warning system for software quality improvement and project management[J]. Journal of Systems and Software, 79: 1552-1564.

Levy D, Bergen M, Dutta S, et al. 1997. The magnitude of menu costs: direct evidence from large U.S. supermarket chains[J]. Social Science Electronic Publishing, 112 (3): 791-824.

Levinsohn J A, Berry S T, Friedman J. 1999. Impacts of the Indonesian economic crisis: price changes and the poor[J]. Working Papers, 32 (8): 393-428.

Li Y Z, Li C G, Zheng M Y. 2012. The agricultural product wholesale price index forecasting model based on LSSVR optimized by PSO[J]. Journal of Convergence Information Technology, 7 (17): 531-539.

Li Y Z, Xia J B, Li C G. 2013. Vital index evaluation for information industry with hybrid strategy of clustering algorithm and analytic hierarchical Process[J]. INFORMATION, An International Interdisciplinary Journal, (6): 4005-4017.

Maki W R. 1963. Forecasting livestock supplies and prices with an econometric model[J]. Journal of Farm Economics, 45 (3): 612-624.

Marwala T. 2013. Economic Modeling Using Artificial Intelligence Methods[M]. London: Springer.

McCulloch W S, Pitts W. 1943. A logical calculus of the ideas immanent in nervous activity[J]. The Bulletin of Mathematical Biophysics, 5 (4): 115-133.

Meyer J, von Gramon-Taubadel S.2004. A symmetric price transmission: a survey[J]. Journal of Agricultural Economics, 55 (3): 581-611.

Meyer S, Thompson W. 2010. Demand behavior and commodity price volatility under evolving biofuel markets and policies[J]. Handbook of Bioenergy Economics and Policy, 52 (3): 133-148.

Minot N. 2014. Food price volatility in sub-Saharan Africa: has it really increased? [J]. Food Policy, 45 (3): 45-56.

Mitra S, Boussard J M. 2012. A simple model of endogenous agricultural commodity price fluctuations with storage[J]. Agricultural Economics, 43 (1): 1-15.

Mohanty S K, Nandha M. 2011. Oil risk exposure: the case of the US oil and gas sector[J]. Financial Review, 46 (1): 165-191.

Moore G H. 1950. Front Matter to Statistical Indicators of Cyclical Revivals and Recessions[M]. New York: National Bureau of Economic Research.

Moore H L. 1917. Forecasting the Yield and the Price of Cotton[M]. New York: The Macmillan Company.

Nazlioglu S, Soytas U. 2012. Oil price, agricultural commodity prices, and the dollar: a panel cointegration and causality analysis[J]. Energy Economics, 34 (4): 1098-1104.

Oliveira R A, O'Connor C W, Smith G W. 1979. Short-run forecasting models of beef prices[J]. Western Journal of Agricultural Economics. 4 (1): 1-12.

Oppenheim A V, Schafer R W. 1977. Discrete-Time Signal Processing[M]. Englewood: Prentice Hall.

Pai P F, Lin C S. 2005. A hybrid ARIMA and support vector machines model in stock price forecasting[J]. Omega, 33 (6): 497-505.

Papapetrou E. 2001. Oil price shocks, stock market, economic activity and employment in Greece[J]. Energy Economics, 23 (5): 511-532.

Peltzman S. 2000. Prices rise faster than they fall[J]. Journal of Political Economy, 108 (3): 466-502.

Pigou A C. 2013. The Economics of Welfare[M]. London: Palgrave Macmillan.

Ramirez O A, Fadiga M. 2003. Forecasting agricultural commodity prices with asymmetric-error GARCH models[J]. Journal of Agricultural and Resource Economics, 28 (1): 71-85.

Roy S K. 1971. Prediction of shell egg price—a shortrun model[J]. Southern Journal of Agricultural and Applied Economics, 3 (1): 175-179.

Rude D J, Bass E J, Philips B. 2012. Quantifying the impact of adding gap filling radar data on forecaster wind assessments, warnings, and confidence[J]. Meteorological Applications, 19 (3): 355-370.

Sarle C F. 1925. The forecasting of the price of hogs[J]. The American Economic Review, 15 (3): 1-22.

Sexton R J, Zhang M. 1996. A model of price determination for fresh produce with application to California iceberg lettuce[J]. American Journal of Agricultural Economics, 78 (4): 924-934.

Shabbar J. 2005. Asymmetric price transmission: a case study of the french hake value chain[J]. Marine Resource Economics, 19 (4): 511-523.

Smed S. 2012. Information and consumer perception of the "organic" attribute in fresh fruits and vegetables[J]. Agricultural Economics, 43 (1): 33-48.

Smith B B. 1925. Forecasting the acreage of cotton[J]. Journal of the American Statistical Association, 20 (149): 31-47.

Taylor J W. 2008. Estimating value at risk and expected shortfall using expectiles[J]. Journal of Financial Econometrics, 6 (2): 231-252.

Thraen C S. 2002. A user's guide to understanding basis and basis behavior in multiple component federal order milk markets[C]. Conference on Applied Commodity Price Analysis, Forecasting, and Market Risk Management.

Tweeten L G, Quance C L. 1969. Positivistic measures of aggregate supply elasticites: some new approaches[J]. The American Economic Review, 59 (2): 175-183.

Umar M A. 2007. Comparative study of holt-winter, double exponential and the linear trend regression models, with application to exchange rates of the naira to the dollar[J]. Research Journal of Applied Sciences, 2 (5): 633-637.

von Neumann J, Morgenstern O. 2004. The Theory of Games and Economic Behavior[M]. Princeton: Princeton University Press.

Vroman P, Happiette M, Rabenasolo B. 1998. Fuzzy adaptation of the holt-winter model for textile sales-forecasting[J]. The Journal of The Textile Institute, 89 (1): 78-89.

Wang C, Junye Z, Min H. 2010. Measurement of the fluctuation risk of the China fruit market price based on VaR[J]. Agriculture and Agricultural Science Procedia, 1: 212-218.

Wang J, Wu J J. 2012. The Taylor rule and forecast intervals for exchange rates[J]. Journal of Money, Credit and Banking, 44 (1): 103-144.

Werner M, Granston M, Harrison T, et al. 2009. Recent developments in operational flood forecasting in England, Wales and Scotland[J]. Meteorological Applications, 16: 13-22.

Wolffram R.1971. Positivistic measures of aggregate supply elasticities: some new approaches: some critical notes[J]. American Journal of Agricultural Economics, 53 (2): 356-359.

Xi W, Sun Y, Tian X, et al. 2010. Research on the safety risk structure and early warning system of agriculture with illustrations of production of live pigs to farmers[J]. Agriculture and Agricultural Science Procedia, 1: 462-468.

Zapata H O, Garcia P. 1990. Price forecasting with time-series methods and nonstationary data: an application to monthly US cattle prices[J]. Western Journal of Agricultural Economics, 15 (1): 123-132.

Zhu B, Wei Y. 2013. Carbon price forecasting with a novel hybrid ARIMA and least squares support vector machines methodology[J]. Omega, 41 (3): 517-524.

Zivot E, Andrews D W K. 2002. Further evidence on the great crash, the oil-price shock, and the unit-root hypothesis[J]. Journal of Business & Economic Statistics, 20 (1): 25-44.

附　录

附录一　全国集贸市场蔬菜月度价格数据
（2002 年 1 月～2015 年 2 月）

单位：元/千克

时间	大白菜	菜椒	四季豆	西红柿	黄瓜
2002 年 1 月	0.53	3.14	3.26	2.48	2.56
2002 年 2 月	0.55	3.40	3.67	2.58	2.82
2002 年 3 月	0.54	2.89	3.27	2.34	2.25
2002 年 4 月	0.70	2.62	2.94	2.11	1.79
2002 年 5 月	0.75	2.33	2.35	1.80	1.54
2002 年 6 月	0.87	1.46	1.65	1.38	1.03
2002 年 7 月	0.97	1.16	1.45	1.17	0.90
2002 年 8 月	0.99	1.45	1.90	1.30	1.23
2002 年 9 月	1.05	1.56	1.98	1.52	1.36
2002 年 10 月	0.75	1.84	2.03	1.63	1.52
2002 年 11 月	0.64	2.13	2.50	1.98	2.12
2002 年 12 月	0.71	2.49	2.79	2.30	2.62
2003 年 1 月	0.81	3.58	3.60	2.77	3.35
2003 年 2 月	0.88	3.43	3.81	2.87	2.99
2003 年 3 月	1.17	3.81	4.02	3.02	2.84
2003 年 4 月	1.36	3.94	3.59	2.82	2.38
2003 年 5 月	0.96	2.47	2.42	1.99	1.39
2003 年 6 月	0.83	1.64	1.52	1.35	0.92
2003 年 7 月	0.94	1.33	1.37	1.08	0.89
2003 年 8 月	1.15	1.59	1.83	1.45	1.38
2003 年 9 月	1.19	1.94	2.12	1.72	1.53
2003 年 10 月	1.02	2.24	2.30	2.14	1.94
2003 年 11 月	0.92	2.63	2.65	2.49	2.33
2003 年 12 月	0.89	2.87	3.08	2.76	2.88

续表

时间	大白菜	菜椒	四季豆	西红柿	黄瓜
2004年1月	0.88	3.50	3.66	3.23	3.53
2004年2月	0.87	3.36	3.62	3.08	2.75
2004年3月	0.94	3.78	4.11	2.79	2.77
2004年4月	1.12	3.48	3.48	2.48	2.11
2004年5月	1.03	2.84	2.77	1.97	1.60
2004年6月	0.98	1.80	1.86	1.39	1.13
2004年7月	1.22	1.58	1.83	1.34	1.21
2004年8月	1.34	1.73	2.19	1.70	1.49
2004年9月	1.30	1.93	2.30	1.94	1.63
2004年10月	0.90	2.23	2.24	2.05	1.80
2004年11月	0.72	2.31	2.52	2.06	1.96
2004年12月	0.65	2.67	3.03	2.15	2.36
2005年1月	0.72	3.11	3.42	2.49	2.65
2005年2月	0.98	3.81	4.14	2.99	3.71
2005年3月	0.95	3.66	4.13	2.71	3.26
2005年4月	1.19	3.95	3.86	2.85	2.66
2005年5月	1.31	2.97	3.24	2.42	1.89
2005年6月	1.31	2.03	1.95	1.64	1.30
2005年7月	1.50	1.98	2.25	1.74	1.49
2005年8月	1.49	2.03	2.42	1.94	1.64
2005年9月	1.41	2.21	2.56	2.08	1.71
2005年10月	1.27	2.50	2.78	2.39	2.19
2005年11月	1.04	3.03	3.02	2.55	2.48
2005年12月	1.11	3.32	3.49	2.93	2.72
2006年1月	1.30	4.63	4.38	4.01	4.19
2006年2月	1.27	4.33	4.35	3.57	3.59
2006年3月	1.25	4.40	4.52	3.65	3.29
2006年4月	1.57	4.21	4.20	3.35	2.82
2006年5月	1.41	3.28	3.45	2.75	2.10
2006年6月	1.29	2.34	2.50	2.02	1.59
2006年7月	1.29	1.88	2.22	1.58	1.37
2006年8月	1.50	1.95	2.54	1.75	1.70

续表

时间	大白菜	菜椒	四季豆	西红柿	黄瓜
2006年9月	1.67	2.25	3.04	2.23	2.17
2006年10月	1.10	2.36	2.62	2.24	1.94
2006年11月	0.98	2.63	3.12	2.48	2.34
2006年12月	1.04	3.24	3.63	3.08	3.25
2007年1月	0.98	3.51	4.00	3.12	3.25
2007年2月	0.99	4.35	4.94	3.61	3.77
2007年3月	1.07	4.59	4.75	3.34	3.55
2007年4月	1.37	4.50	4.46	3.25	2.81
2007年5月	1.36	3.44	3.57	2.66	2.21
2007年6月	1.54	2.67	2.68	2.10	1.74
2007年7月	1.70	2.62	2.84	2.29	1.85
2007年8月	2.03	2.70	3.11	2.67	2.30
2007年9月	1.81	2.89	3.26	2.73	2.22
2007年10月	1.58	3.34	3.81	3.18	3.02
2007年11月	1.39	4.15	4.49	3.25	3.33
2007年12月	1.25	4.46	4.53	3.42	3.51
2008年1月	1.23	4.83	4.89	3.84	3.88
2008年2月	1.46	6.32	6.36	4.46	4.73
2008年3月	1.31	6.07	6.68	4.2	4.25
2008年4月	1.57	5.19	5.48	4.07	3.35
2008年5月	1.51	3.78	4.17	3.33	2.25
2008年6月	1.54	2.74	2.90	2.33	1.76
2008年7月	1.72	2.36	2.79	2.04	1.74
2008年8月	1.75	2.31	3.07	2.07	1.96
2008年9月	1.72	2.45	3.22	2.29	2.18
2008年10月	1.54	2.79	3.53	2.74	2.57
2008年11月	1.23	3.34	4.15	3.00	3.08
2008年12月	1.13	4.35	4.82	3.25	3.59
2009年1月	1.17	7.04	6.51	4.33	4.73
2009年2月	1.16	6.17	6.28	4.14	4.61
2009年3月	1.43	5.99	6.31	4.18	4.51
2009年4月	1.94	5.45	5.62	4.10	3.54

续表

时间	大白菜	菜椒	四季豆	西红柿	黄瓜
2009 年 5 月	1.93	4.33	4.87	3.54	2.88
2009 年 6 月	1.72	3.16	3.15	2.65	2.02
2009 年 7 月	1.71	2.80	3.04	2.49	2.01
2009 年 8 月	1.87	2.79	3.32	2.89	2.26
2009 年 9 月	1.97	3.23	3.88	3.18	2.68
2009 年 10 月	1.58	3.43	3.83	3.25	2.73
2009 年 11 月	1.50	3.96	4.84	3.74	3.82
2009 年 12 月	1.51	4.75	5.51	4.38	4.57
2010 年 1 月	1.86	5.10	6.00	4.62	4.63
2010 年 2 月	2.21	5.68	7.13	5.24	6.05
2010 年 3 月	2.37	5.3	7.29	4.76	5.01
2010 年 4 月	2.79	5.97	6.73	4.89	4.24
2010 年 5 月	2.27	4.94	5.99	4.00	3.13
2010 年 6 月	1.82	3.77	3.83	2.80	2.22
2010 年 7 月	2.16	3.28	3.87	2.56	2.30
2010 年 8 月	2.37	3.43	4.42	3.19	2.89
2010 年 9 月	2.19	3.63	4.62	3.51	2.95
2010 年 10 月	2.17	4.20	5.18	4.43	3.61
2010 年 11 月	1.99	4.53	5.60	4.71	3.96
2010 年 12 月	1.71	4.23	5.40	4.31	3.78
2011 年 1 月	1.76	5.69	7.24	5.02	4.95
2011 年 2 月	1.71	6.65	8.25	5.10	5.07
2011 年 3 月	1.53	7.97	8.80	4.99	4.68
2011 年 4 月	1.54	5.88	6.93	4.78	3.77
2011 年 5 月	1.74	4.74	5.95	4.24	3.30
2011 年 6 月	2.17	3.91	4.57	3.51	2.62
2011 年 7 月	2.52	3.84	4.63	3.63	2.65
2011 年 8 月	2.31	3.61	4.90	3.47	3.06
2011 年 9 月	2.37	4.02	5.44	3.76	3.46
2011 年 10 月	2.05	4.62	5.42	4.01	3.42
2011 年 11 月	1.49	4.74	5.68	4.11	4.16
2011 年 12 月	1.31	6.11	7.78	4.62	6.02

续表

时间	大白菜	菜椒	四季豆	西红柿	黄瓜
2012年1月	1.44	9.84	9.95	5.82	8.17
2012年2月	1.50	7.95	9.30	5.92	6.35
2012年3月	2.00	9.57	10.12	6.42	6.21
2012年4月	2.61	7.96	9.20	6.69	5.04
2012年5月	2.82	6.56	6.29	5.17	3.56
2012年6月	2.52	4.75	4.64	3.78	2.71
2012年7月	2.48	4.25	4.78	3.75	3.11
2012年8月	3.05	4.16	5.60	4.61	3.80
2012年9月	2.57	4.26	5.58	5.00	3.43
2012年10月	1.81	4.13	5.19	4.41	3.44
2012年11月	1.61	4.39	6.96	4.75	4.38
2012年12月	1.85	5.67	8.13	5.46	5.69
2013年1月	2.14	6.76	8.84	6.11	6.17
2013年2月	2.18	6.75	9.99	6.07	6.95
2013年3月	2.17	7.27	9.32	5.78	6.24
2013年4月	3.31	8.04	9.59	6.25	4.97
2013年5月	2.73	5.97	6.99	4.73	3.62
2013年6月	2.81	5.24	5.63	4.08	3.36
2013年7月	2.94	5.18	6.07	4.05	3.73
2013年8月	3.16	5.50	6.38	4.16	4.16
2013年9月	3.06	6.41	6.60	4.92	4.48
2013年10月	2.65	6.13	7.22	6.18	5.16
2013年11月	2.16	6.45	7.61	6.24	5.27
2013年12月	2.02	7.11	8.66	6.28	5.40
2014年1月	1.97	8.67	11.73	7.42	6.80
2014年2月	1.95	8.30	11.29	7.63	6.94
2014年3月	2.11	7.55	11.24	6.98	6.17
2014年4月	2.26	6.58	8.82	6.18	4.45
2014年5月	2.23	5.29	6.57	5.23	3.33
2014年6月	2.60	4.47	6.12	4.37	3.09
2014年7月	2.64	4.24	5.27	4.01	3.20
2014年8月	2.61	4.17	6.14	3.94	3.51

续表

时间	大白菜	菜椒	四季豆	西红柿	黄瓜
2014年9月	2.59	4.45	6.47	4.16	4.22
2014年10月	2.31	4.71	6.28	4.42	4.27
2014年11月	2.00	5.18	7.55	4.78	5.43
2014年12月	2.00	6.25	8.71	5.31	6.53
2015年1月	1.98	7.57	9.57	5.67	6.42
2015年2月	2.46	9.66	11.88	7.24	8.08

附录二 蔬菜价格非对称传导数据

附表2-1 蔬菜生产价格周度数据（2012年1月～2016年7月）

单位：元/千克

时间	大白菜	西红柿	菜椒	时间	大白菜	西红柿	菜椒
2012年1月1日	0.22	1.71	6.08	2012年5月13日	1.23	2.26	3.58
2012年1月8日	0.32	2.18	8.20	2012年5月20日	1.17	1.63	3.53
2012年1月15日	0.41	2.44	9.59	2012年5月27日	0.88	1.67	3.40
2012年1月22日	0.50	2.83	10.37	2012年6月3日	0.57	1.42	2.32
2012年1月29日	0.65	2.36	8.88	2012年6月10日	0.39	0.81	2.23
2012年2月5日	0.71	1.89	6.52	2012年6月17日	0.35	0.61	1.59
2012年2月12日	0.44	1.57	6.34	2012年6月24日	0.65	0.56	1.39
2012年2月19日	0.51	1.72	6.07	2012年7月1日	0.76	0.63	1.47
2012年2月26日	0.45	2.33	6.60	2012年7月8日	0.89	0.87	1.47
2012年3月4日	0.60	2.77	8.05	2012年7月15日	0.82	0.71	1.42
2012年3月11日	0.72	2.92	8.82	2012年7月22日	0.96	0.81	1.66
2012年3月18日	0.83	3.14	9.71	2012年7月29日	0.91	1.58	1.71
2012年3月25日	1.10	2.80	10.83	2012年8月5日	1.27	1.83	1.51
2012年4月1日	1.20	3.60	9.00	2012年8月12日	1.71	2.42	1.55
2012年4月8日	1.44	4.18	7.08	2012年8月19日	2.03	3.40	1.84
2012年4月15日	1.18	3.28	6.05	2012年8月26日	1.79	3.44	2.22
2012年4月22日	1.06	3.45	5.62	2012年9月2日	1.46	3.37	1.86
2012年4月29日	1.21	3.34	5.59	2012年9月9日	1.39	2.83	2.41
2012年5月6日	1.33	3.57	4.47	2012年9月16日	0.85	3.07	1.49

续表

时间	大白菜	西红柿	菜椒	时间	大白菜	西红柿	菜椒
2012年9月23日	0.78	3.18	1.13	2013年5月5日	1.59	2.38	5.14
2012年9月30日	0.73	2.28	0.91	2013年5月12日	1.10	2.37	2.85
2012年10月7日	0.59	2.10	0.96	2013年5月19日	0.68	1.20	2.30
2012年10月14日	0.45	1.86	0.80	2013年5月26日	0.42	0.99	2.23
2012年10月21日	0.42	1.05	0.78	2013年6月2日	0.38	0.63	2.20
2012年10月28日	0.33	0.92	0.69	2013年6月9日	0.48	0.68	2.35
2012年11月4日	0.37	0.68	0.94	2013年6月16日	1.08	0.66	2.10
2012年11月11日	0.33	0.84	1.14	2013年6月23日	1.11	0.78	1.95
2012年11月18日	0.28	1.21	1.02	2013年6月30日	0.95	0.66	1.64
2012年11月25日	0.27	1.12	1.10	2013年7月7日	1.24	0.96	1.43
2012年12月2日	0.36	1.06	1.39	2013年7月14日	1.09	1.85	1.63
2012年12月9日	0.49	1.28	2.31	2013年7月21日	1.16	1.46	2.50
2012年12月16日	0.68	1.61	2.90	2013年7月28日	1.27	2.10	3.19
2012年12月23日	0.84	1.89	2.94	2013年8月4日	1.29	2.28	2.95
2012年12月30日	0.77	2.31	2.97	2013年8月11日	1.28	1.74	2.63
2013年1月6日	0.82	2.43	3.31	2013年8月18日	1.23	1.96	3.29
2013年1月13日	0.95	1.93	3.17	2013年8月25日	1.28	2.49	4.14
2013年1月20日	0.93	1.45	4.22	2013年9月1日	1.07	2.92	5.18
2013年1月27日	0.96	1.82	4.94	2013年9月8日	1.14	4.30	5.64
2013年2月3日	0.89	2.14	5.55	2013年9月15日	1.32	3.31	6.19
2013年2月10日	1.18	2.54	4.93	2013年9月22日	1.37	2.67	5.22
2013年2月17日	1.43	2.26	4.13	2013年9月29日	1.13	2.72	4.00
2013年2月24日	1.05	1.86	4.31	2013年10月6日	1.12	3.21	3.55
2013年3月3日	0.94	1.62	4.28	2013年10月13日	0.95	3.94	2.67
2013年3月10日	0.84	1.78	4.49	2013年10月20日	1.01	2.90	2.36
2013年3月17日	0.65	2.30	6.18	2013年10月27日	1.00	3.24	2.65
2013年3月24日	0.99	3.32	6.36	2013年11月3日	0.82	2.92	3.65
2013年3月31日	1.40	3.39	6.35	2013年11月10日	0.70	2.33	4.09
2013年4月7日	1.55	4.07	7.08	2013年11月17日	0.63	1.52	3.78
2013年4月14日	1.87	4.95	7.29	2013年11月24日	0.69	1.81	3.07
2013年4月21日	1.89	4.91	6.04	2013年12月1日	0.81	1.96	2.58
2013年4月28日	1.97	3.94	6.17	2013年12月8日	0.72	1.87	2.37

续表

时间	大白菜	西红柿	菜椒	时间	大白菜	西红柿	菜椒
2013年12月15日	0.68	1.92	2.77	2014年7月27日	0.67	1.29	1.23
2013年12月22日	0.68	1.79	3.94	2014年8月3日	0.60	1.35	1.22
2013年12月29日	0.65	1.96	4.55	2014年8月10日	0.59	1.55	1.51
2014年1月5日	0.65	2.20	4.74	2014年8月17日	0.61	1.43	1.23
2014年1月12日	0.63	2.35	5.43	2014年8月24日	0.67	1.66	1.35
2014年1月19日	0.66	2.58	5.84	2014年8月31日	0.76	1.53	1.67
2014年1月26日	0.67	3.33	7.71	2014年9月7日	0.77	1.42	1.66
2014年2月2日	0.77	3.27	7.59	2014年9月14日	0.68	1.4	1.69
2014年2月9日	0.88	3.07	7.64	2014年9月21日	0.71	1.88	1.58
2014年2月16日	0.69	2.61	6.47	2014年9月28日	0.85	2.00	1.66
2014年2月23日	0.70	3.75	6.33	2014年10月5日	0.90	1.73	1.62
2014年3月2日	0.74	4.98	6.55	2014年10月12日	0.87	1.85	1.66
2014年3月9日	0.81	4.79	6.67	2014年10月19日	0.85	1.62	1.73
2014年3月16日	0.77	3.77	5.37	2014年10月26日	0.83	1.63	1.71
2014年3月23日	0.88	3.18	4.30	2014年11月2日	0.77	1.00	1.83
2014年3月30日	0.92	2.78	3.87	2014年11月9日	0.58	0.86	1.74
2014年4月6日	0.67	2.75	4.01	2014年11月16日	0.44	1.10	1.99
2014年4月13日	0.57	3.03	3.91	2014年11月23日	0.40	1.03	2.58
2014年4月20日	0.35	2.79	3.35	2014年11月30日	0.41	1.12	3.28
2014年4月27日	0.34	2.49	3.75	2014年12月7日	0.55	1.20	3.14
2014年5月4日	0.42	2.20	3.54	2014年12月14日	0.56	1.15	3.62
2014年5月11日	0.47	1.82	2.62	2014年12月21日	0.51	1.51	4.48
2014年5月18日	0.63	2.46	1.95	2014年12月28日	0.52	1.29	4.95
2014年5月25日	0.51	2.02	1.61	2015年1月4日	0.50	1.20	5.20
2014年6月1日	0.44	1.14	1.08	2015年1月11日	0.49	1.17	6.06
2014年6月8日	0.45	1.02	0.85	2015年1月18日	0.59	1.00	6.68
2014年6月15日	0.61	1.03	0.83	2015年1月25日	0.66	1.31	8.00
2014年6月22日	0.86	1.29	1.20	2015年2月1日	0.86	2.44	8.65
2014年6月29日	1.06	1.11	1.40	2015年2月8日	1.05	3.15	7.85
2014年7月6日	0.99	1.31	1.75	2015年2月15日	1.01	3.51	7.99
2014年7月13日	0.93	1.20	1.81	2015年2月22日	1.16	3.27	7.52
2014年7月20日	0.68	1.39	1.65	2015年3月1日	1.43	2.54	7.57

续表

时间	大白菜	西红柿	菜椒	时间	大白菜	西红柿	菜椒
2015年3月8日	1.34	2.48	5.99	2015年10月18日	0.64	3.28	1.22
2015年3月15日	1.39	2.30	4.88	2015年10月25日	0.58	2.71	1.08
2015年3月22日	1.63	1.90	4.77	2015年11月1日	0.60	2.37	1.09
2015年3月29日	1.64	2.09	5.48	2015年11月8日	0.53	1.72	1.54
2015年4月5日	1.67	1.57	5.17	2015年11月15日	0.53	1.68	1.75
2015年4月12日	1.73	2.28	4.96	2015年11月22日	0.50	1.75	1.83
2015年4月19日	1.71	2.28	5.97	2015年11月29日	0.63	1.83	2.45
2015年4月26日	1.70	2.17	5.50	2015年12月6日	0.64	2.11	2.05
2015年5月3日	1.16	1.68	4.73	2015年12月13日	0.51	1.88	2.80
2015年5月10日	0.93	1.37	3.85	2015年12月20日	0.57	1.72	2.98
2015年5月17日	0.98	1.21	2.87	2015年12月27日	0.55	1.36	3.08
2015年5月24日	0.90	1.36	2.50	2016年1月3日	0.54	1.33	2.74
2015年5月31日	1.02	0.96	2.31	2016年1月10日	0.54	1.62	2.64
2015年6月7日	1.05	0.68	2.25	2016年1月17日	0.69	2.67	2.48
2015年6月14日	1.18	0.69	1.90	2016年1月24日	1.15	3.18	3.12
2015年6月21日	1.30	0.70	1.36	2016年1月31日	1.45	3.44	6.24
2015年6月28日	0.97	0.77	1.46	2016年2月7日	1.60	3.82	5.45
2015年7月5日	0.83	0.74	1.69	2016年2月14日	1.67	3.36	5.69
2015年7月12日	1.02	0.81	1.77	2016年2月21日	1.72	2.26	6.98
2015年7月19日	0.89	1.28	1.73	2016年2月28日	1.81	2.37	6.29
2015年7月26日	0.87	2.31	2.57	2016年3月6日	2.63	3.50	7.63
2015年8月2日	0.75	2.95	2.18	2016年3月13日	2.56	3.66	9.03
2015年8月9日	0.90	2.52	2.06	2016年3月20日	3.33	4.04	9.48
2015年8月16日	1.05	2.76	2.12	2016年3月27日	2.78	4.28	7.39
2015年8月23日	1.19	3.12	2.43	2016年4月3日	2.27	4.20	6.98
2015年8月30日	1.07	3.45	2.26	2016年4月10日	1.40	3.40	6.33
2015年9月6日	1.06	3.18	2.44	2016年4月17日	0.78	3.22	4.48
2015年9月13日	1.06	3.41	2.47	2016年4月24日	0.68	2.43	3.17
2015年9月20日	1.00	3.86	2.19	2016年5月1日	0.72	2.00	2.45
2015年9月27日	0.91	2.68	1.74	2016年5月8日	0.84	1.77	2.65
2015年10月4日	0.79	2.71	1.52	2016年5月15日	0.53	1.39	2.26
2015年10月11日	0.65	3.38	1.26	2016年5月22日	0.56	0.94	2.30

时间	大白菜	西红柿	菜椒	时间	大白菜	西红柿	菜椒
2016年5月29日	0.44	0.98	1.43	2016年7月3日	0.27	0.60	1.39
2016年6月5日	0.35	0.82	1.13	2016年7月10日	0.71	0.64	1.35
2016年6月12日	0.28	0.79	1.19	2016年7月17日	0.73	1.07	1.77
2016年6月19日	0.17	0.63	1.04	2016年7月24日	0.62	1.38	1.80
2016年6月26日	0.16	0.60	1.07	2016年7月31日	0.74	2.01	1.60

附表2-2 蔬菜批发价格周度数据（2010年1月～2016年7月）

单位：元/千克

时间	大白菜	西红柿	菜椒	时间	大白菜	西红柿	菜椒
2010年1月3日	1.21	3.46	2.80	2010年6月20日	0.90	1.40	5.50
2010年1月10日	1.40	3.87	3.90	2010年6月27日	0.72	1.33	3.75
2010年1月17日	1.30	4.02	2.40	2010年7月4日	0.83	1.10	3.45
2010年1月24日	1.30	3.70	4.80	2010年7月11日	1.70	1.80	5.00
2010年1月31日	1.56	3.08	4.64	2010年7月18日	1.58	1.05	3.39
2010年2月7日	1.40	3.23	3.15	2010年7月25日	2.70	1.50	5.40
2010年2月14日	1.50	3.40	5.30	2010年8月1日	2.31	1.75	5.64
2010年2月21日	1.70	2.90	7.90	2010年8月8日	1.10	1.58	3.90
2010年2月28日	1.59	2.99	5.00	2010年8月15日	0.66	1.49	2.18
2010年3月7日	1.58	3.50	4.70	2010年8月22日	0.80	2.00	1.15
2010年3月14日	1.99	3.78	5.15	2010年8月29日	0.90	2.80	0.99
2010年3月21日	2.38	3.48	4.95	2010年9月5日	0.70	1.80	1.25
2010年3月28日	2.80	3.06	6.50	2010年9月12日	0.52	1.09	1.45
2010年4月4日	2.61	3.08	5.20	2010年9月19日	0.47	1.17	1.58
2010年4月11日	2.40	3.00	5.18	2010年9月26日	0.53	1.76	1.73
2010年4月18日	2.34	3.74	5.35	2010年10月3日	0.70	2.60	2.00
2010年4月25日	2.15	3.82	5.43	2010年10月10日	0.97	3.42	2.45
2010年5月2日	1.78	3.22	5.62	2010年10月17日	1.23	4.02	2.93
2010年5月9日	1.85	3.25	7.30	2010年10月24日	1.39	4.21	3.24
2010年5月16日	1.28	2.84	5.20	2010年10月31日	1.33	3.78	3.20
2010年5月23日	1.48	2.88	5.38	2010年11月7日	1.05	2.85	2.75
2010年5月30日	1.23	2.87	5.38	2010年11月14日	0.95	2.37	2.30
2010年6月6日	1.20	3.30	5.50	2010年11月21日	1.02	2.37	1.97
2010年6月13日	1.10	1.80	5.50	2010年11月28日	1.13	2.60	1.77

续表

时间	大白菜	西红柿	菜椒	时间	大白菜	西红柿	菜椒
2010年12月5日	1.13	2.80	1.70	2011年7月17日	2.12	2.52	4.29
2010年12月12日	1.00	2.80	1.73	2011年7月24日	1.38	2.41	3.80
2010年12月19日	1.00	2.80	1.88	2011年7月31日	1.09	2.46	4.06
2010年12月26日	0.98	2.85	2.68	2011年8月7日	1.03	2.43	3.94
2011年1月2日	0.85	2.88	2.78	2011年8月14日	1.07	2.34	3.23
2011年1月9日	0.96	3.25	2.55	2011年8月21日	0.62	1.35	1.00
2011年1月16日	0.78	2.95	3.45	2011年8月28日	0.65	2.75	1.80
2011年1月23日	0.78	3.43	4.02	2011年9月4日	1.22	2.17	2.57
2011年1月30日	0.84	3.60	6.53	2011年9月11日	1.22	2.75	2.37
2011年2月6日	0.95	3.65	6.45	2011年9月18日	1.37	3.38	3.60
2011年2月13日	0.89	3.45	6.25	2011年9月25日	1.48	2.88	3.14
2011年2月20日	0.79	3.63	5.33	2011年10月2日	1.27	3.72	3.37
2011年2月27日	0.69	3.76	5.44	2011年10月9日	1.53	3.29	3.32
2011年3月6日	0.62	3.74	6.11	2011年10月16日	1.16	2.76	3.72
2011年3月13日	0.61	3.69	6.30	2011年10月23日	1.03	2.84	4.21
2011年3月20日	0.61	3.69	6.56	2011年10月30日	0.91	2.60	3.75
2011年3月27日	0.63	3.96	8.06	2011年11月6日	0.86	2.51	3.82
2011年4月3日	0.58	3.98	8.35	2011年11月13日	0.83	2.46	3.53
2011年4月10日	0.52	3.13	7.28	2011年11月20日	0.60	3.15	3.44
2011年4月17日	0.52	2.86	6.78	2011年11月27日	0.65	2.89	3.54
2011年4月24日	0.51	2.88	4.91	2011年12月4日	0.61	2.80	3.93
2011年5月1日	0.44	2.55	4.74	2011年12月11日	0.51	2.86	4.49
2011年5月8日	0.42	2.71	4.41	2011年12月18日	0.50	3.01	4.79
2011年5月15日	0.52	2.05	2.87	2011年12月25日	0.50	3.12	5.05
2011年5月22日	0.78	2.47	3.40	2012年1月1日	0.47	3.18	5.71
2011年5月29日	1.09	2.56	3.83	2012年1月8日	0.46	3.22	6.79
2011年6月5日	1.32	3.03	3.69	2012年1月15日	0.49	3.30	8.17
2011年6月12日	1.35	2.63	3.50	2012年1月22日	0.59	3.44	9.47
2011年6月19日	1.96	2.44	3.29	2012年1月29日	0.71	3.47	9.45
2011年6月26日	2.23	2.00	3.32	2012年2月5日	0.74	3.32	7.87
2011年7月3日	2.79	2.61	3.64	2012年2月12日	0.68	3.25	5.75
2011年7月10日	2.28	2.93	3.60	2012年2月19日	0.74	3.98	5.95

续表

时间	大白菜	西红柿	菜椒	时间	大白菜	西红柿	菜椒
2012年2月26日	0.87	4.36	5.93	2012年10月7日	0.91	2.90	3.29
2012年3月4日	1.08	4.38	6.25	2012年10月14日	0.91	3.12	3.17
2012年3月11日	1.31	4.27	6.72	2012年10月21日	0.82	3.11	3.14
2012年3月18日	1.45	4.25	6.88	2012年10月28日	0.65	2.79	3.19
2012年3月25日	1.51	4.54	7.13	2012年11月4日	0.55	3.08	2.80
2012年4月1日	1.58	4.98	7.62	2012年11月11日	0.62	3.09	2.45
2012年4月8日	1.64	4.60	7.55	2012年11月18日	0.68	3.23	2.78
2012年4月15日	1.71	4.77	7.65	2012年11月25日	0.58	2.77	2.49
2012年4月22日	1.73	4.78	6.24	2012年12月2日	0.58	2.59	2.69
2012年4月29日	1.57	5.15	6.31	2012年12月9日	0.68	2.74	3.03
2012年5月6日	1.75	4.83	5.77	2012年12月16日	0.77	2.99	3.44
2012年5月13日	1.72	4.90	6.49	2012年12月23日	0.88	3.25	3.93
2012年5月20日	1.61	4.03	5.61	2012年12月30日	0.93	3.51	3.79
2012年5月27日	1.64	4.09	4.77	2013年1月6日	1.10	4.00	4.36
2012年6月3日	1.32	4.12	3.73	2013年1月13日	1.24	3.86	4.31
2012年6月10日	1.19	2.53	3.87	2013年1月20日	1.16	4.02	4.41
2012年6月17日	1.17	2.16	3.96	2013年1月27日	1.08	3.59	4.93
2012年6月24日	0.93	1.99	2.81	2013年2月3日	1.07	3.71	4.84
2012年7月1日	0.83	1.99	2.99	2013年2月10日	1.16	4.04	5.02
2012年7月8日	1.07	1.91	2.79	2013年2月17日	1.36	3.57	7.37
2012年7月15日	0.91	1.60	2.63	2013年2月24日	1.25	3.87	4.85
2012年7月22日	1.23	2.16	3.27	2013年3月3日	1.01	3.06	4.34
2012年7月29日	1.17	3.01	3.27	2013年3月10日	0.87	3.47	4.16
2012年8月5日	1.51	2.86	3.13	2013年3月17日	0.81	3.49	4.59
2012年8月12日	1.62	2.53	3.09	2013年3月24日	0.85	3.68	5.12
2012年8月19日	1.84	2.91	3.33	2013年3月31日	1.04	3.48	4.90
2012年8月26日	1.78	3.23	3.71	2013年4月7日	1.56	3.66	6.24
2012年9月2日	1.94	3.14	3.82	2013年4月14日	2.00	4.16	6.26
2012年9月9日	1.57	4.32	2.64	2013年4月21日	2.19	4.63	6.14
2012年9月16日	1.39	3.31	2.89	2013年4月28日	2.07	4.26	5.61
2012年9月23日	1.42	3.92	3.43	2013年5月5日	1.97	3.84	6.87
2012年9月30日	0.97	4.13	3.14	2013年5月12日	1.69	3.35	4.65

续表

时间	大白菜	西红柿	菜椒	时间	大白菜	西红柿	菜椒
2013年5月19日	1.50	3.16	6.25	2013年12月29日	0.76	4.27	5.53
2013年5月26日	1.60	2.68	2.98	2014年1月5日	0.68	4.59	5.69
2013年6月2日	1.17	1.93	3.14	2014年1月12日	0.74	5.31	6.17
2013年6月9日	0.80	1.98	2.88	2014年1月19日	0.67	5.51	5.55
2013年6月16日	1.12	1.95	3.74	2014年1月26日	0.69	5.53	6.32
2013年6月23日	1.27	2.03	3.60	2014年2月2日	0.73	5.77	6.55
2013年6月30日	1.48	1.95	3.49	2014年2月9日	0.97	5.58	7.18
2013年7月7日	1.65	1.96	3.29	2014年2月16日	0.84	5.46	7.53
2013年7月14日	1.61	2.09	3.53	2014年2月23日	0.79	4.99	6.58
2013年7月21日	1.69	2.80	3.60	2014年3月2日	0.73	5.09	5.66
2013年7月28日	1.36	2.97	3.78	2014年3月9日	0.80	5.93	5.59
2013年8月4日	1.41	2.89	3.55	2014年3月16日	0.82	6.01	5.34
2013年8月11日	1.30	3.03	3.80	2014年3月23日	0.95	5.79	4.72
2013年8月18日	1.27	3.06	3.45	2014年3月30日	1.23	5.50	4.94
2013年8月25日	1.29	3.26	3.67	2014年4月6日	1.38	4.01	5.90
2013年9月1日	1.25	2.77	3.73	2014年4月13日	1.36	4.08	5.85
2013年9月8日	1.25	4.34	4.05	2014年4月20日	1.20	4.28	5.35
2013年9月15日	1.31	4.16	4.44	2014年4月27日	0.97	3.79	4.79
2013年9月22日	1.68	3.92	5.00	2014年5月4日	0.80	3.76	4.57
2013年9月29日	1.80	4.27	5.18	2014年5月11日	0.78	3.99	4.07
2013年10月6日	1.92	4.62	5.02	2014年5月18日	0.77	4.04	3.54
2013年10月13日	1.35	4.10	4.66	2014年5月25日	0.59	4.80	3.28
2013年10月20日	1.42	4.24	4.99	2014年6月1日	0.69	3.12	3.45
2013年10月27日	1.56	5.20	5.46	2014年6月8日	0.64	2.53	2.69
2013年11月3日	1.28	5.72	5.54	2014年6月15日	0.90	2.62	2.24
2013年11月10日	1.05	5.89	4.47	2014年6月22日	1.31	2.58	1.98
2013年11月17日	0.99	5.72	4.32	2014年6月29日	1.46	2.31	2.19
2013年11月24日	0.87	5.57	4.55	2014年7月6日	1.36	2.10	3.42
2013年12月1日	0.91	4.87	4.32	2014年7月13日	1.46	2.30	3.54
2013年12月8日	0.85	4.63	4.06	2014年7月20日	1.33	2.33	4.03
2013年12月15日	0.67	4.17	4.5	2014年7月27日	1.15	2.24	2.93
2013年12月22日	0.73	4.11	4.59	2014年8月3日	1.06	2.39	2.72

续表

时间	大白菜	西红柿	菜椒	时间	大白菜	西红柿	菜椒
2014年8月10日	1.10	2.27	2.70	2015年3月22日	1.66	3.56	6.18
2014年8月17日	0.90	1.97	2.80	2015年3月29日	1.92	3.63	6.60
2014年8月24日	1.05	2.30	2.87	2015年4月5日	2.00	3.41	5.66
2014年8月31日	1.10	2.46	2.68	2015年4月12日	1.95	3.54	5.65
2014年9月7日	1.17	2.21	2.46	2015年4月19日	2.18	3.84	6.39
2014年9月14日	1.05	2.25	2.47	2015年4月26日	2.10	3.95	6.60
2014年9月21日	1.02	2.35	2.51	2015年5月3日	1.83	3.50	7.60
2014年9月28日	1.04	2.58	3.07	2015年5月10日	1.37	3.29	7.44
2014年10月5日	1.19	2.76	3.04	2015年5月17日	1.23	3.01	6.18
2014年10月12日	1.18	2.74	3.14	2015年5月24日	1.15	2.95	4.79
2014年10月19日	1.12	2.59	2.92	2015年5月31日	1.34	2.91	3.93
2014年10月26日	0.97	3.00	3.23	2015年6月7日	1.48	2.25	3.49
2014年11月2日	0.85	2.88	2.99	2015年6月14日	1.81	2.10	3.40
2014年11月9日	0.89	2.78	3.41	2015年6月21日	1.93	2.20	3.55
2014年11月16日	0.97	2.90	3.49	2015年6月28日	1.57	2.13	3.08
2014年11月23日	0.95	2.95	3.54	2015年7月5日	1.39	2.36	2.81
2014年11月30日	0.91	3.05	4.03	2015年7月12日	1.38	2.52	3.34
2014年12月7日	0.89	3.02	4.98	2015年7月19日	1.51	3.21	3.36
2014年12月14日	0.93	3.09	5.21	2015年7月26日	1.37	3.32	3.58
2014年12月21日	0.94	3.35	5.30	2015年8月2日	1.23	3.37	3.89
2014年12月28日	0.90	3.33	5.65	2015年8月9日	0.98	3.32	3.67
2015年1月4日	0.93	3.16	5.97	2015年8月16日	0.86	3.50	3.49
2015年1月11日	0.96	3.23	6.73	2015年8月23日	1.13	3.86	3.62
2015年1月18日	0.89	3.33	6.84	2015年8月30日	1.15	4.38	3.68
2015年1月25日	0.98	3.53	7.38	2015年9月6日	1.34	4.24	4.02
2015年2月1日	1.02	3.95	7.65	2015年9月13日	1.29	4.00	3.79
2015年2月8日	0.90	4.43	7.28	2015年9月20日	1.28	3.76	3.66
2015年2月15日	1.06	4.80	8.05	2015年9月27日	1.08	3.70	3.62
2015年2月22日	1.58	5.28	8.67	2015年10月4日	1.23	3.63	3.70
2015年3月1日	1.85	5.40	8.35	2015年10月11日	1.13	3.81	3.66
2015年3月8日	1.50	4.70	7.27	2015年10月18日	1.00	4.18	3.64
2015年3月15日	1.39	3.77	6.78	2015年10月25日	0.84	4.57	3.51

时间	大白菜	西红柿	菜椒	时间	大白菜	西红柿	菜椒
2015 年 11 月 1 日	0.79	4.66	2.59	2016 年 3 月 20 日	2.98	5.52	9.11
2015 年 11 月 8 日	0.80	4.32	2.66	2016 年 3 月 27 日	3.08	5.42	9.21
2015 年 11 月 15 日	0.71	3.96	2.90	2016 年 4 月 3 日	2.80	6.23	9.36
2015 年 11 月 22 日	0.66	4.38	3.49	2016 年 4 月 10 日	1.85	5.93	7.22
2015 年 11 月 29 日	0.88	4.69	4.42	2016 年 4 月 17 日	1.10	4.93	4.87
2015 年 12 月 6 日	0.82	4.85	4.79	2016 年 4 月 24 日	1.17	4.50	4.67
2015 年 12 月 13 日	0.69	5.37	5.23	2016 年 5 月 1 日	0.99	4.70	4.76
2015 年 12 月 20 日	0.68	4.87	5.03	2016 年 5 月 8 日	1.05	4.02	2.98
2015 年 12 月 27 日	0.74	4.53	5.14	2016 年 5 月 15 日	0.87	3.64	2.51
2016 年 1 月 3 日	0.79	4.40	4.85	2016 年 5 月 22 日	0.85	3.40	2.30
2016 年 1 月 10 日	0.79	4.40	4.97	2016 年 5 月 29 日	0.71	2.60	2.64
2016 年 1 月 17 日	0.85	4.53	4.98	2016 年 6 月 5 日	0.78	2.12	4.08
2016 年 1 月 24 日	1.24	4.68	5.66	2016 年 6 月 12 日	0.64	1.94	2.92
2016 年 1 月 31 日	1.54	4.99	7.12	2016 年 6 月 19 日	0.61	2.10	2.74
2016 年 2 月 7 日	2.03	5.70	7.27	2016 年 6 月 26 日	0.63	1.81	2.54
2016 年 2 月 14 日	2.10	5.07	8.10	2016 年 7 月 3 日	0.84	1.92	2.57
2016 年 2 月 21 日	1.95	5.28	8.56	2016 年 7 月 10 日	0.73	2.01	2.62
2016 年 2 月 28 日	1.77	4.52	8.47	2016 年 7 月 17 日	0.81	2.49	2.72
2016 年 3 月 6 日	2.20	4.30	9.03	2016 年 7 月 24 日	0.91	2.30	2.88
2016 年 3 月 13 日	2.46	4.62	9.20	2016 年 7 月 31 日	1.11	2.43	3.09

附表 2-3　蔬菜批发价格月度数据（2010 年 1 月～2016 年 7 月）

单位：元/千克

时间	大白菜	西红柿	菜椒	时间	大白菜	西红柿	菜椒
2010 年 1 月	1.35	3.62	3.71	2010 年 9 月	0.56	1.46	1.50
2010 年 2 月	1.55	3.13	5.34	2010 年 10 月	1.12	3.61	2.76
2010 年 3 月	2.19	3.46	5.33	2010 年 11 月	1.04	2.55	2.20
2010 年 4 月	2.38	3.41	5.29	2010 年 12 月	1.03	2.81	2.00
2010 年 5 月	1.52	3.01	5.80	2011 年 1 月	0.84	3.22	3.87
2010 年 6 月	0.98	1.96	5.06	2011 年 2 月	0.83	3.62	5.87
2010 年 7 月	1.70	1.36	4.31	2011 年 3 月	0.62	3.77	6.76
2010 年 8 月	1.15	1.92	2.77	2011 年 4 月	0.53	3.21	6.83

续表

时间	大白菜	西红柿	菜椒	时间	大白菜	西红柿	菜椒
2011年5月	0.65	2.47	3.85	2014年1月	0.70	5.24	5.93
2011年6月	1.72	2.52	3.45	2014年2月	0.83	5.45	6.96
2011年7月	1.93	2.59	3.88	2014年3月	0.91	5.66	5.25
2011年8月	0.84	2.22	2.49	2014年4月	1.23	4.04	5.47
2011年9月	1.32	2.79	2.92	2014年5月	0.74	4.15	3.86
2011年10月	1.18	3.04	3.67	2014年6月	1.00	2.63	2.51
2011年11月	0.74	2.75	3.58	2014年7月	1.33	2.24	3.48
2011年12月	0.53	2.95	4.57	2014年8月	1.04	2.28	2.75
2012年1月	0.54	3.32	7.92	2014年9月	1.07	2.35	2.63
2012年2月	0.76	3.73	6.37	2014年10月	1.12	2.77	3.08
2012年3月	1.34	4.36	6.74	2014年11月	0.91	2.91	3.49
2012年4月	1.65	4.85	7.07	2014年12月	0.92	3.20	5.29
2012年5月	1.68	4.46	5.66	2015年1月	0.94	3.31	6.73
2012年6月	1.15	2.70	3.59	2015年2月	1.14	4.62	7.91
2012年7月	1.04	2.13	2.99	2015年3月	1.66	4.21	7.04
2012年8月	1.69	2.88	3.32	2015年4月	2.06	3.68	6.08
2012年9月	1.46	3.76	3.19	2015年5月	1.38	3.13	5.99
2012年10月	0.82	2.98	3.20	2015年6月	1.70	2.17	3.38
2012年11月	0.61	3.04	2.63	2015年7月	1.41	2.85	3.27
2012年12月	0.77	3.02	3.38	2015年8月	1.07	3.68	3.67
2013年1月	1.15	3.87	4.50	2015年9月	1.25	3.93	3.77
2013年2月	1.21	3.80	5.52	2015年10月	1.05	4.05	3.63
2013年3月	0.92	3.43	4.62	2015年11月	0.77	4.40	3.21
2013年4月	1.96	4.18	6.06	2015年12月	0.73	4.91	5.05
2013年5月	1.69	3.26	5.19	2016年1月	1.04	4.6	5.52
2013年6月	1.17	1.97	3.37	2016年2月	1.96	5.14	8.10
2013年7月	1.58	2.45	3.55	2016年3月	2.68	4.97	9.14
2013年8月	1.32	3.06	3.62	2016年4月	1.73	5.40	6.53
2013年9月	1.46	3.89	4.48	2016年5月	0.89	3.67	3.04
2013年10月	1.56	4.54	5.03	2016年6月	0.67	1.99	3.07
2013年11月	1.05	5.72	4.72	2016年7月	0.88	2.23	2.78
2013年12月	0.78	4.41	4.60				

附表 2-4　蔬菜零售价格月度数据（2010 年 1 月～2016 年 1 月）

单位：元/千克

时间	大白菜	西红柿	菜椒	时间	大白菜	西红柿	菜椒
2010 年 1 月	1.86	4.62	5.10	2012 年 9 月	2.57	5.00	4.26
2010 年 2 月	2.21	5.24	5.68	2012 年 10 月	1.81	4.41	4.13
2010 年 3 月	2.37	4.76	5.30	2012 年 11 月	1.61	4.75	4.39
2010 年 4 月	2.79	4.89	5.97	2012 年 12 月	1.85	5.46	5.67
2010 年 5 月	2.27	4.00	4.94	2013 年 1 月	2.14	6.11	6.76
2010 年 6 月	1.82	2.80	3.77	2013 年 2 月	2.18	6.07	6.75
2010 年 7 月	2.16	2.56	3.28	2013 年 3 月	2.17	5.78	7.27
2010 年 8 月	2.37	3.19	3.43	2013 年 4 月	3.31	6.25	8.04
2010 年 9 月	2.19	3.51	3.63	2013 年 5 月	2.73	4.73	5.97
2010 年 10 月	2.17	4.43	4.20	2013 年 6 月	2.81	4.08	5.24
2010 年 11 月	1.99	4.71	4.53	2013 年 7 月	2.94	4.05	5.18
2010 年 12 月	1.71	4.31	4.23	2013 年 8 月	3.16	4.16	5.50
2011 年 1 月	1.76	5.02	5.69	2013 年 9 月	3.06	4.92	6.41
2011 年 2 月	1.71	5.10	6.65	2013 年 10 月	2.65	6.18	6.13
2011 年 3 月	1.53	4.99	7.97	2013 年 11 月	2.16	6.24	6.45
2011 年 4 月	1.54	4.78	5.88	2013 年 12 月	2.02	6.28	7.11
2011 年 5 月	1.74	4.24	4.74	2014 年 1 月	1.97	7.42	8.67
2011 年 6 月	2.17	3.51	3.91	2014 年 2 月	1.95	7.63	8.3
2011 年 7 月	2.52	3.63	3.84	2014 年 3 月	2.11	6.98	7.55
2011 年 8 月	2.31	3.47	3.61	2014 年 4 月	2.26	6.18	6.58
2011 年 9 月	2.37	3.76	4.02	2014 年 5 月	2.23	5.23	5.29
2011 年 10 月	2.05	4.01	4.62	2014 年 6 月	2.60	4.37	4.47
2011 年 11 月	1.49	4.11	4.74	2014 年 7 月	2.64	4.01	4.24
2011 年 12 月	1.31	4.62	6.11	2014 年 8 月	2.61	3.94	4.17
2012 年 1 月	1.44	5.82	9.84	2014 年 9 月	2.59	4.16	4.45
2012 年 2 月	1.50	5.92	7.95	2014 年 10 月	2.31	4.42	4.71
2012 年 3 月	2.00	6.42	9.57	2014 年 11 月	2.00	4.78	5.18
2012 年 4 月	2.61	6.69	7.96	2014 年 12 月	2.00	5.31	6.25
2012 年 5 月	2.82	5.17	6.56	2015 年 1 月	1.98	5.67	7.57
2012 年 6 月	2.52	3.78	4.75	2015 年 2 月	2.46	7.24	9.66
2012 年 7 月	2.48	3.75	4.25	2015 年 3 月	2.57	6.06	7.66
2012 年 8 月	3.05	4.61	4.16	2015 年 4 月	3.10	5.75	7.63

附　录

续表

时间	大白菜	西红柿	菜椒	时间	大白菜	西红柿	菜椒
2015年5月	2.80	4.89	6.18	2015年10月	2.34	5.60	5.03
2015年6月	2.94	4.02	5.19	2015年11月	2.16	6.27	5.93
2015年7月	2.84	4.27	4.94	2015年12月	2.10	6.50	6.53
2015年8月	2.98	4.96	4.96	2016年1月	2.58	7.20	7.62
2015年9月	2.86	5.38	5.14				

附录三　蔬菜价格指数预警系统指标数据

附表3-1　供给特征指标数据（1995～2014年）

年份	物质费用投入/(元/亩)	劳动力投入/(天/亩)	成本利润率	市场化程度(以人均年社会消费品零售额表示)/(元/人)	城市化水平(用城市人口占全国人口比重表示)	基础交通状况(用每年人均货物运输量表示)/(吨/人)
1995	695	44	120%	1 950	29.04%	10.20
1996	711	45	92%	2 317	30.48%	10.61
1997	700	46	90%	2 528	31.91%	10.34
1998	713	50	91%	2 675	33.35%	10.16
1999	745	51	94%	2 834	34.78%	10.28
2000	749	47	87%	3 085	36.22%	10.72
2001	767	45	107%	3 374	37.66%	10.98
2002	735	44	92%	3 747	39.09%	11.55
2003	763	44	102%	4 064	40.53%	12.11
2004	920	51	89%	4 577	41.76%	13.13
2005	877	46	92%	5 138	42.99%	14.24
2006	999	44	77%	5 813	44.34%	15.50
2007	1 076	43	106%	6 752	45.89%	17.22
2008	1 122	39	85%	8 169	46.99%	19.47
2009	1 078	38	90%	9 942	48.34%	21.17
2010	1 133	38	103%	11 708	49.95%	24.18
2011	1 231	35	86%	13 650	51.27%	27.44
2012	1 689	32	61%	13 724	52.57%	30.28
2013	1 729	38	70%	13 220	53.73%	30.12
2014	1 676	62	129%	14 491	54.77%	23.77

续表

年份	农村劳动力受教育年限/年	蔬菜年产量/万吨	蔬菜种植面积/万公顷	蔬菜进口量/万吨	原油价格/(美元/桶)	农用机械总动力/亿瓦
1995	7.13	25 723	9 515	1.90	24.89	3 612
1996	7.36	30 379	1 049	3.30	29.09	3 855
1997	7.46	34 473	1 128.8	4.90	25.49	4 202
1998	7.54	38 486	1 229.2	6.30	16.38	4 521
1999	7.63	40 514	1 334.7	8.00	22.94	4 900
2000	7.75	42 400	1 523.7	9.30	35.62	5 257
2001	7.82	48 337	1 633.9	9.60	27.49	5 517
2002	7.87	52 909	1 735.3	9.20	29.17	5 793
2003	7.91	54 032	1 795.4	9.00	33.34	6 039
2004	7.94	55 065	1 756.1	10.70	42.04	6 403
2005	8.08	56 451	1 772.1	9.70	55.40	6 840
2006	8.15	58 326	1 663.9	11.70	64.83	7 252
2007	8.22	56 452	1 732.9	9.90	71.70	7 659
2008	8.28	59 240	1 787.6	10.40	95.17	8 219
2009	8.36	61 824	1 839	9.70	60.89	8 750
2010	8.41	65 099	1 900	15.00	76.98	9 278
2011	8.31	67 930	1 963.9	16.70	104.92	9 774
2012	8.24	70 883	2 035	22.20	103.67	10 256
2013	8.48	73 774	2 089.9	27.09	104.08	10 391
2014	9.28	76 005	2 140.5	22.18	96.24	10 806

附表 3-2　需求特征指标数据（1995～2014 年）

年份	城镇人口/万人	城镇居民家庭人均可支配收入/元	城镇居民家庭恩格尔系数	GDP/亿元	农村人口/万人	农村居民家庭人均纯收入/元
1995	35 174	4 283	50.1%	60 794	85 947	1577.7
1996	37 304	4 839	48.8%	71 177	85 085	1 926.1
1997	39 449	5 160	46.6%	78 973	84 177	2 090.1
1998	41 608	5 425	44.7%	84 402	83 153	2 162.0
1999	43 748	5 854	42.1%	89 677	82 038	2 210.3
2000	45 906	6 280	39.4%	99 215	80 837	2 253.4
2001	48 064	6 860	38.2%	109 655	79 563	2 366.4
2002	50 212	7 703	37.7%	120 333	78 241	2 475.6
2003	52 376	8 472	37.1%	135 823	76 851	2 622.2
2004	54 283	9 422	37.7%	159 878	75 705	2 936.4

续表

年份	城镇人口/万人	城镇居民家庭人均可支配收入/元	城镇居民家庭恩格尔系数	GDP/亿元	农村人口/万人	农村居民家庭人均纯收入/元
2005	56 212	10 493	36.7%	184 937	74 544	3 254.9
2006	58 288	11 760	35.8%	21 631	73 160	3 587.0
2007	60 633	13 786	36.3%	265 810	71 496	4 140.4
2008	62 403	15 781	37.9%	314 045	70 399	4 760.62
2009	64 512	17 175	36.5%	340 903	68 938	5 153.17
2010	66 978	19 109	35.7%	401 202	67 113	5 919.01
2011	69 079	21 810	36.3%	472 882	65 656	6 977.3
2012	71 182	24 565	36.2%	519 470	64 222	7 916.6
2013	73 111	26 955	35.0%	568 845	62 961	8 895.9
2014	74 916	29 381	35.6%	636 138	61 866	9 892.0

年份	农村居民家庭恩格尔系数	相关替代品价格指数	蔬菜出口量/万吨	农村居民蔬菜需求量/万吨	城镇居民蔬菜需求量/万吨	居民消费价格指数
1995	58.6%	124.2	158	8 990	4 172	117.1
1996	56.3%	106.4	167	9 045	4 421	108.3
1997	55.1%	101.3	167	9 024	4 545	102.8
1998	53.4%	92.6	201	9 064	4 735	99.2
1999	52.6%	91.1	225	8 934	5 027	98.6
2000	49.1%	96.1	245	9 054	5 265	100.4
2001	47.7%	102.9	298	8 696	5 571	100.7
2002	46.2%	100.4	360	8 622	5 850	99.2
2003	45.6%	103.0	432	8 254	6 196	101.2
2004	47.2%	117.1	470	8 070	6 639	103.9
2005	45.5%	103.0	520	7 626	6 667	101.8
2006	43.0%	97.3	568	7 353	6 855	101.5
2007	43.1%	131.0	622	7 078	7 143	104.8
2008	43.7%	121.7	624	7 019	7 676	105.9
2009	41.0%	91.7	636	6 783	7 774	99.3
2010	41.1%	103.0	655	6 262	7 776	103.3
2011	40.4%	122.4	772	5 870	7 916	105.4
2012	39.3%	102.1	741	5 440	7 995	102.6
2013	37.7%	104.3	778	5 068	7 730	102.6
2014	37.9%	119.7	803	4 758	6 838	102.0

附表 3-3　经济与政策环境、自然环境特征指标数据（1995～2014 年）

年份	经济与政策环境				自然环境
	农村固定资产投资/亿元	国家支农支出/亿元	货币供应量/亿元	美元对人民币汇率	蔬菜成灾面积/万公顷
1995	4 375.6	574.93	60 750.5	8.351 0	141.4
1996	5 346.3	700.43	76 094.9	8.314 2	146.2
1997	5 746.9	766.39	90 995.3	8.289 8	222.2
1998	5 914.8	1 154.76	104 498.5	8.279 1	198.8
1999	6 122.7	1 085.76	119 897.9	8.278 3	228.2
2000	6 695.9	1 231.54	134 610.3	8.278 4	335.1
2001	7 212.3	1 456.70	158 301.9	8.277 0	333.6
2002	8 011.1	1 580.80	185 007.0	8.277 0	304.8
2003	9 754.9	1 754.50	221 222.8	8.277 0	383
2004	11 449.2	2 337.60	254 107.0	8.276 8	186.4
2005	13 678.5	2 450.30	298 755.7	8.191 7	227.6
2006	16 629.5	3 173.00	345 603.6	7.971 8	269.4
2007	19 859.5	4 318.30	403 442.2	7.604 0	283
2008	24 090.1	5 955.50	475 166.6	6.945 1	254.9
2009	30 678.4	7 253.10	606 225.0	6.831 0	246.2
2010	36 691.0	8 579.70	725 851.8	6.769 5	219.2
2011	42 540.0	10 497.70	851 590.9	6.458 8	150.6
2012	9 840.6	12 387.60	974 148.8	6.312 5	310.9
2013	10 546.7	13 799.00	1 106 525.0	6.096 9	398
2014	10 755.8	17 800.00	1 228 374.8	6.142 8	390.2